天气好极了，
钱几乎没有

契诃夫书信集
1876—1904

Letters of Anton Chekhov to His Family and Friends

[俄]契诃夫 著
Anton Chekhov
[英]康斯坦丝·加尼特 编著
Constance Garnett
刘新雨 译

中信出版集团 | 北京

图书在版编目（CIP）数据

天气好极了，钱几乎没有：契诃夫书信集：1876—1904 / （俄罗斯）契诃夫著；（英）康斯坦丝·加尼特编著；刘新雨译 . -- 北京：中信出版社，2025.6（2025.9 重印）.
ISBN 978-7-5217-7435-1

I. K835.125.6
中国国家版本馆 CIP 数据核字第 2025K0S745 号

Simplified Chinese translation copyright © 2025 by CITIC Press Corporation
ALL RIGHTS RESERVED
本书仅限中国大陆地区发行销售

天气好极了，钱几乎没有——契诃夫书信集：1876—1904
著者： ［俄］契诃夫
编著： ［英］康斯坦丝·加尼特
译者： 刘新雨
出版发行：中信出版集团股份有限公司
（北京市朝阳区东三环北路 27 号嘉铭中心　邮编　100020）
承印者： 北京联兴盛业印刷股份有限公司

开本：787mm×1092mm 1/32　　印张：15.75　　字数：306 千字
版次：2025 年 6 月第 1 版　　　　印次：2025 年 9 月第 2 次印刷
书号：ISBN 978-7-5217-7435-1
定价：79.80 元

版权所有·侵权必究
如有印刷、装订问题，本公司负责调换。
服务热线：400-600-8099
投稿邮箱：author@citicpub.com

目录

序言：契诃夫小传　　　　　　　　　　　　　　/ I

1876　　　　　　　　　　　　　　　　　　/ 001
要养成读书的习惯。随着时间的推移，你终有一天会为这个好习惯而感到庆幸。

1877　　　　　　　　　　　　　　　　　　/ 005
我瞒着其他人给母亲写信，毕竟我的事于他们而言毫无趣味，或者说没有了解的必要……

1885　　　　　　　　　　　　　　　　　　/ 009
我并非足不出户之人。要是有钱，我肯定会天南海北地跑，绝不会停下来。

1886　　　　　　　　　　　　　　　　　　/ 015
我把所有希望都寄托在未来。我才26岁，也许我会做成某件大事，尽管我深知时光易逝。

1887 / 031

若认为文学的职责就是在污泥中发掘珍珠，这无异于否定文学的本质。

1888 / 057

我们就做普通人吧，平等地对待每个人，那样就不需要刻意营造什么团结的氛围了。

1889 / 099

对上层阶级的作家来说自然而然、唾手可得的东西，平民却要用青春来换。

1890 / 111

我想，在35岁之前，自己不会干什么正经事……

1891 / 203

我希望到了春天能赚一大笔钱。我是这么想的——没钱就是要发财的征兆。

1892 / 287

富人不是那些拥有大量财富的人，而是那些能生活在早春赋予的富饶中的人。

1893 / 315

应该把诗人和文人都赶到乡下去……城市生活无法为穷人提供丰富的养分。

1894 / 321

没什么新鲜事,天气好极了,一只夜莺正在房子附近的树上筑巢。

1895 / 335

我受不了日复一日、朝朝暮暮的幸福。每天都听人用同样的腔调说同样的话,我会发疯的。

1896 / 343

让世界继续推进其命定的无情进程,我们只能寄希望于更美好的未来了。

1897 / 357

我也没有说闲暇是我的理想,只是说它是个人幸福必不可少的条件之一。

1898 / 369

在这里,人们除了左拉和德雷福斯的事什么都不谈。

1899　　　　　　　　　　　　　　　　　　／383

您认识列夫·托尔斯泰吗？您的庄园离他家远吗？要是离得近，我可要忌妒了……

1900　　　　　　　　　　　　　　　　　　／399

莉卡，我在雅尔塔无聊死了。我的生命不再是奔跑，也不是流淌，而是爬行。

1901　　　　　　　　　　　　　　　　　　／437

这种角色该零零散散地在其他人中间露脸，反正这种人在生活和舞台上都是走走过场。

1902　　　　　　　　　　　　　　　　　　／441

当代文化不过是为伟大未来奠基的开端，其后的事业可能会持续数万年，以使人类在遥远的将来能够认知真理。

1903　　　　　　　　　　　　　　　　　　／447

我们不应该将果戈理拉低到人民的水平，应该将人民提升到果戈理的高度……

1904　　　　　　　　　　　　　　　　　　／457

最重要的是，保持好心情，不要把生活太当回事，生活本身很可能要简单得多。

序言：契诃夫小传[1]

1841年[2]，一名俄国农奴以3 500卢布的价格向地主贵族赎回了自己和家人的自由，平均每人700卢布，其中赎回女儿亚历山德拉的自由并未花钱。这名农奴的孙子便是著名作家安东·契诃夫，而那名地主贵族的儿子，则是托尔斯泰的追随者和友人——弗拉基米尔·切尔特科夫[3]。

对俄国人来说，这可能没什么稀奇的。但对英国学者而言，契诃夫家族的经历却颇具意义。契诃夫一家的故事不仅说明了受过教育的中产阶级在革命前的俄国是绝对的新兴群体，更重要的是，它展示了俄国人的同质性，以及他们在特定条件下彻底改变自己生活方式的能力。

---

[1] 在契诃夫家人出版的1 890封书信中，我（康斯坦丝·加尼特）选出了最能说明这位著名作家生平、性格及其观念的书信和片段进行翻译。这份简短的小传是根据契诃夫的弟弟米哈伊尔提供的契诃夫生平传记删节、改编而成的。此时（1920年）契诃夫婚后写给妻子的书信尚未出版。——英文版编者注

[2] 本书提及的时间均为罗马儒略历，即俗称的俄历。——译者注（若无特殊说明，则本书脚注默认为译者注）

[3] 弗拉基米尔·切尔特科夫，托尔斯泰忠实的追随者及密友，在托尔斯泰著作的传播及托尔斯泰运动中发挥了重要作用。托尔斯泰运动主张非暴力、回归农业主义等。

I

尽管契诃夫的父亲帕维尔·叶戈罗维奇是农奴出身，但他的儿子比地主贵族的儿子更懂艺术，生来文雅，精神世界丰盈。契诃夫的父亲酷爱音乐，在他还是农奴的少年时期，便学会了视唱和小提琴演奏。在被赎后的几年里，他定居在亚速海边的塔甘罗格[1]，后来在那里开了一家杂货店。

通往弗拉季高加索的铁路建成前，契诃夫家族的杂货店生意都还不错。铁路建成后，不论是作为港口还是作为贸易中心，塔甘罗格的地位都大不如前。不过契诃夫的父亲帕维尔·叶戈罗维奇向来是甩手掌柜，从不关心生意，而是沉迷镇上的其他事务。帕维尔·叶戈罗维奇流连于教堂唱诗班，热衷于指挥合唱团、演奏小提琴，还喜欢画圣像。

1854 年，帕维尔·叶戈罗维奇迎娶了叶夫根尼娅·雅科夫列夫娜·莫罗佐娃。她的父亲是一个布商，受过良好的教育，在俄国各地经商、旅游，最后定居塔甘罗格。

这对夫妻育有六个子女，其中五个是男孩，契诃夫是第三个儿子。契诃夫的家庭是典型的家长制家庭，父亲帕维尔十分严厉，有时甚至体罚孩子，但家庭氛围总体上温馨和睦。家庭成员都得早起，男孩子们得去上高中，回家后还要做功课。几个孩子爱好各异：大哥亚历山大喜欢鼓捣电池；尼古拉喜欢画画；伊万喜欢装订书籍；安东·契诃夫则总是在写故事。每到晚上，父亲从店里回来，一家人便会合唱，或者两两结对，进行二重唱。

契诃夫的父亲帕维尔把孩子们训练成了一支正规合唱团，帕维

---

[1] 俄罗斯罗斯托夫州的港口城市，位于亚速海的东北海岸，是该州重要的经济和文化中心。最初由彼得大帝建于 1698 年。

尔还教会了他们视唱和小提琴演奏，甚至一度给他们聘请了钢琴老师。此外，契诃夫家还有法语家教，教授孩子们法语。每周六，契诃夫一家都要去做晚间祷告，回家后还要唱圣歌并焚香。周日，一家人早晨去做弥撒，回家后全家合唱。契诃夫必须熟背整套教堂礼拜仪式，与兄弟们一起合唱。

契诃夫一家与邻居最大的不同在于他们会在家中唱歌和做礼拜。

虽然契诃夫家里的男孩们经常要帮父亲看店，但他们依然有时间玩耍。有时候，契诃夫兄弟一整天在海边钓鱼、打俄式网球，有时也会跑到祖父居住的乡下郊游。契诃夫是个结实、活泼的小伙子，聪明绝顶，总是妙语连珠，充满了奇思妙想。他爱组织讲座和演出，也经常亲自参与表演和模仿活动。小时候，兄弟几个还曾排演过果戈理的《钦差大臣》，契诃夫扮演市长。戏中他最拿手的一段表演是市长在节日时参加教堂阅兵，站在教堂中央的地毯上，周围是外国领事。契诃夫穿着自己的中学校服，扛着祖父的旧军刀，检阅想象中的哥萨克骑兵，他以精湛的演技诠释了市长这个角色。契诃夫和他的兄弟姐妹们常常围坐在母亲或老保姆身边，听她们讲故事。

契诃夫的短篇小说《幸福》便是受到了保姆所讲的某个故事的启发。保姆的故事总是神秘莫测、离奇非凡，既可怕又富有诗意。

另一边，契诃夫的母亲总是给孩子们讲述现实生活的事，告诉他们自己儿时游历俄国各地的经历，描述克里米亚战争期间联军如何轰炸塔甘罗格，以及农奴制下百姓的艰难生活。她教育孩子们憎恶暴力，关心弱者和自然中的一切生灵。

契诃夫晚年常说："人们的才能来自父亲，而灵魂承自母亲。"

1875年，契诃夫的两个哥哥前往莫斯科求学。哥哥们走后，家里的生意每况愈下，家庭陷入了贫困。

1876年，父亲帕维尔·叶戈罗维奇关停了杂货店，动身前往莫斯科去找两个儿子。契诃夫的这两个哥哥，一个在莫斯科大学就读，一个在雕塑绘画学院当学徒。他们一边自谋生路，一边求学。之后，契诃夫家里的房子被拍卖，家具也被债主拿走抵债，契诃夫的母亲因此一无所有。几个月后，她带着两个年幼的孩子前往莫斯科与丈夫团聚，彼时年仅16岁的契诃夫则被留在塔甘罗格生活了三年。

在这三年间，契诃夫靠自己支付了高中的学费。他仍住在家里原先的房子里，与买下他家旧宅的债主谢利瓦诺夫一家同住，并给债主的侄子（哥萨克人）当家教。他还跟随这个学生去乡下，学会了骑马和射击。在老家的最后两年，他热衷于和女同学交往，常跟兄弟们分享自己愉快的恋爱经历。

除了恋爱，契诃夫还经常出入剧院，他特别喜欢法国情节剧。可见，早期生活的困难并没有让他失去生活的乐趣。1879年，契诃夫带着两个寄宿在他家的同学入学莫斯科大学。契诃夫抵达莫斯科时，他父亲才刚刚找到工作，但工作地点在外地，所以打来到莫斯科的第一天起，契诃夫便成了家里的顶梁柱。每个家庭成员都得为家庭的生计贡献力量，就连年幼的弟弟小米哈伊尔也得靠抄写学生讲义为家里挣些钱。为了支付大学学费和补贴家用，契诃夫不得不提笔写作。在莫斯科度过的第一个冬天，他写出了自己第一篇得到发表的作品《写给有学问的邻居的信》。契诃夫一家人总是紧紧团结在契诃夫的周围。不论事务大小，家人们首先考虑的都是"安东会怎么做"。

不久后，伊万当上了莫斯科省沃斯克列先斯克镇教区学校的校长。那里的生活成本低，一家人每到夏天都会去伊万那里度假。契诃夫拿到学位后，也加入了家族的夏季度假队伍，并在那里结识了一群朋友。大家每天聚在一起散步，打槌球，大谈国事，朗读书籍。他们对谢德林[1]赞不绝口。这一时期，契诃夫深入了解了军人社会，这有助于他后来创作四幕剧本《三姊妹》。

有一天，一个名叫乌斯宾斯基的年轻医生从14英里[2]外的兹韦尼哥罗德镇来访。他对契诃夫说："你看，我要去度假，找不到人顶我的岗，要不你来接手吧，我家的佩拉盖娅会给你做饭，家里还有一把吉他……"就这样，契诃夫接受了提议，开始了一段新的生活。

沃斯克列先斯克和兹韦尼哥罗德这两个地方对契诃夫的写作生涯影响重大，他的许多小说都取材于这段时间的经历。也是在这两个地方，契诃夫第一次接触到了文学和艺术界的人士。沃斯克列先斯克三四英里外有个名为阿列克谢·谢尔盖耶维奇·基谢廖夫的地主，他家的庄园就在那里。他的妻子是莫斯科皇家剧院导演别吉切夫的女儿。契诃夫一家与基谢廖夫一家结识后，连续三年夏天都在基谢廖夫家的巴布金诺庄园度过。

基谢廖夫一家是颇具修养的音乐爱好者，与作曲家达尔戈梅日斯基、柴可夫斯基，以及意大利演员萨尔维尼私交甚笃。基谢廖娃夫人酷爱钓鱼，她本人也是作家，常常和契诃夫一起花几小时坐在河边，一边钓鱼一边大谈文学。契诃夫经常同基谢廖夫家的孩子们玩耍，一起在古老的庄园里四处奔跑。契诃夫在这里遇到的人（猎

---

[1] 本名米哈伊尔·叶夫格拉福维奇·萨尔蒂科夫，俄国著名现实主义作家，以笔名谢德林闻名于世。
[2] 1英里约合1.61千米。

V

人、园丁、木匠、前来看病的农妇）以及周围的自然景物（河流、森林、夜莺）都为他的写作提供了素材，激发了他的创作灵感。契诃夫习惯早起，从早上 7 点开始写作，午饭后会和大家一起去林子里采蘑菇。他非常享受采蘑菇的过程，他认为采蘑菇能够激发他的想象力。这段时间的契诃夫常常满嘴跑火车，幽默风趣。

这时，画家列维坦也住在附近。有一次，契诃夫和列维坦乔装打扮了一番，涂上黑脸，包上头巾。列维坦骑着驴穿过田野，而契诃夫则从灌木丛中跳出来，拿着枪佯装朝他射击。

1886 年，契诃夫第二次咯血，毫无疑问他已经感染了肺结核，但他本人拒绝承认。尽管睡眠质量很差，还常做噩梦，他依然保持着乐观的态度。有一场噩梦启发了他创作短篇小说《黑衣修士》。

同年，契诃夫开始为《新时报》[1]撰稿。该报非常重视他的作品。在首位欣赏他才华的作家格里戈罗维奇的来信的影响下，契诃夫开始更认真地对待写作。

1887 年，契诃夫游历俄国南部，住在圣山。这次旅行为他提供了《复活节之夜》和《连根拔起》两部作品的素材。同年秋，将契诃夫视为幽默作家的剧院经理柯什[2]邀请契诃夫为其剧院写点东西。契诃夫用两周时间写出了《伊凡诺夫》，每完成一幕就送去柯什的剧院排练。

收到剧院经理柯什的邀请时，契诃夫已经小有名气，大家都在

---

1 由一些俄国知识分子创办于 1868 年的报纸，主要报道时事新闻和评论社会问题，是彼时俄国最具影响力的报纸之一，于 1917 年停刊。
2 费多尔·阿达莫维奇·柯什，19 世纪末至 20 世纪初俄国著名的剧院经理和企业家。

谈论这位作家，自然也对他的新剧作充满好奇。不过，《伊凡诺夫》的演出只取得了有限的成功。观众分为两派：一边嘘声震天，一边掌声不断。很长一段时间，报纸上充斥着关于《伊凡诺夫》主人公个性的讨论，契诃夫在戏剧写作手法上的创新也引起了广泛关注。

1889年1月，《伊凡诺夫》在圣彼得堡的亚历山大剧院上演，再次引发了激烈的争议。

这部剧作标志着契诃夫思想发展和文学生涯的一个转折点。它的诞生明确了契诃夫本人对自己的作家定位，尽管在公众眼中他的身份依然是医生。写完《伊凡诺夫》后不久，他又创作了独幕喜剧《蠢货》（又名《熊》）。次年，出演《蠢货》主角的演员索洛夫佐夫在莫斯科开办了自己的剧院，但万事开头难，索洛夫佐夫恳请契诃夫在十天内写出一部圣诞节剧目来拯救自己新开的剧院。于是契诃夫开始创作，每天完成一幕，最终剧本及时完成并成功上演。虽然该作短期内收获了成功，但契诃夫本人对其并不满意，最终还是将之撤下舞台。数年后，契诃夫对《蠢货》的剧本进行了彻底改编，该作最终在莫斯科艺术剧院以《万尼亚舅舅》的名字重新上演。在此期间，契诃夫一直在酝酿一部长篇小说。他常常梦呓般提到这部小说，并与朋友讨论。他花了数年时间创作，但这部作品可能最终被销毁了。在契诃夫去世后，人们没有找到任何有关该长篇小说的痕迹。契诃夫希望这部小说能够体现他个人对生活的看法，他在写给普列谢夫[1]的信中说道：

"……我既不是自由主义者，也不是保守派……我希望成为一

---

[1] 阿列克谢·尼古拉耶维奇·普列谢夫，19世纪俄国重要作家、诗人和翻译家。同契诃夫有着一定的交往，对其文学事业产生了积极的影响。

个纯粹的自由文学家,仅此而已。但很遗憾,上帝没有赐予我这样的天赋。我痛恨任何形式的谎言和暴力……最绝对的自由——摆脱任何形式的强制与欺骗的自由。这便是我的理想。如果我是一个伟大的文学家,自然会坚持这样的纲领。"

这段时间的契诃夫性格开朗,即便工作时也喜欢有朋友和家人相伴。他在莫斯科"看起来像个抽屉"的小屋,成了人们——尤其是年轻人——蜂拥而至的社交中心。小屋楼上的客人们弹奏租来的钢琴,楼下的契诃夫便在一片喧闹中写作。契诃夫写信告诉苏沃林[1]:"我完全没法独处,不知为何,每当只有自己一个人的时候,我就会感到害怕。"然而,这些看似充满希望的欢乐时光,经常被契诃夫的剧烈咳嗽打断。他试图说服他人,或是在自我安慰,强调自己的病情并不严重,并且拒绝接受正规检查。有时,契诃夫因吐血虚弱到无法见人,但一旦症状缓解,他的心情就会好转,敞开大门迎客,音乐再度响起,他又变得兴高采烈。

1888年和1889年这两年,契诃夫与家人在哈尔科夫省卢卡的别墅消夏。契诃夫为卢卡鱼游虾嬉的大河、鲤鱼成群的池塘、森林、古老的花园以及众多的年轻女士而陶醉。这一切正合契诃夫的心意,他尽情享受钓鱼和音乐聚会的乐趣。契诃夫到达卢卡后不久,诗人普列谢夫前来造访,并在此居住了一个月。

彼时,普列谢夫已经是健康欠佳的老人,但仍颇具魅力,尤其受到年轻女士的喜爱。他习惯大声朗读自己的作品,有时声音大得让契诃夫跑来询问他是否是在呼救。对此,普列谢夫总是报以甜蜜

---

[1] 阿列克谢·谢尔盖耶维奇·苏沃林,俄国19世纪末著名的出版商、编辑和记者,契诃夫同苏沃林之间有着重要的职业关系和私人友谊。

而愧疚的微笑，然后继续他的写作。普列谢夫很爱吃甜食，契诃夫一直担心他的身体健康，但契诃夫的母亲总是慷慨地款待这位老诗人，契诃夫不得不频繁给他开药。不久后，《新时报》编辑苏沃林也来拜访契诃夫。二人常划着一艘由挖空的树干制成的独木舟，漂至旧磨坊，在那里钓鱼并谈论文学，一起度过数个小时。

契诃夫和苏沃林两人同为农奴的孙子，亦同样富有教养与才华，彼此十分欣赏对方，两人的友谊持续了多年。由于苏沃林的保守观点，契诃夫在俄国遭受了不少批评。德雷福斯案[1]发生时，契诃夫对苏沃林的感情开始转变，但从未与他完全断绝关系，而苏沃林对契诃夫的态度则始终如一。

1889年春天，契诃夫的哥哥尼古拉患上了肺结核，契诃夫全身心地照顾哥哥，几乎无暇顾及创作。然而，尼古拉最终在同年夏天去世，契诃夫第一次体验到了亲人去世的巨大痛苦。在这段悲痛时期之后，契诃夫发表了《没意思的故事》。在尼古拉去世后的几个月里，契诃夫一直焦躁不安、情绪低落。

1890年，契诃夫的弟弟米哈伊尔正在莫斯科攻读法律学位，并撰写关于监狱管理的论文。契诃夫偶然接触到相关资料后，对监狱制度产生了浓厚的兴趣，并决定走访萨哈林流放地。这一决定太过突然，令他的家人难以置信。

---

[1] 19世纪末到20世纪初在法国发生的政治和军事丑闻，事件源于法国犹太裔军官阿尔弗雷德·德雷福斯的冤案，对冤案的争议最终变为一场波及法国全社会的政治和道德斗争。

契诃夫担心在肯南[1]揭露西伯利亚的监狱制度后,身为作家的自己会不被允许参观萨哈林的监狱。因此,他试图从俄国监狱管理总局局长加尔金-弗拉斯科伊处获得通行证,但未能成功。于是,1890年4月,契诃夫仅凭一张记者证便开始了他的旅途。

当时,西伯利亚铁路尚未修建,契诃夫在旅途中经历了许多困难,包括洪水和道路不通等,但他克服了这些挑战,并于7月11日抵达萨哈林,完成了近3 000英里的艰难跋涉。契诃夫在萨哈林停留了三个月,他遍历全岛,进行人口普查,并与约万名囚犯逐一交谈,仔细研究了当地的监狱制度。他这么做的主要原因,似乎在于他意识到"俄国的监狱毁掉了数百万人……罪魁祸首不是典狱长,而是我们所有人"。在俄国的土地上,是做不了"纯粹的自由文学家"的。

同年10月,契诃夫离开萨哈林,途经印度和苏伊士运河返回欧洲。他原计划访问日本,但由于当地暴发霍乱,计划未能实现。

在轮船航行于印度洋时,契诃夫喜欢从前甲板跳入海中游泳,然后抓住船尾放下的绳子,随船只前行。有一次,他在水中发现自己周围有鲨鱼和舟鲕鱼,这一情景后来被他写入短篇小说《古塞夫》中。

这次萨哈林之行的成果包括发表在《俄国思想》[2]上的一系列文章,以及短篇小说《古塞夫》和《在流放中》。契诃夫有关萨哈林的文章在圣彼得堡广受好评,甚至有人认为,如果没有这些文章,后

---

[1] 乔治·肯南,美国外交官和作家,他在19世纪末和20世纪初访问了俄国,并撰写了许多报告和文章。他与契诃夫之间的通信展现了对俄国社会、文化和政治的深入思考,为后人了解当时俄国的情况提供了重要参考。

[2] 19世纪末至20世纪初俄国重要的政治和文化杂志,于1880年由一群知识分子创办。

来的苦役和流放制度改革可能不会推进得那么迅速。

在莫斯科短暂逗留一个月后,契诃夫前往圣彼得堡拜访好友苏沃林。然而,他在圣彼得堡的大部分朋友和崇拜者却怀着忌妒和恶意迎接他。尽管他们为他举办晚宴并当面称赞他,但暗地里又想"将他千刀万剐"。即便在莫斯科,这些人也不给契诃夫留下写作或休息的时间。周遭的敌意令他不堪其扰,因此他接受了苏沃林的邀请,和他一起出国旅行。在契诃夫为萨哈林的学校准备好必要的书籍后,两人前往南欧。维也纳让契诃夫深深着迷,而威尼斯则超出了他的期望,让他兴奋得像个孩子。

起初,旅途中的一切都令他向往,但随后天气发生变化,阴雨连绵不断。契诃夫也因此情绪低落。威尼斯变得潮湿、阴冷,令人难以忍受。契诃夫开始渴望逃离这种环境。

类似的情绪波动也曾发生在他访问新加坡时,上一刻他对这个地方充满了兴趣,而下一刻却感到无比悲伤,几乎想哭。

威尼斯之外,意大利的其他城市同样没能给契诃夫带去预想的快乐:佛罗伦萨未能吸引他,当地的阳光不再明媚;罗马给他的印象不过像座普通省城。他感到身心疲惫,更糟的是,他当时已经负债累累,面临整个夏天都囊中羞涩的窘境。

与不吝惜开支的苏沃林同行,契诃夫的开销远超预算,他还欠下苏沃林一笔钱。在蒙特卡洛,他又赌输了900卢布,进一步加重了债务负担。但令人意外的是,契诃夫对自己在赌场失意一事感到满意。1891年4月底,契诃夫在巴黎短暂停留后返回莫斯科。除了在维也纳和威尼斯的那段日子,以及在尼斯的头几天,他们整个旅程几乎都在雨中度过。回国后,契诃夫不得不更加努力地工作,以支付旅行的费用。弟弟米哈伊尔当时在阿列克西诺担任税务督察，那年夏天契诃夫一家就住在卡卢加附近，以便与米哈伊尔保持往来。契诃夫一家租了一幢叶卡捷琳娜时代的大房子，房子大到契诃夫的母亲穿过大厅时需要中途休息。契诃夫喜欢那里漫长无际的椴树林荫道和富有诗意的河流，钓鱼和采蘑菇让他感到平静，也让他有了创作的心境。在那里，他继续写出国前便着手创作的《决斗》。从房子的窗户望去，可以看到一座老宅，契诃夫在《带阁楼的房子》中提到过自己很想买下它。此刻，契诃夫开始考虑购买一座乡间别墅，不是在小俄罗斯[1]，而是在中俄罗斯[2]购置。圣彼得堡在契诃夫眼中越发显得懒散、冷漠且自私，他对在那里结识的人失去了信心。另一方面，莫斯科不再如他曾经形容的那般"像个厨子"，他开始爱上莫斯科了。他喜欢上了这座城市的气候、人民和钟声，特别是钟声。早些年，契诃夫时常会召集朋友们一起去卡缅内桥听复活节的钟声，热切地从一座教堂走到另一座教堂，直到复活节之夜结束才疲惫地回家。而契诃夫的父亲则习惯在教区教堂听完整场礼拜后回家。契诃夫兄弟几个一起合唱《基督复活》，全家一起开斋。契诃夫在复活节之夜都会守夜。

1892年春，人们开始担心农作物歉收，事实证明这种担忧并非杞人忧天。艰难的夏天过后，人们迎来的是更加困难的秋冬季节，许多地区发生了饥荒。除了政府的救灾活动，也有了广泛的民间救助行动，各种社团和个人都参与其中，契诃夫自然也不例外。下诺

---

[1] 小俄罗斯为历史概念，大概指今天的乌克兰，在历史上常用来描述乌克兰南部和东部地区，包括基辅、切尔尼戈夫、敖德萨等地。该词在苏联时期不再使用。
[2] 中俄罗斯大约指以莫斯科为核心的俄罗斯传统本土地区。

夫哥罗德省与沃罗涅日省的灾情尤为严峻,契诃夫在沃斯克列先斯克结识的老友叶戈罗夫此时正担任下诺夫哥罗德省的地方长官。契诃夫写信给这位老友,在熟人之间筹集善款,最后亲自前往下诺夫哥罗德省救援。受饥荒折磨的农民以极低价格出售或宰杀牲畜来获取食物,这让人们担忧春天时将没有牲畜耕地,农民的生活可能会因此陷入恶性循环,来年又会迎来另一场饥荒。

契诃夫此时想到一个办法:用救济基金购买马匹,饲养到春天,然后在农忙时将这些马匹分发给缺马的农民。

走访下诺夫哥罗德省后,契诃夫与苏沃林动身前往沃罗涅日省,但此行并不顺利。整个沃罗涅日省都在遭受饥荒,他却因作家身份在当地受到了隆重的宴请欢迎,这让他感到尴尬。此外,与苏沃林同行也限制了他的个人行动。契诃夫渴望采取更有力的行动,就像他后来抗击霍乱时那样。

同年冬天,契诃夫实现了他长期以来的梦想,购置了一座庄园。庄园位于莫斯科省,靠近梅利霍沃村。作为庄园,它除了一个陈旧且布局不佳的宅院、一片荒地和被砍伐过的森林外,几乎没有什么值得一提的。这次购置实际上出于契诃夫的一时兴起。在买下该地产前,契诃夫从未造访过它,直到所有手续办完才第一次去看了一眼。房子周围到处是篱笆和栅栏,逼仄的空间让人几乎转不了身。更糟糕的是,当契诃夫一家在冬天搬进去时,大地被积雪覆盖,他们甚至无法辨认自己的土地的边界。尽管如此,契诃夫对新庄园的第一印象依然很好,从未表现出失望。春天来临时,契诃夫备感欣喜,融雪之下惊喜不断:突然出现了一个干草堆,那是他自己的,而契诃夫一直以为那是邻居的;一条椴树林荫道显现出来,之前它被积雪覆盖，不曾被人注意到。凡是觉得不合适或不喜欢的地方，契诃夫都要立刻改造或更换。尽管房子和周围环境存在诸多问题，且从车站到庄园的路况十分糟糕（大约有九英里），房间也不够用，但来访者络绎不绝，有时不得不在走廊里加床。当时，契诃夫的家庭成员包括他的父母、妹妹和弟弟米哈伊尔，他们都是梅利霍沃的常住居民。

雪一融化，家务和田间的各项活计就被分派下去：契诃夫的妹妹负责打理花圃和菜园，弟弟负责农田作业，契诃夫本人负责种植和照料树木，他的父亲则从早到晚都在花园里除草或开辟新的小路。

庄园的一切都吸引着它的新主人，契诃夫一家种植球茎花卉，观察鸦雀，播种三叶草，看鹅孵蛋。每天清晨 4 点，契诃夫就起床了。喝完咖啡后，他会去花园，仔细检查每棵果树和每株玫瑰，有时修剪枝条，有时培育新芽，有时则蹲在树桩旁观察地上的细微变化。庄园的土地面积（639 英亩[1]）远超契诃夫一家所需，他们自己耕种，没有雇用管家或管理人员，只有弗罗尔和伊万两名帮工。

到了 11 点，契诃夫在上午写了不少东西后会走进餐厅，意味深长地盯着时钟。他母亲会从缝纫机旁急忙跳起来，慌乱地喊道："哎呀，安托沙[2]想起来该吃午饭了！"

餐桌布置好后，母亲准备的各种美味佳肴几乎摆不下，连坐的地方都显得不够。除了五位常住的家庭成员，契诃夫家中总是有客人。午饭后，契诃夫会把自己锁在房间里"阅读"。睡午觉与喝下午茶之间，他会继续写作。下午茶到晚餐（晚上 7 点）之间的时间用

1　1 英亩约合 4046.86 平方米。

2　安东的昵称。

于散步和户外活动。一家人 10 点就寝，熄灯休息。熄灯后，房子里一片静谧，只有微弱的歌声和单调的诵经声。这是契诃夫的父亲帕维尔·叶戈罗维奇正在房间里做晚祷，他是一个虔诚的教徒，喜欢大声祈祷。

自从契诃夫搬到梅利霍沃的第一天起，方圆 20 英里内的病人便接连不断地前来求医。这些病人有的步行，有的乘车，有时契诃夫甚至要亲自外出看诊。从清晨开始，农妇和孩子们就在契诃夫家门前等候。他会走出来听他们描述病情，为他们看病。契诃夫从不让他的患者空手而归，总会开具医嘱和发放药物。他在药品上的开支相当大，所以他必须常备一定量的药品。有一次，一些路人在半夜遇到一个被草叉刺伤腹部的人，那个可怜的伤者被抬进契诃夫的书房，放在地板中央。契诃夫花了很长时间照料他，仔细检查并包扎其伤口。不过，对契诃夫来说，最辛苦的是上门出诊：有时他得长途跋涉数小时，这无疑占用了宝贵的写作时间。

契诃夫搬进梅利霍沃后的第一个冬天异常寒冷，那一年的冬季也持续了相当长的时间，复活节时还下着雪，造成了食物短缺。梅利霍沃有一座教堂，每年只在复活节举行一次礼拜。来自莫斯科的客人借宿在契诃夫家。契诃夫一家人组成了合唱团，在整场复活节晨祷和弥撒上唱诵。契诃夫的父亲帕维尔像往常一样指挥。这一非同寻常的场面扣人心弦，农民们很高兴有这些热情的新邻居。

解冻后，路况变得极差。庄园里只有三匹老弱病残的马，甚至连一把干草都没有。契诃夫一家不得不用斧头劈碎麦秸秆，再撒上面粉喂它们。其中一匹马性情暴烈，人们无法把它拉出院子。另一匹在田野里被偷走，被发现时成了一具马尸。因此，长时间以来，整座庄园只剩下一匹可怜的、没精打采的马,绰号"安娜·彼得罗芙娜"[1]。安娜·彼得罗芙娜跑不到车站,无法载着契诃夫去看病,也不能拉运木头,只会吃撒了面粉的秸秆。尽管如此,契诃夫一家并没有灰心丧气。契诃夫始终亲切、开朗、勇敢,一直在鼓舞大家。工作仍在继续,不到三个月,庄园便焕然一新,房子里添置了餐具,木匠的斧声回响着,他们还新买了六匹马。春季的田间工作都依照农业科学的要求按时、有序地进行。他们一家人虽然毫无经验,但购买了大量关于土地管理的书籍,大家会共同商议大大小小的问题。

初步的成功让契诃夫欣喜若狂。他有30英亩土地用于种植黑麦,30英亩用于种植燕麦,还有30英亩用来种草。菜园里也出现了奇迹:露天种植的番茄和洋蓟长势良好。那一年干旱的春夏两季导致燕麦和黑麦歉收,当地农民愿意以一半收成为酬劳帮助契诃夫家割草,而契诃夫那一半的收成不过只有一小堆。唯有菜园的收成特别好。

梅利霍沃位于大路旁,随着契诃夫这位名作家定居的消息传开,新的社会交往不可避免地来了。医生和地方自治局的工作人员开始拜访契诃夫。在认识了地方官员后,契诃夫还被选为谢尔普霍夫卫生委员会的委员。

彼时霍乱正在俄国南部肆虐,疫情每天都在向莫斯科省蔓延。经历了秋冬两季的饥荒后,体弱的民众都成了霍乱所到之处病毒滋生的温床。采取行动刻不容缓,谢尔普霍夫地方自治局为此日夜工作。作为医生和自治局卫生委员会委员,契诃夫被委以重任,负责

---

[1] 名字来自当地一个乡绅阶层成员,据说她对契诃夫不友善。

一个区域的防疫工作。他毫不犹豫，无偿投身其中。契诃夫奔波于自己负责区域的各家工厂之间，说服厂主们采取有力的措施以抗击霍乱疫情。在契诃夫的努力下，整个区域——包括25个大大小小的村落——很快建立起了完善的防疫网络。数月来，契诃夫几乎寸步不离他的马车。这段时间里，他不仅要四处奔走视察，还要在家中接诊病人，并抽空进行文学创作。每次回家时，他都筋疲力尽，但总表现得轻松自如，时而讲几句俏皮话逗大家开心，时而和他的腊肠犬"奎宁"聊天，假装关心小狗的"烦恼"。

初秋，梅利霍沃的庄园有了翻天覆地的变化。附属建筑焕然一新，多余的围栏被拆除，庄园里种上了玫瑰，还布置了花坛。契诃夫计划在大门前的田野里挖一个大池塘。每天，他都兴致勃勃地关注着工程进展。他在池塘周围种树，还从莫斯科带来了鲤鱼和鲈鱼苗放养其中。后来，这个池塘几乎成了一个小型鱼类研究站，除狗鱼外，俄国境内几乎所有品种的鱼都能在这里找到。契诃夫最喜欢坐在堤岸上，兴奋地看着鱼群时而浮出水面，时而潜入水中。在此之前，梅利霍沃已经打了一口好井。契诃夫本想按小俄罗斯风格建造相关设施，并配上一台起吊机，但地形不允许。最后他安装了一个大轮子，将之涂成黄色，令这口井看起来像俄国火车站的水井。挖井的地点和水质问题让契诃夫一直惦记着。他想要可靠而准确的信息，毕竟俄国人十之八九都世世代代饮用井水。可每次问来访的打井工，得到的总是模棱两可的回答："这谁说得准？全靠上帝安排，事先无法知道水质如何。"

不过，这口井最终和鱼塘一样，大获成功，井水水质极佳。

之后，契诃夫开始认真筹划新房子和农场设施。创造是这位作家的热情所在，他从不满足于现成的东西，总想着要造些新的。他种下小树苗，培育松树和冷杉，像呵护孩子一样照料它们。就像他笔下《三姊妹》中的威尔什宁中校那样，契诃夫望着这些树，想象着它们在三四百年后的模样。

1893年的冬天异常寒冷，大雪纷飞。窗外的积雪厚得惊人，闯入花园的野兔站立起来时，甚至可以直接望进契诃夫的书房。花园里清扫出的小径宛如深深的战壕。这个冬天，契诃夫已经完成了霍乱防控工作，开始过起隐居生活。他的妹妹在莫斯科谋得一职，家里如今只剩下他和他的父母，日子因此显得格外漫长。冬天里契诃夫一家睡得比夏日里要早，但契诃夫凌晨1点便醒来，起身写作一会儿，再回去睡个回笼觉。到了早上6点，全家人就都起床了。这个冬天，契诃夫笔耕不辍，但只要有客人来访，家里的气氛就会为之一变。歌声、钢琴声、欢笑声在房子里回荡，契诃夫的母亲总是准备各种美味佳肴，而他的父亲则从某个隐蔽的地方取出特制的甜酒和烈酒。每逢此时，梅利霍沃庄园仿佛拥有其他庄园无法比拟的独特的魅力。契诃夫尤其喜欢米济诺娃小姐[1]和波塔片科[2]来访。他对这两位朋友情有独钟，契诃夫的家人也为他们的到来欢欣鼓舞。每当他们来访，大家总是彻夜长谈，契诃夫的写作也只得断断续续。他每写上五六行，就会起身回到客人身边。

"我刚写了60戈比的稿子。"他总是笑着说。

---

[1] 莉迪亚·斯塔西耶夫娜·米济诺娃，昵称"莉卡"，女演员、作家。她与契诃夫的关系有一定复杂性，既有友谊也有未实现的浪漫情愫。

[2] 伊格纳季·波塔片科，俄国作家和戏剧家，他与契诃夫不仅是朋友，还在文学创作上互相影响。

那时，布拉加的《天使小夜曲》正在流行，契诃夫喜欢听波塔片科用小提琴演奏这首曲子，米济诺娃小姐则伴唱。

契诃夫从莫斯科大学毕业后，一直喜欢庆祝圣塔季扬娜节[1]。过去在莫斯科生活时，他从未错过这个节日。那年冬天，他头一回在1月12日身处圣彼得堡。他依然惦记着圣塔季扬娜节，于是在一家圣彼得堡餐厅聚集了所有文学界的朋友。大家发表演讲，欢度节日。契诃夫发起的庆祝活动大获成功，作家们后来也经常定期聚会。

尽管梅利霍沃是他的固定居所，契诃夫依然频繁往返于莫斯科和圣彼得堡。他时常住在旅馆里，有时会因旅行证件的问题遇到麻烦。作为地主，他在谢尔普霍夫不需要警察开具的证明，大学文凭就足够了。然而，在圣彼得堡和莫斯科，由于旧的旅行证件规定，这两个地方不向长期居住在外地的人发放证件。这引发了一些误会，有时事情甚至变得令人不快，迫使契诃夫不得不提前返回家中。有人建议契诃夫入职政府部门然后立即离职，因为当时的离职官员可以从所任职的部门获得永久旅行证件。契诃夫于是向医疗部门申请了一个职位，被任命为该部门的辅助初级医务员，之后很快递交了离职申请。此后，他再也没有遇到过旅行证件方面的麻烦。

契诃夫于梅利霍沃度过了1893年的春天。他种植玫瑰，照料果树，对乡村生活充满了热情。那年夏天，梅利霍沃格外热闹，除了契诃夫的朋友，还有一些他不太熟悉甚至无意结识的人来访。人们睡在沙发上，几个人挤在一个房间里，有些人甚至在过道里过夜。年轻的女士、作家、当地医生、地方自治局职员、各种远亲——梅

---

[1] 每年的俄历1月12日为圣塔季扬娜节，莫斯科大学届时会举行各种庆祝活动，包括宗教仪式、学术活动、音乐会和社交聚会。

利霍沃人流不息。生活琐事让人应接不暇,往来宾客络绎不绝,而契诃夫的母亲对客人依旧热情,这一切仿佛让人重回昔日乡村生活的美好时光。契诃夫成了举世瞩目的存在,每个人都寻求他的陪伴,沉浸在他笔下的世界里,捕捉他的言谈。在与朋友相聚时,契诃夫喜欢散步或是在附近的修道院游玩。轻便马车、大车和赛马用无顶四轮马车此时便派上了用场。契诃夫穿着白色上衣,腰间系上皮带,登上赛马车。一位年轻女士会侧坐在他身后,抓着皮带。穿着白色上衣并系着皮带的契诃夫自称为"骠骑兵"。一行人启程了,"骠骑兵"驾驶着赛马车在前方领路,后面跟着载满宾客的大车和轻便马车。

由于客人众多,房间供不应求,现有的房屋已经无法容纳所有人。于是,契诃夫一家开始在房子附近建设新的房屋,而非扩展农场。一些农场设施被拆除,其他的则按照契诃夫的设计重建。新的牛棚建起来了,旁边是一间带井的棚舍,还有小俄罗斯风格的篱笆围栏、浴室、谷仓,最后是契诃夫梦寐以求的小屋。这是一幢只有三个房间的小屋,每个房间勉强放得下一张床,其中一个房间放了张写字台。起初这幢小屋是为访客准备的,但后来契诃夫搬了进去,并在那里创作了《海鸥》。小屋建在果树丛中,前往那里要先穿过果园。春天,当苹果树和樱桃树开花时,住在这幢小屋里非常惬意。但到了冬天,它便被大雪掩埋,人们不得不在及膝的积雪中辟出小径。

这段时间,契诃夫备受咳嗽的折磨,早晨时尤为严重。然而他总是轻描淡写,怕让家人担心。有一次,他的弟弟看到他的手帕上有血迹,便询问他怎么回事。契诃夫显得有些慌乱,说道:

"哎呀,没事的,别告诉玛莎[1]和母亲。"

由于咳嗽不断,契诃夫在1894年前往克里米亚。他在雅尔塔停留了一段时间,尽管他显然不太喜欢那里,而且始终想着回家。

契诃夫在抗击霍乱中的出色表现使他被选为地方自治局的委员。他对修建道路、医院和学校的事务都充满兴趣。除了这些公共事务外,他还为当地修建了一条从洛帕斯尼亚车站到梅利霍沃的大路,并在塔列日、诺沃谢尔卡和梅利霍沃建了学校。这些学校的设计、材料采购和建造监督等事项,他都亲力亲为。每当谈到这些,他的眼睛就会放光。显然,如果有足够的资金,他不会只建三所学校,而是更多。

在诺沃谢尔卡的学校的开学典礼上,农民们给契诃夫送来圣像,并献上面包和盐。面对此般献礼,契诃夫显得有些局促不安,但他的表情和闪亮的眼神透露了他内心的喜悦。除了学校,他还为村里建了消防站和教堂的钟楼,并特制了一个镜面十字架,在阳光或月光之下,其反射的光线在八英里之外都清晰可见。

1894年,契诃夫一直留在梅利霍沃,开始创作《海鸥》,并完成了许多其他工作。他拜访了托尔斯泰的亚斯纳亚·波利亚纳庄园,对这位老人和他的家人赞不绝口。这时,契诃夫的身体情况开始出现变化,他看起来憔悴、苍老了许多。他不断咳嗽,还伴随着肠胃问题。显然,他已经意识到了自己病情的严重性,但依旧像往常一样报喜不报忧,试图隐瞒病情。

1896年,《海鸥》登上圣彼得堡的亚历山大剧院的舞台,结果

---

[1] 玛丽亚·巴甫洛夫娜·契诃娃,契诃夫的妹妹,玛莎为玛丽亚的昵称。

十分惨淡。演员们不熟悉台词，剧场里弥漫着"令人窒息的无聊与困惑"。媒体的评论也充斥着偏见和愚昧。为避人耳目，契诃夫在演出结束后销声匿迹，第二天一早就坐火车返回梅利霍沃。直到后来，演员们真正理解了这部作品，《海鸥》的演出才取得了成功。

契诃夫家中的藏书非常丰富，1896年他决定将这些书籍捐赠给家乡塔甘罗格的公共图书馆。他从圣彼得堡和莫斯科寄去了一箱又一箱的书籍，塔甘罗格的市长约尔达诺夫则给他发来了所需书籍的清单。与此同时，在契诃夫的建议下，塔甘罗格公共图书馆还设立了类似情报中心的部门。那里收集了所有重要商业公司的目录、现行法规和政府法令，以及任何可能对读者有用的资料。如今，塔甘罗格公共图书馆已经发展成一个卓越的教育机构，拥有专为纪念契诃夫而设计的建筑。

这一年，契诃夫还积极参与了人口普查工作。值得一提的是，早在1890年，他曾自发且自费对萨哈林岛的囚犯进行了一次全面的人口普查。这次，他又参与了这类活动，深入了解农民生活的各个方面，与周围的农民邻居打成一片。作为医生和朋友，他随时为他们提供帮助和建议。

就在普查即将结束时，契诃夫感染了流感，但这并没有阻止他履行职责的步伐。尽管头痛欲裂，他仍然走村串户，整理收集到的资料。在这项工作中，他完全是单枪匹马、孤军奋战。政府指派的地方长官表现得相当消极，大部分工作都落在了个人志愿者身上。

1897年2月，契诃夫全力投入在莫斯科建设"人民宫"的项目。当时还没有"人民宫"的概念，普通民众大多在酒馆中消磨时间。莫斯科的"人民宫"计划宏伟，包含图书馆、阅览室、讲堂、博物馆和剧院，设想中由 50 万卢布资本的股份公司运营。然而，由于与契诃夫无关的各种原因，这项计划最终被搁置。

同年 3 月，契诃夫应苏沃林邀请前往莫斯科。刚在艾尔米塔什餐厅坐下用餐，他便突发急性肺部出血。契诃夫被紧急送往一家私立医院，一直住到 4 月 10 日才出院。当对契诃夫的病情一无所知的妹妹赶到莫斯科时，哥哥伊万给了她一张探视许可，上面写着："请不要告诉父亲和母亲。"妹妹来到医院时，无意中瞥见桌上一张肺部图，左肺上部有红笔写的标记。她立刻意识到这是契诃夫的肺部图。这一发现，再加上目睹哥哥的虚弱状态，使她感到无比恐惧。一向开朗的契诃夫此时看起来病得很重，他被禁止活动和说话，也几乎没有活动和说话的力气。

医生诊断他患上了肺结核，并强调必须不惜一切代价遏制病情恶化，建议他远离北方寒冷的春季。契诃夫自己也对此有所认识。

出院后，契诃夫返回梅利霍沃，开始准备出国。他首先去了法国的比亚里茨，但那里天气恶劣，奢华浮夸的生活方式也不合他的胃口。尽管他很喜欢海边，特别是那里的孩子们，但他很快就移居到了尼斯。在尼斯，他在古诺街的俄国旅馆住了很长时间，似乎对那里的生活很满意。他喜欢温暖的气候，也喜欢见一见朋友，如米哈伊尔·米哈伊洛维奇·科瓦列夫斯基、瓦西里·米哈伊洛维奇·索博列夫斯基、弗拉基米尔·伊万诺维奇·涅米洛维奇－丹钦科[1]、画家瓦列里·伊万诺维奇·雅科比和伊格纳季·波塔片科。亚历山大·伊万诺维奇·松巴托夫王子也曾来到尼斯，契诃夫有时会

---

[1] 俄国重要的戏剧导演、作家和教育家。与康斯坦丁·斯坦尼斯拉夫斯基一起于 1898 年共同创立了莫斯科艺术剧院。

和王子一起去蒙特卡洛玩轮盘赌。

契诃夫密切关注着他在俄国未竟的一切：他挂记着《外科纪事》，这是一份他多次挽救于危难之中的刊物；他还要安排梅利霍沃家中的事务等。

这一年的秋冬，契诃夫都在尼斯度过。1898年2月，他打算去非洲。他想去阿尔及尔和突尼斯，但原定同行的科瓦列夫斯基生了病，契诃夫不得不放弃这项计划。他也计划前往科西嘉岛，然而自己的病情恶化，导致这项计划也未能成行。不幸的是，一个不称职的牙医用被污染的镊子给契诃夫拔牙，导致他患上了恶性骨膜炎。用他自己的话说："疼得想撞墙。"

春天一到，契诃夫便对祖国俄国产生了强烈的思念。他厌倦了被迫闲散的生活，怀念俄国的雪和乡村，同时对自己在气候良好、供给充足、生活悠闲的环境下，体重也没有增加的现实感到沮丧。

契诃夫在尼斯期间，法国逐渐卷入德雷福斯事件的风波。他通过速记笔记详细研究了德雷福斯案和左拉的案件，坚信两人都是无辜的。为此，契诃夫给苏沃林写了一封措辞强烈的信，导致两人关系变得疏远。

1898年3月，契诃夫在巴黎度过。他还向塔甘罗格公共图书馆寄送了319卷法国文学作品。

由于俄国的春天来得晚，契诃夫不得不在巴黎逗留到5月，然后才返回梅利霍沃。他一回来，梅利霍沃的气氛一下活跃起来。访客又纷至沓来。他依旧热情好客，但变得安静了，不再像从前那样开玩笑，也许是因为病情而说话不多。但他仍然很喜爱他的玫瑰。

还算不错的夏日之后是连绵不断的阴雨天，同年9月14日契诃夫动身前往雅尔塔。他必须在尼斯和雅尔塔之间作出选择，最终他不打算出国。考虑到他的戏剧将在艺术剧院上演，他或许可以借此短暂访问莫斯科，因此他更倾向于克里米亚。他的选择没有令自己失望。那年秋天雅尔塔风光秀丽，他在那里感觉很好，病情使他决定定居雅尔塔。

契诃夫在奥塔卡购置了一块地，同年秋天开始建房。他成日监督工程进度。石头和石膏不断运来，土耳其和鞑靼的工人掘地、筑基，而他则栽下树苗，以父亲般的关心注视着树上的新芽。那里的每一块石头、每一棵树都诉说着契诃夫的创造力。同年秋天，他买下了库丘卡的小片地产，那里距离雅尔塔24英里，其原始风貌吸引了他。要去那里，必须驶过令人眩晕的高处。他再次开始畅想并绘制蓝图，未来在他眼中呈现出不同的可能，他设想搬离梅利霍沃，在新地产上务农，过乡村生活。他想养鸡、牛、马和驴，如果他的生命没有慢慢枯萎，这一切当然是有望实现的。但他的畅想始终只是畅想，库丘卡至今仍无人居住。

1898年的冬天，克里米亚异常寒冷。刺骨的寒风、大雪、汹涌的海，再加上没有志同道合的朋友和"有趣的女性"陪伴，使得契诃夫感到疲惫和抑郁。他像着了魔一样被北方吸引，开始幻想在冬天搬到莫斯科，他的戏剧会在那里大获成功，他对那里的一切都充满兴趣，并梦想在莫斯科买房。没有什么比留在雅尔塔更损害他的健康。他曾在库尔斯克车站附近寻找小而舒适的房子，好在每年冬天舒服地过上三个月。但当找到这样的房子时，他的心思已经变了，转而接受了雅尔塔的生活。

1899年的1月和2月对契诃夫来说尤为难熬，他备受肠道问题的折磨，这近乎毁掉了他的生活。除了自身身体的问题，来自俄国各地的肺结核患者开始恳求契诃夫帮助他们前往雅尔塔。这些病人都很贫穷，他们大多在抵达雅尔塔后带着思乡之情可怜兮兮地死去。契诃夫为每一个病人倾尽全力，通过报纸呼吁并集资，想尽一切办法改善这些患者的处境。

恼人的冬天过去了，春天带来了温暖与舒适。同年4月12日，契诃夫在莫斯科，他在5月返回梅利霍沃。他的父亲在上一年10月去世。父亲的去世切断了契诃夫与梅利霍沃的一个重要联系。意识到自己在秋天就得早早离开此地，契诃夫逐渐萌生了卖掉梅利霍沃庄园的想法。

这一年的8月25日，契诃夫回到了雅尔塔的别墅。不久之后，梅利霍沃庄园被卖掉，他的母亲和妹妹也来到了雅尔塔。在生命的最后四年半里，契诃夫的健康状况迅速恶化。他的主要精力集中在刚刚起步的莫斯科艺术剧院，而他的大部分戏剧作品也都是在这段时间完成的。

1900年年初的冬天，契诃夫的病情持续恶化，直到春天才有所好转。在漫长的冬季中，他创作了《在峡谷里》。之后的春天令人生厌，使他的情绪和健康越来越差。3月5日下了雪，这对契诃夫造成了巨大的打击。4月他又病得很重。肠道问题的发作使他无法进食、饮水或工作。一旦好转，思恋北方的契诃夫就动身前往莫斯科，但莫斯科的恶劣天气并没有缓解他的病情。8月回到雅尔塔后，他创作了《三姊妹》。

那年秋天，契诃夫是在莫斯科度过的。12月初，契诃夫前往法国里维埃拉，并定居在尼斯，再次幻想前往非洲，但他最后去了罗马。在罗马，契诃夫又遭遇了恶劣的天气。次年2月初他返回雅尔塔。那年春天光照充足，温暖和煦。契诃夫整天待在户外，从事他喜爱的活动：种植和修剪树木，照料花园，订购各种种子，观察植物生长。同时，他继续为来雅尔塔求援的人提供帮助，并不断完善他在塔甘罗格创建的图书馆，还计划在那里办一个画廊。

1901年5月，契诃夫前往莫斯科接受全面体检，医生建议他立即去瑞士或接受马奶酒疗法。契诃夫选择了后者。

5月25日，契诃夫与莫斯科艺术剧院的主演之一奥尔加·克尼佩尔结婚，随后两人前往乌法省接受马奶酒疗法。途中，他们在维亚特卡省一个叫"醉汉集市"的地方等轮船，夫妻二人在条件不佳的环境中等待了24个小时。

1901年秋，托尔斯泰出于健康考虑在加斯普拉疗养。契诃夫很喜欢托尔斯泰，经常去看望他。这是一个热闹的秋天，库普林[1]、蒲宁[2]和高尔基访问了克里米亚，作家叶尔帕季耶夫斯基也定居于此。契诃夫感觉很不错，尽管托尔斯泰的健康状况成为大家关注的焦点，契诃夫对他也深感担忧。

进入1902年，契诃夫的身体状况急剧恶化，大量的出血使他虚弱不堪，这种情况一直持续到2月初，导致他只得在书房足不出户一个多月。正是在这一时期，高尔基在当选为科学院院士后又被开除，契诃夫因此给科学院主席写信，要求将自己的名字从院士名单

---

[1] 亚历山大·伊万诺维奇·库普林，俄国作家，以对社会各阶层生动且现实的记述和深刻的心理描写而闻名。
[2] 伊万·阿列克谢耶维奇·蒲宁，诺贝尔文学奖得主，以抒情散文和深刻的心理洞察力而著称。

中删除。

契诃夫的病情好不容易有所好转，其妻子却病倒了，而且病情严重。待她稍微恢复后，契诃夫沿着伏尔加河和卡马河旅行，一直到彼尔姆。回来后，他和妻子在莫斯科附近的一座避暑别墅定居。他在那里度过了7月，8月回到位于雅尔塔的家。然而，对文化生活的渴望和接近剧院的心愿再度将契诃夫吸引到北方，他在9月重返莫斯科。在莫斯科的日子一刻也不得安宁，从早到晚访客都络绎不绝。这样的生活使他筋疲力尽。12月他逃回雅尔塔，但在那里也无法获得自由。他的咳嗽加重，每天都发高烧，随后又感染了胸膜炎，整个圣诞假期他都卧床不起。剧烈的咳嗽仍折磨着他。在这段受束缚的闲暇时光中，他构思了剧本《樱桃园》。

如果契诃夫好好照顾自己，他的病情可能不会发展得如此迅猛，最终导致他丧命。他性格中的狂热、对世间万物的敏感，以及对活动的渴望，驱使他不顾气候和自己的健康，在南北之间奔波。像所有病人一样，他本应该在尼斯或雅尔塔长期居住，直到康复。但他的生活方式同健康人士无异。每次到北方，他总是被周遭发生的事情刺激并吸引，并误将这种兴奋当作身体状况改善的征兆。一回到雅尔塔，他的病情就开始反复，他立即觉得自己的病毫无希望了，克里米亚的气候在他看来对肺结核患者没有任何帮助。

1903年春天，契诃夫的身体恢复了些，足以支撑他前往莫斯科，他甚至还去了圣彼得堡。从圣彼得堡回来后，他开始准备前往瑞士。但他的健康状况太差，莫斯科的医生建议他放弃去瑞士或雅尔塔的想法，而是让他定居在莫斯科附近。他听从了这个建议，在纳拉定居。医生建议他在北方过冬，他在雅尔塔创造的一切——房子和花园——似乎变得多余而虚幻。然而，他最终还是回到了雅尔塔，并开始创作《樱桃园》。

1903年10月，契诃夫完成了《樱桃园》的剧本，并动身去莫斯科亲自操刀排演。他在艺术剧院待了一天又一天，制作《樱桃园》剧目，顺便指导其他作者的作品的布景和演出，给出建议和批评，这些工作令他兴奋昂扬。

1904年1月17日，《樱桃园》首演，这一天也是庆祝契诃夫文学生涯25周年的日子。契诃夫多次被叫到幕前，致了许多辞，发表了许多演讲。频繁的工作令他疲惫不堪，演出后的第二天，他如释重负，想要回到雅尔塔，他在那里度过了接下来的整个春天。

此时，契诃夫的身体已完全崩溃，任何见到他的人都默默认为他时日无多。但似乎越临近死亡，契诃夫本人反而越意识不到自己大限将至。即便病重，5月初他还是动身去了莫斯科。一路上他都病得很厉害，一到莫斯科就卧床不起，如此一直到6月。

6月3日，契诃夫和妻子出国治疗，去了德国的黑森林，住在一个叫巴登韦勒的温泉小镇。契诃夫要死了，尽管他写信给每个人说自己就要康复了，并且不是一盎司[1]一盎司地恢复，而是100磅100磅地恢复。即便命不久矣，契诃夫依然梦想着去意大利湖区，然后从的里雅斯特乘船回到雅尔塔，甚至还询问了航班表和轮船在敖德萨的停靠时间。

契诃夫在那一年的7月2日去世。

他的遗体被运回莫斯科，安葬在新圣女修道院，邻着他父亲的墓。

---

[1] 1盎司等于1/16磅，约合28.35克。

1876

要养成读书的习惯。随着时间的推移,你终有一天会为这个好习惯而感到庆幸。

写给弟弟米哈伊尔[1]

塔甘罗格，1876 年 7 月 1 日

我亲爱的弟弟米沙[2]：

收到你的来信时，我正百无聊赖地坐在门口打着哈欠，可想而知，你的信让我多么高兴。你的字写得不错，而且整封信没有一个错别字。不过有一件事我不喜欢，为何你要妄自菲薄，自称"你那一事无成又微不足道的弟弟"？你真的认为自己微不足道吗？在上帝面前保持谦卑理所当然，在美、智慧和自然面前坦承不足亦无可厚非，但在人前万不可如此贬低自己。在人群之中，你应当维系自尊。干吗这么说自己呢？你又不是什么坏人，而是个正直的小伙子，不是吗？那么，请尊重自己的为人，正直之人远非微不足道。切不可将"谦逊"与"自轻自贱"混为一谈……

你喜欢读书，这很好。要养成读书的习惯。随着时间的推移，你终有一天会为这个好习惯而感到庆幸。比彻·斯托夫人的作品让你看哭了？我读过一次，半年前为了研究她的写作手法又读了一

---

1 这封信是契诃夫在塔甘罗格中学五年级时所写的。——俄语原书注
2 米哈伊尔的昵称。

遍——读完后感觉不太舒服，就像吃了太多葡萄干或醋栗一样。你应该读读《堂吉诃德》，这是一本好书，作者是塞万提斯，据说此人的水平几乎能与莎士比亚相提并论。我还建议你——如果还没有读过的话——读一读屠格涅夫的《哈姆雷特与堂吉诃德》。不过亲爱的弟弟，你现在可能还无法理解这篇文章。如果你想读本不无聊的游记，不妨试试冈察洛夫的《巴拉达号三桅战舰》。

……我打算带一个寄宿生回来，他每月付我20卢布，他会在我们一家的照看下生活。话说回来，即便20卢布也不够，毕竟莫斯科的物价不低，再加上母亲总是热心过度地款待家里的寄宿生。

1877

我瞒着其他人给母亲写信,毕竟我的事于他们而言毫无趣味,或者说没有了解的必要……

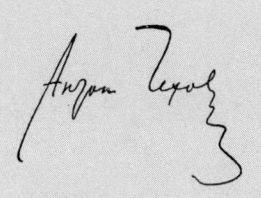

写给堂兄米哈伊尔·契诃夫[1]

塔甘罗格, 1877 年 5 月 10 日

……如果我给母亲写信并麻烦你转交,请务必在只有你和她两个人的时候递给她。有些事只能向一个信任的人倾诉。正因如此,我瞒着其他人给母亲写信,毕竟我的事于他们而言毫无趣味,或者说没有了解的必要……我的第二个请求更为重要,请继续安抚我的母亲,她已身心俱疲。于她而言你不只是她的侄子,还是更为亲近、重要的家人。我母亲的性格如此,她需要取得他人的道义支持。这听起来有些傻,是吧?但你会明白的,尤其我说的是"道义",也就是精神上的支持。这世道,再没有比母亲更关心我们的人了,所以如果你能安慰我那疲惫不堪的母亲,我将感激不尽……

---

[1] 指米哈伊尔·亚历山德罗维奇·契诃夫,而米哈伊尔·巴甫洛维奇·契诃夫是契诃夫的亲弟弟,两人中间名不同。

1885

我并非足不出户之人。要是有钱,我肯定会天南海北地跑,绝不会停下来。

写给米哈伊尔·加夫里洛维奇·契诃夫叔叔

莫斯科，1885 年

……因为替一位去度假的地区医生值班，去年夏天我没能来拜访您，但今年我希望能出趟远门，顺便见您一面。去年 12 月我曾咯血，于是决定跟文学基金会借些钱出国养病。现在我好些了，不过我仍认为自己应该出去走走。无论是出国，还是去克里米亚或高加索，我都会路过塔甘罗格。

……我很遗憾不能像您一样为家乡塔甘罗格效力。我坚信，如果能在家乡工作，我会更加平静、愉快，也更健康。但我注定要留在莫斯科，我的家庭和事业都在莫斯科。我既是医生也是作家，作为医生，如果在塔甘罗格，我可能会懈怠，忘记如何行医，而在莫斯科，医生根本没时间去俱乐部打牌；作为作家，除了在莫斯科或圣彼得堡，我到哪里都派不上用场。

我的医生生涯正在慢慢步入正轨，我一直坚持为患者治疗。每天坐公共马车的开销都在一卢布以上。我交了很多朋友，因此接触到了更多的病人，我为其中半数提供免费治疗，另一半人每次问诊需要支付我三到五卢布……不必说，我还没发财，短期内大概也不太可能发财了，但日子还算过得去，也不缺什么。只要我能健康地活着，家里有保障，这就足够了。我购置了新家具，租了一架上等钢琴，还雇了两个仆人，偶尔在家里举办小型音乐晚会。我没有负债，也不想借钱。不久前我家还在跟肉铺和杂货店赊账，不过现在也没欠钱了，我们买什么都付现金。至于日后如何，谁知道呢，就目前而言，并没有什么可抱怨的……

写给尼古拉·亚历山德罗维奇·莱金[1]

莫斯科,1885 年 10 月

……您建议我去圣彼得堡,还说圣彼得堡并不像中国那么远,这我知道,不过您也明白的,我其实早就清楚自己有必要去那里一趟,但我能怎么办呢?养活这一大家子让我的存款从来没有超过十卢布。而去圣彼得堡,哪怕采用最不舒适、最寒酸的交通方式,也至少要花费 50 卢布。我上哪儿整这么多钱去?我不能从家里挤出这笔钱,而且也不应该这么做,要是因为我的缘故,家里每天餐桌上只剩一道菜(本来也就两道),我会因良心不安而憔悴的……只有真主才知道我有多捉襟见肘,又是多么容易入不敷出。要是下个月少挣二三十卢布,我就会陷入困境。钱的事让我十分担心,出于这种财务上的胆怯,我避免一切借贷,也从不预付款项。我并非足不出户之人。要是有钱,我肯定会天南海北地跑,绝不会停下来。

---

[1] 俄国作家、艺术家、剧作家和出版商,他是契诃夫初入文坛时的出版商。

1886

我把所有希望都寄托在未来。我才 26 岁,也许我会做成某件大事,尽管我深知时光易逝。

写给阿列克谢·谢尔盖耶维奇·苏沃林

莫斯科，1886 年 2 月 21 日

……感谢您对我的作品的溢美之词，也谢谢您这么快便发表了我的文章。您大概可以猜到，来自像您这样经验丰富、才华横溢的作家的善意于我来说是莫大的振奋与鼓舞。

我同意您对我故事结尾的看法，也十分感激您删减了那部分，感谢您宝贵的建议。我已写作六年，但您是第一个不辞辛劳给予我建议和解释的人。

……我写得不多——每周不过两三个短篇故事。

写给德米特里·瓦西里耶维奇·格里戈罗维奇

莫斯科,1886 年 3 月 28 日

您的来信,我亲爱的朋友,您真是热情洋溢的报喜鸟!这好消息如同闪电般击中了我,差点让我落泪。我被您的文字深深打动,它们在我的灵魂里留下了深刻的印记!愿上帝给予您同样的温柔与善意,正如您给予年轻的我的善意一般!我对您的感谢超乎任何语言可以表达的,无论我怎么做,对您的恩情也无以为报。您很清楚常人眼中的自己是如何的,所以肯定也明白收到您的来信对我而言意味着什么。任何文凭都比不上您的来信,对一个刚起步的作家来说,这封信是对当前付出的回报,更是对未来的嘉奖。我几乎晕头转向了,无力判断自己是否有权获此殊荣。我只能说,您的来信让我受宠若惊。

若我真如您所说,是具有可敬禀赋之人,我得向您坦白,我至今未曾对这天赋怀有敬畏之心。我感到自己略有天资,但我已习惯认为其微不足道。光是外部因素就足以让人自我贬低、自我怀疑,变得病态般敏感。而如今,我发现自己身边有很多这样的外部因素。我的亲戚朋友总是以居高临下的态度对待我的作品,并不断以友善

的方式告诫我不要因为写作而不务正业。我在莫斯科结识的朋友数以百计,其中有一二十个作家,但我不记得他们中有谁曾读过我的作品,或认为我是个文学家。莫斯科有个所谓的文学圈子,圈子里不同年龄层和族裔的才华横溢者和平庸之辈每周在餐厅的私人包厢里聚会,练习他们的嘴皮子功夫。若我去那里读您信中的任何一段,他们都会当面嘲笑我。在我辗转于各家报社的五年里,我已经接受了他人对我的作品的轻视。我很快也学会了看轻自己,陷入了恶性循环,这是首要原因。次要原因是我还是个医生,每天忙得不可开交,"两手抓"的做派让我度过了无数个不眠之夜。

写信跟您说这些,不过是为自己严重的过错稍作辩解。迄今为止,我对待文学创作的态度都是轻浮、粗心且随意的。我想不起自己哪篇文章是花费超过一天时间来雕琢的,而您喜欢的《猎人》,是我在浴室里写的!我写故事就像记者报道火灾一样,机械、半无意识,不考虑读者,也不考虑自己……写作时,我尽量避免将自己珍藏的场景浪费在市场上——至于我为什么这么做,谁知道呢!

促使我开始反思和自我批评的最初动力,源于苏沃林写给我的一封非常友善且真诚的信。收到他的来信后,我开始考虑写些像样的东西,但我仍不认为自己写得有多好。然后,您就来信了,完全出乎我的意料。请原谅我采用这样的比喻:您的来信对我的影响就像地方官下令 24 小时内把城镇打扫干净一样。意思是我突然迫切地觉得自己需要脱离泥沼。

我对您的一切见解都心服首肯,《女巫》付印后,我明白了您所指出的粗俗是什么意思。假如我用三四天而不是一天来写这个故事,便不会出现这些问题。

我不会再赶时间写作了，不过暂时还不行……我无法摆脱已经走上的路。我不介意挨饿，我之前没少挨饿，但这不仅仅关乎我自己……我把业余时间，每天两三个小时和一点晚间时间都献给了文学，也就是说，除了写短篇外没什么时间。到了夏天，当我有更多时间和较少的开支时，就会着手创作一些严肃的内容。

我不能在书[1]上署真名，因为为时已晚，封面设计已经完成，书也已经付印。圣彼得堡的许多朋友在您之前便建议我不要用笔名，但我没听他们的，大概是出于虚荣心吧。我很不喜欢自己的这本书，它一团糟，是我学生时代写成的作品的合集，杂乱无章，乏善可陈，还被审核人员和编辑删减过。我确信很多人在读过之后会大失所望。如果我事先知道自己有读者，而且您也在关注我，我就不会出版这本书。

我把所有希望都寄托在未来。我才26岁，也许我会做成某件大事，尽管我深知时光易逝。

不好意思，无意间居然写了这么多内容，请您原谅我吧，这是我生平第一次鼓起勇气让自己沉醉于给格里戈罗维奇写信这件事。

如果可以，请给我寄一张您的照片。您的善意令我喜不自胜，我想给您写满整整一沓纸。愿上帝保佑您健康幸福。

敬爱您的，
安东・契诃夫

1　这里指《杂色故事》。——俄语原书注

写给尼古拉·亚历山德罗维奇·莱金

莫斯科,1886 年 4 月 6 日

……我病了,咯血,而且很虚弱。我什么也写不了……要是我明天还是不能坐起来写作,请您原谅我——我恐怕无法为复活节特刊投稿了。我本该去南方,但是我没钱……我害怕让同行的医生给我做检查。我始终觉得我的问题不在肺部,而在喉咙,因为我没有发烧。

写给玛丽亚·弗拉基米罗夫娜·基谢廖娃夫人

巴布金诺，1886 年 6 月

小说《无动于衷之爱》[1]第一部分：

正午时分……猩红的霞光为松树、橡树和冷杉的树梢镀上了一层金色。四周寂静无声。鸟儿的歌声和远处传来的悲鸣般的狼嚎打破了沉默。车夫转过身说道：

"又下雪了，先生。"

"你说什么？"

"我说，又下雪了。"

"哦！"

故事的主人公弗拉基米尔·谢尔盖耶维奇·塔巴奇恩最后看了一眼太阳，随即咽了气。

*

一周过去了……头顶上，鸟雀盘旋鸣叫。阳光明媚，一位年轻的寡妇站在新坟前，悲痛欲绝，她的手帕已被泪水浸透……

---

[1] 这是对一部女性小说的戏仿。——俄语原书注

莫斯科，1886 年 9 月 21 日

……做一位伟大的作家并不能享受多少乐趣。首先，作家生活枯燥无味，从早到晚埋头苦干，却没什么成果拿得出手。收入更是和猫儿的眼泪一样难得一见。我不知道左拉和谢德林的情况如何，但我家真是冷冷清清，通风还差……像以前一样，只有在节日里他们才会给我发烟，但给的烟又硬又潮，活像一根根香肠，根本抽不动。抽烟之前，我得先把蜡烛点着，把烟烤干。蜡烛开始冒烟，香烟噼里啪啦地烧着，最后变成棕色，我的手指也被烫伤了……这种日子真是不如一枪毙了自己算了！

……我身体多少有些毛病，渐渐成了一只干瘪的蜻蜓。

……不过，走起路来我倒是很精神，仿佛是在过生日。但从《闹钟》杂志那位女收银员挑剔的眼神判断，我这身打扮称不上时髦，衣服也算不上崭新。我坐不起出租马车，只能挤公共马车。

不过，当作家也不是全无好处。首先，据说我的书卖得还不错；其次，等到 10 月，我就能有些进账了；再者，我渐渐地算是小有名气了，在小饭馆里，人们会用手指指我，打量我，也会向我献殷勤，甚至请我吃三明治。柯什在他的剧院里逮住我，二话不说就送了我一张永久免费票……遇到我的医生同行总是唉声叹气，接着大谈文学，抱怨他们已经厌倦了行医，诸如此类……

9 月 29 日

……生活如一潭死水，压根儿不存在幸福的人……所有人都对活着感到厌恶。每当认真思考时,我都觉得那些厌恶死亡的人不合逻辑,就我目前看来,生活不过是由恐怖、争吵和琐事混合交织而成的!

12月3日

今早,乌鲁索夫亲王派了一个人来,想请我为他主编的体育杂志写一篇短篇小说。我像往常一样拒绝了这个请求。在俄国,如今有两座无法企及的高峰:厄尔布鲁士山和契诃夫。

亲王的使者对我的拒绝感到非常失望,几乎是悲痛欲绝,最后恳求我推荐一些懂体育的作家。我想了想,很及时地想起一位女作家,她梦想着成名,去年因为忌妒我的文学成就而生了病。总之,我把您的地址给他了……您可以以《受伤的雌鹿》为题写一篇故事。还记得吗?猎人伤了一头雌鹿,它的双眼闪烁,仿佛人类的眼睛,没有人忍心杀死它。这个题材不错,但也不容易写好,因为这种故事很难不让人感伤。写的时候得像做报告一样,不要用悲悯的措辞,可以这样开头:"某年某月某日,达拉加诺夫森林的猎人们打伤了一头年轻的雌鹿。"要是人们因为这篇文章掉眼泪,便会剥夺这一题材的严肃性和其他亮点。

12月13日

……如果您不介意,我从您最近写给我妹妹的两封信中偷了两段自然描写用在我的故事里。有趣的是,您的写作方式很男性化。

字里行间（除了涉及儿童的部分），您都像个男作家！当然，这是在夸您，因为总的来说，现在男作家还是比女作家厉害得多。

待在圣彼得堡的时候我一直在"休息"。也就是说，很多天都在城里东奔西走，拜访朋友，听些令人恶心的恭维话。哎！哎！在圣彼得堡我渐渐变得像娜娜[1]一样受欢迎，而像柯罗连科[2]这样严肃认真的作家几乎无人问津。我的那些无聊废话被全圣彼得堡的人阅读，就连参议员G也读我的作品……这很令人欣慰，但也打击了我的文学感受。我为鼠目寸光的公众感到羞耻，我深信当我开始认真写作时，没有一个人会赏识我。

---

1 指左拉的同名长篇小说的主人公。
2 弗拉基米尔·加拉克季奥诺维奇·柯罗连科，俄国作家和社会活动家。

写给哥哥尼古拉

莫斯科，1886 年

……你时常向我抱怨人们"不理解你"！歌德和牛顿何曾这样抱怨过？……耶稣基督倒是也有过类似的抱怨，但他所说的是教义不被理解，而非他个人不被理解。我觉得人们挺理解你的，如果你无法理解自己，那不是别人的问题。

作为你的弟弟和朋友，我向你保证，我完全理解你，并且真心为你感到难过。我深知你身上那些美好的品质，可以说对它们了如指掌，我也珍视这些品质。如果你需要的话，为了证明我了解这些品质，我可以将它们一一列举出来。你是个善良的人，柔和、宽宏、无私，随时准备献出自己身上最后一分钱。你不忮不求、心地单纯，对人类和动物怀有一致的同理心。你对人推心置腹，从不阳奉阴违或心怀诡谲。你也不记仇……你拥有常人没有的天赋。你颇具才华，而且是能让你从人群中脱颖而出的才华，要知道，每 200 万人里才能出一个艺术家。是你的才能让你如此出众，即便你是一只蟾蜍或狼蛛，人们也会尊重你，因为人们会原谅任何有才之人。

你只有一个缺点，而你所经历的不公、不幸、不快，甚至包括你的肠道炎症，都是因为这个缺点。那就是你缺乏教养。请别怪我说话难听，毕竟事实从不徇私……想开点，生活总有不如意。若希望自己在有教养的人群里待得舒适，想要与他们相处自如，并为此感到快乐，一定程度上自己也得是有教养之人。你的天赋让你得以接触这些有教养的人，你是他们中的一员，但是……你脱离了自己的圈子，你在成为一个有教养的人和做一个寄宿在对面的普通房客之间摇摆不定。

在我看来，成为有教养的人必须满足以下几个条件：

一、尊重他人的个性。有教养的人总是友善、温和、有礼貌，并且懂得退让。他们不会因为一把锤子或丢失一块橡皮而大吵大闹。如果有人在他们家里留宿，他们不会认为自己是施恩的上位者，即便不再合宿，他们也不会对人说："没人能受得了跟你一起住。"他们会原谅发出噪声的人，能忍受冰冰凉或干巴巴的肉食和俏皮话，也容忍陌生人来自己家。

二、具有同理心。他们不仅会同情乞丐和流浪猫，还会为盲人的困境感到心痛……他们通宵达旦是为了帮助他人……为家里的兄弟挣大学学费，或者为了给母亲添置新衣服。

三、尊重他人财产。有教养之人有债必还。

四、真诚。有教养的人视谎言如烈火，即便在小事上也绝不撒谎。谎言侮辱了听者，撒谎便是把听者置于言者地位之下。他们从不装腔作势，向来表里如一、韬光养晦，从不在弱者面前炫耀自己的优越。他们从不胡言乱语，亦不会将自己的观点强加于他人。出于对他人的尊重，他们往往会选择保持沉默。

五、不卑不亢。有教养的人不会刻意博取他人的同情。他们不会靠玩弄人心来博得他人的关注。他们从不抱怨"我被冤枉了",也不会说"我已经不值一提了",因为这些都是无意义的追求,是庸俗、陈腐、虚假的……

六、没有虚荣心。有教养者不在乎虚妄之事,比如结识名人,与醉醺醺的小诗人帕尔明握手,听路人在画展上夸赞,或成为小酒馆里谈论的对象。他们从不夸大自己的贡献,更不会因为这一点点贡献而自鸣得意。他们也不会向他人吹嘘自己能够进入他人不得进入的场所……真正的贤能之士总是大隐隐于市,远离自我推销。连克雷洛夫[1]都曾写道:"满瓶不动半瓶摇。"

七、有教养者一旦发现自身才能,便会努力去发挥它,甚至牺牲休息、女人、酒精和虚荣心……他们为自己的才能而自豪……对自身的要求也极苛刻。

八、培养艺术情操。有教养的人在睡前会换上整洁的衣服,他们的家里绝不会四处可见臭虫和裂缝,或是散发着恶臭。他们不会踩踏吐过唾沫的地板,也不会用油腻的炉灶做饭。他们会尽可能控制自己的色欲……他们同异性交往不是为了一夜风流……他们不欣赏巧舌如簧背后的惊世智慧。尤其当他们是艺术家的时候,他们对异性的诉求,是活力、优雅、人性和母性力量……他们不会酗酒,不会翻箱倒柜地找饮食,因为他们不是畜生,也明白自己不是畜生。他们只会在闲暇或重要的场合小酌一杯……因为他们想要保持健全的身心。

诸如此类,这就是我眼中有教养之人的样子。要想有教养,不

---

[1] 伊万·安德烈耶维奇·克雷洛夫,他因其寓言故事而广受欢迎,被誉为俄国的"寓言之父"。

低人一等，仅仅读过《匹克威克外传》和背诵《浮士德》中的一段独白是不够的……

这也不能一蹴而就，必须不断努力，夜以继日，不断阅读、学习、坚持……每一秒都十分宝贵。加入我们的行列吧，放下手中的酒杯，静下心来读读书……看看屠格涅夫的作品，如果你还没读过的话。

你必须抛下虚荣心，你已经不再是孩子了……你很快就要30岁了，是时候了!

我看好你……大家都看好你。

1887

若认为文学的职责就是在污泥中发掘珍珠,这无异于否定文学的本质。

写给玛丽亚·弗拉基米罗夫娜·基谢廖娃夫人

莫斯科,1887年1月14日

《在路上》得到了您的高度赞扬,但这并不能平息我身为作者的愤怒,因为我必须为《泥沼》鸣不平。提醒您一下,要接着往下看的话,请抓紧椅子,注意别吓晕了。好了,请继续往下看吧。

一般而言,看到针对自己作品的批评文章,即便文章措辞极具侮辱性且有失公允,作者也要缄默不言——这是文坛礼仪。回应批评有悖礼节,故此凡回应者皆被指责过度虚荣。不过鉴于您给出的批评更像是"在巴布金诺小屋门口台阶上的晚间闲谈……",且并未涉及小说的文学部分,只是提出了一些一般的原则性问题,我觉得即使我回应,也不算违反礼节。

一、同您一样,我也并不喜欢这类文学题材。作为一名读者和"普通人",我也巴不得避开此类文章,但若您让我给出坦诚的看法,我会说,此类题材是否应当存在并非已经盖棺论定……无论您还是我,抑或世上其他评论家,都无权否定此类文学。我不知道谁的看法是绝对正确的,是荷马、莎士比亚,还是洛佩·德·维加?是描述了"淤泥"般肮脏的社会,却依然比我们清廉的古人,还是那些表面上道貌岸然，内心和生活中却冷酷而愤世嫉俗的当代作家？我也不知道什么才算低俗，是那些毫不避讳描绘美好自然中真情实感的古希腊人，还是加博里欧、梅利兹、皮埃尔·博博雷金的读者？这些问题就像"不抵抗主义"或"自由意志"等议题一样，只能留待后世解决。当代人能做的，仅仅是讨论，而没有权力下达最终判决。讨论屠格涅夫和托尔斯泰（他们的作品没怎么提及"淤泥"）并不能阐明这个问题。二者之"洁癖"不足以证实任何事情。要知道，在他们二人之前还有一代作家，那些人更甚，不仅把对"渣滓和人渣"的描述视为肮脏的，还鄙夷有关农民和低级文官的描写。此外，仅参考某一时期（无论多么辉煌），并不足以让我们得出应当支持何种文学倾向的结论。讨论我们这些文学倾向所带来的负面影响同样无益，因为世上的一切都是相对的。有些人即便读的是儿童读物也会堕落，他们尤其喜欢看《诗篇》和《箴言》中的露骨片段。而另一些人，在更深入地了解生活的污秽面之后，反而变得更加纯洁。涉足人类种种罪恶、奥秘的政治和社会作家、律师以及医生，并不被视为不道德。现实主义作家往往比修道院院长更有道德。最后，我得说，没有任何文学作品能在愤世嫉俗方面超越现实生活本身，就像对已经喝空一桶酒的人而言，再喝一杯也不算什么。

二、您所言的确不假，世上充斥着"渣滓和人渣"。人性本就不完美，所以当我们看到正直的人时才会感到格外惊讶。但是，若认为文学的职责就是在污泥中发掘珍珠，这无异于否定文学的本质。所谓"艺术"文学，便是要描绘生活的真实面貌，它理应绝对真诚。把文学的功能局限于发现珍珠，就如同让列维坦画树却不能画出肮脏的树皮和枯黄的树叶一样，这是在剥夺创作的灵魂。我并不否认珍珠的美好，但同甜点师和卖化妆品的人不一样，作家不是来逗读者开心的，作家应当受责任心和良知制约。就像犁地不该往回拖，无论多么反感，作家都应当克服这种恶心，让自己的想象力沾染上生活的污垢。如此看来，作家和普通的记者并无两样。如果一个报社通讯员出于精神洁癖或者只想着讨好读者，而仅报道诚实的市长、高尚的女士和善良的铁路承包商，您的看法又将如何呢？

对化学家来说，地球上没有不洁的物质。一个作家必须如同化学家一样公正客观，把个人的主观立场和偏见放在一边，承认即便是淤泥也应当被看见，明白恶意是生活固有的一部分。

三、作家确实是其所处时代的产物，因此和其他人一样，作家必须遵循社会生活的外部条件，并且保持体面。这是我们唯一该要求现实主义作家做到的事情。鉴于您对《泥沼》的行文并无异议……我大概是保持了体面的。

四、我承认我写作时很少探寻自己的良知，这属于个人习惯，也是因为我的作品比较短小。因此，当我表达这样或那样的文学观点时，我很少考虑自己。

五、您在信里写道："如果我是编辑，我会把专栏退给您，这是为您好。"何不干脆做得更绝一点？给发表这类稿件的编辑都塞上封口布如何？要不再张贴大字报，谴责新闻总署没有压制道德败坏的新闻？

若文学仅仅囿于个人观点，那文学无疑是悲哀的，这是最重要的道理。其次，没有任何警察会宣称自己有文学方面的才能。我同样认为文学应当受到约束，无赖可能也会混进文学界，但是思考过后，我发现除了批评家和作家自己的良心之外，没有更好的文学警察了。人们自创世之初便开始寻找这样的监督者,但从来没找到过。

所以您不仅希望我损失150卢布的稿费,还想让我被编辑羞辱。一些人——包括您的父亲——很喜欢这篇故事。而另一些,则写信侮辱发表这篇文章的苏沃林,辱骂刊登我文章的报纸和我本人,诸如此类。那么请问到底谁是对的?谁又有资格作出决断?

您还写道:"这种拙作,留给空洞的骑士、夹鼻眼镜和芦荟[1]这样无精打采的倒霉作家就好。"

如果您不是在开玩笑的话,愿真主原谅您!仅仅因为他人的卑微而轻视对方,这种行为对身心都无益。在文学中,人物如同军人一样是有等级之分的——这是表面意思,而其深层含义还远不止于此。

哎呀!我说了这么多,您肯定看烦了。要是知道我的批判之词如此之多,我便不会下笔了。请您原谅我!

鉴于您读过我写的《在路上》,我想问问,您怎样看待我的大胆之作呢?我并不怕创作有关"知识分子"的作品。我的作品在圣彼得堡引起了轰动。不久前,我还讨论了应对邪恶的不抵抗主义,这也让公众感到惊讶。在新年那天,所有报道都称赞了我。在托尔斯泰也供稿的《俄国财富》12月刊上,有一篇奥博连斯基写的32页长的文章,题为《契诃夫与柯罗连科》。这位奥博连斯基对我赞誉有加,甚至称我比柯罗连科更具艺术性。虽然他大概只是在胡说八道,但无论如何,我发现了自己的一个优点:我是唯一一位没在大部头刊物上发表文章的作者,仅靠在报纸上发表厕所读物便赢得了

---

[1] 夹鼻眼镜为基谢廖娃夫人的笔名;芦荟为契诃夫的大哥亚历山大的笔名。——俄语原书注

那些察三访四的批评家的注意力。这可是前无古人,开天辟地头一遭……1886年年底,我感觉自己像是被扔去打狗的肉包子。

……我用四张纸完成了一出戏[1]。表演时间仅需15~20分钟……写小文章比写长篇大论要好得多,不用矫揉造作,成功也来得容易……这还不够让作者满足吗?完成这部独幕剧花了我一个小时零五分钟。我已经着手写另一部,但还没完成,因为没有足够的时间。

---

1 指《卡尔哈斯》,后来被称为《天鹅之歌》。——俄语原书注

写给米哈伊尔·加夫里洛维奇·契诃夫叔叔

莫斯科,1887 年 1 月 18 日

……假期里我忙得不可开交,母亲的命名日那天我几乎累垮了。

不得不说,如今我在圣彼得堡也算是最炙手可热的作家,从各大报刊的反应就能看出来。1886 年年底,媒体四处提我的名字,甚至对我过分吹捧。声名鹊起的结果就是约稿和社交邀请接踵而至,随之而来的便是高强度的写作以及身心俱疲。写作令我心力交瘁,备感压力,这份工作使我暴露于公众视野,其背后的责任更是让情况雪上加霜。每一则关于我的报道都让我和家人们忐忑不安……人们在各种场合朗诵我的文章,我走到哪儿都有人指指点点,想跟我打交道的人络绎不绝,诸如此类。我没有一天清静,时时刻刻都如坐针毡。

……沃洛佳[1]说的没错……的确,人不可能拥有整个世界,但可以被称为"世界之主"。告诉沃洛佳,出于感恩、敬仰或对杰出人

---

[1] 对弗拉基米尔这个名字的昵称或简称,该名意为"世界之主"。——英文版编者注

士美德的赞颂——那些使人卓尔不群、近乎神性的品质——民众和历史学家有权授予他们任何崇高的称号，而无须担心亵渎神明或将凡人捧上神坛。实际上，我们颂扬的不是人本身，而是他们的优秀品质，是他们身上生发的那份神性。因此，杰出的国王被称为"大帝"，尽管他们的个头可能不比伊万·伊万诺维奇·洛博达高；教皇被称为"冕下"；宗主教曾被称为"普世牧首"，即便他的权威只囿于脚下这颗星球；弗拉基米尔亲王被称为"世界之主"，即便他只统治了一小片土地；亲王们被冠以"谨厚"和"显赫"之称，即便一根燃烧的火柴都比他们更加光亮——诸如此类。这些词汇并非谎言或夸大其词，而是被用于表达人们的赞叹，就像母亲管她的孩子叫"宝贝"一样，这并不是在说谎。这是我们对美的感知，美是不容平庸和琐碎的。美促使我们使用各种比喻，而这些比喻也许可以通过理性来分析，但它们更应当被用心感受。我们常说一个人黑色的眼眸犹如夜晚般深邃，蓝色的眼睛如同天空般蔚蓝，卷发似波浪等等。就连《圣经》也惯用这样的比喻，例如"你的子宫比天空更广阔"[1]、"义必有公义的日头出现"[2]或"信仰之石"[3]等等。人类对美的感受是无穷无尽的。这就是为什么俄国的亲王可以被称为"世界之主"，而我的朋友沃洛佳也可以叫这个名字，因为取名不是出于被命名者的功绩，而在于纪念和尊敬过去的杰出人物。如果这个小家伙还是不认同我，我还有另一个论点能说服他：即便我们把人捧得再高，也不是亵渎爱，而是表达爱。关键在于不要贬低他人：与其骂人"蠢货"，不如称他们为"天使"，即便他们可能更接近蠢货，而非天使。

1　这句话并非出自《圣经》，而是来自东正教的《圣母颂》。

2　出自《圣经·玛拉基书》。

3　此语不是直接引自《圣经》，但其概念源自《圣经》。

写给妹妹

塔甘罗格，1887年4月2日

从莫斯科到谢尔普霍夫的路上无聊极了，同车的都是些实在人，除了聊面粉价格，也没啥别的话题……

正午到了库尔斯克，在那里等了一个小时，给自己灌了一杯伏特加，洗了把脸收拾了一下，喝了碗蔬菜汤，然后换乘另一趟火车。这趟车挤得跟鱼罐头一样。刚出库尔斯克，我就和邻座打成一片。有一名从哈尔科夫来的爱开玩笑的地主，跟咱们的萨沙·K.一个德行。我身边还有一名刚在圣彼得堡动完刀子的女士、一名警长、一名打小俄罗斯来的军官和一名穿军装的将军。我们几个天南海北地聊开了。将军讲话在理，措辞简洁，还带一点自由主义的味道；警长活脱脱一个老牛郎，心里还惦记着风流事，说话时摆谱十足，像省长一样拖拖拉拉，开口前嘴巴张半天，讲完一个词后还拖个长音"呃——"，像狗叫似的。那名女士一边打吗啡，一边指挥男乘客在车站替她弄冰块。

到了别尔哥罗德我又喝了蔬菜汤。晚上9点到了哈尔科夫。我跟警长、将军他们依依惜别……在斯拉维扬斯克时，我睡醒了，给你寄了张明信片。这一站又上来了好些人，来了一名地主和一名铁路检查员。我们聊起了铁路。检查员说塞瓦斯托波尔铁路从亚速线顺走了三百节车厢,还用漆将之刷成了自家线路的颜色。[1]

又是正午,天气好极了。空气里弥漫着草原的气息,鸟儿婉转啼鸣。我看到我的乌鸦老友在草原上空盘旋。

古墓、水塔、房屋——一切都那么熟悉,仿佛历历在目。在车站喝了碗味道极好的酸梅汤。然后在站台上溜达,年轻姑娘们来来往往。站台远处的高窗里坐着一个年轻姑娘(或许是少妇,鬼晓得),她穿着白衬衫,美得慵懒。[2]我瞅她,她瞅我……我戴上眼镜,她也照做……哎呀,美人啊!我心里小鹿乱撞,只好继续赶路。天气好得要命。小俄罗斯人、牛、乌鸦、白房子、河流、只有一根电报线的顿涅茨铁路、地主和农民家的姑娘们、红色的狗、树木——如梦似幻般一闪而过……热死了。那名检查员开始变得烦人。没吃完的肉饼和馅饼也逐渐发馊……我把它们和剩下的伏特加一起塞到了别人座位底下。

……终于到了塔甘罗格……这地方简直像赫库兰尼姆和庞贝一样荒凉,没什么人,但好在也没有木乃伊。倒是有一帮昏昏欲睡的傻小子和西瓜头。房子都像被压扁了一样矮小,而且好像很久没粉刷了,屋顶也该上漆了,百叶窗都关得严严实实……

晚上8点,叔叔、他家人、伊里娜、狗、住在储藏室里的老鼠、兔子都已经熟睡了。我别无选择,只好也去睡觉。我睡在客厅的沙发上,沙发没换,还是那么短,睡觉时要么得把腿蜷起来,要么就

---

[1] 见《冷血》一文。——俄语原书注
[2] 见《美人》一文。——俄语原书注

让它们耷拉在地板上。我想起了普洛克路斯忒斯[1]和他那张床……

4月6日

我5点就醒了,天灰蒙蒙的,刮着冷飕飕的风,让人不禁想起莫斯科,真是没劲。我等着教堂的钟声响起,然后去参加晚祷。大教堂里一切都很迷人,庄重又不乏趣味。唱诗班唱得不错,一点也不俗气。教堂里全是穿橄榄绿连衣裙和巧克力色夹克的年轻女士……

4月8日、9日、10日

无聊得要命。天气又冷又灰暗……在塔甘罗格逗留期间,除了以下事物,其他都乏善可陈:市场上特别好吃的圆面包、桑特宁尼酒、新鲜鱼子酱、上等螃蟹,还有叔叔的热情款待。其他的都不咋样,没什么好让人羡慕的。这里的年轻女孩还行,不过需要时间适应她们。她们动作粗鲁,对男人态度轻浮,喜欢跟演员私奔和哈哈大笑,容易陷入爱情,还会冲着狗吹口哨,甚至喝酒等等。

周六我继续赶路。在莫斯卡亚站,空气清新宜人,鱼子酱每磅70戈比。在罗斯托夫,我等了两个小时,而在塔甘罗格又等了20个小时。我在一个熟人家过夜。鬼知道我都在哪儿睡过觉:有臭虫的床、沙发、长凳和箱子。昨晚我睡在又长又窄的客厅里,在一张

---

[1] 希腊神话中的角色,相传他有一张床,他会强迫过路的旅客躺在上面,如果旅客身长比床短,他就把旅客拉长至与床同长,反之,他就砍掉旅客多出来的肢体。

沙发上，抬头就能看到一面镜子……

4月25日

……昨天参加了一场婚礼——地地道道的哥萨克式婚礼，有音乐、女人们的嘀咕声，还有令人作呕的醉酒场面……新娘才16岁。他们在大教堂举行婚礼。我当伴郎，穿着别人的礼服，裤子宽得吓人，衬衫上连颗纽扣都没有。在莫斯科，这样的伴郎肯定会被轰出去，但在这里我反而是全场最体面的。

我遇见不少有钱又适婚的年轻姑娘。选择太多了，但我一直喝得醉醺醺的，把酒瓶当成姑娘，把姑娘当成酒瓶。或许是因为我醉了，当地姑娘倒觉得我挺风趣！她们就像一群羊，一个起身走出房间，其他的就跟着走。其中一位，也是她们当中最大胆、最聪明的，想表明自己不是不懂礼仪的乡巴佬，于是不停地拍我的手，笑着说："你真坏！"尽管她脸上还是一副有些受惊的表情。我打趣地让她对她的舞伴说："你真是太天真了！"

当地大概有伴侣随时随地都要亲吻的习俗，新郎新娘亲得太起劲了，嘴唇发出很大的喷喷声，搞得连我嘴里也有股糖渍葡萄干的味道，我的左小腿还抽筋了。我左腿的静脉炎因为他们的亲吻变得更严重了。

……在兹韦列沃我从晚上9点一直等到早上5点。上次我在那里过夜，是在侧线上的二等车厢里。晚上我走出车厢，外面简直是奇观：月亮、无边无际的草原、古墓、荒野，死一般寂静，车厢和铁轨在昏暗中清晰可见。仿佛整个世界都死了……这幅画面我恐怕终生难忘。

拉戈齐纳巴尔卡，1887 年 4 月 30 日

今天是 4 月 30 日，夜里很暖和。乌云密布，几乎不见天日。空气闷热，弥漫着草的味道。

我住在拉戈齐纳巴尔卡的 K 家。这里有一幢茅草顶的小屋，旁边是用平整的石块垒成的谷仓。小屋一共有三间房，没有铺地板，天花板歪歪斜斜，窗户是上下推拉式的……墙壁上挂满了各种武器，如步枪、手枪、马刀和鞭子。抽屉里和窗台上散落着子弹、修枪工具、火药罐和铅弹袋。家具破旧不堪，外饰面都剥落了。我得睡在一张躺起来费劲的沙发上，不仅硬，还没垫子……方圆十俄里[1]内别想找到烟灰缸这样的奢侈品……连最基本的生活用品都没有，不管什么天气都得溜到峡谷去方便，还得小心树丛下别有蝰蛇或其他什么东西。

这里的居民只有老 K、他媳妇、裤子上系了宽宽的红皮带的哥萨克军官彼得、阿廖沙、哈赫科（就是亚历山大）、卓伊卡、宁卡、牧羊人尼基塔和厨娘阿库琳娜。这里还有一群凶得要命的狗，它们不论昼夜，不让任何人靠近，导致我得有人护送才能出门，否则俄国就要少一个作家了……最可恶的是穆赫塔尔，一条老狗，脸上挂着的不是毛，是脏麻絮。它恨我，我一出门，它就咆哮着扑过来。

再来说说吃的。早上有茶、鸡蛋、火腿和猪油。中午有鹅肉汤、

---

[1] 1 俄里约合 1.07 千米。

烤鹅配腌渍梅子，或者火鸡、烤鸡、奶冻和酸奶。没有伏特加或胡椒。下午 5 点，他们会在林中的篝火上煮一锅小米粥加猪油。晚上又是茶、火腿和中午的剩饭。

这里的娱乐活动包括打野鸡、围着篝火聊天、去伊万诺夫卡镇上遛弯儿、打靶、斗狗、制作烟花用的火药、聊政治、堆石头塔等等。

这里的主要工作就是科学种地，相关知识是由年轻的哥萨克人引进的，他花五卢布买了一堆农业书籍。这里的科学种地最重要的内容就是大规模屠杀，一刻不停地杀麻雀、燕子、大黄蜂、蚂蚁、喜鹊、乌鸦——为了防止它们吃蜜蜂。不过为了防止蜜蜂破坏果树的花，他们也杀蜜蜂。为了防止果树耗尽土地养分，他们还砍掉了果树。这样形成了一个循环，虽然有点荒唐，但据说是根据最新的科学数据得出的法子。

我们晚上 9 点上床睡觉，睡眠质量很差。院子里的两条狗不停地嚎叫，而沙发边的狗疯狂回应。我常被枪声吵醒——屋主人会在屋里通过窗户用步枪打破坏庄稼的动物。晚上出门得叫上那个哥萨克人，否则会被狗撕成碎片。

最近天气不错，草木茂盛，满眼都是花。我看着蜜蜂和忙碌的人们，感觉自己就像米克卢哈-马克拉亚[1]一样。昨晚还下了一场好雨。

……煤矿离得不远。明天一大早我要坐轻便的单马马车去伊万诺夫卡（23 俄里远）取信。

---

1 尼古拉·尼古拉耶维奇·米克卢哈-马克拉亚，俄国人类学家、生物学家和探险家，以其在新几内亚和其他太平洋岛屿的研究而闻名。

……我们吃了鸡蛋，火鸡会在去年的落叶上下蛋。这里的人用枪杀鸡、鹅、猪等，枪声不绝于耳。

塔甘罗格，5月11日

……我从K家出发去了圣山。到斯拉维扬斯克时天已经黑了，马车夫拒绝在晚上送我去圣山，建议我就在斯拉维扬斯克过夜，我巴不得这样做。我浑身酸痛，累得不行，脚都跛了……这座镇子有点像果戈理笔下的"米尔戈罗德"[1]。镇上有理发师和钟表匠，希望再过一千年，这里能有电话。镇上的墙壁和篱笆贴满了马戏团的广告……长了草的路上尘土飞扬，猪、牛和其他家畜在闲逛。这里的屋子看起来亲切可人，就像慈眉善目的老太太。人行道软塌塌的，街道很宽，空气中弥漫着丁香跟合欢花的香气。远处传来夜莺的歌声、青蛙的呱呱声、狗吠声、手风琴声，还有女人尖厉的叫声。我住在库利科夫家的旅馆，租了一间75戈比一晚的房间。睡过那么多木沙发和洗衣盆后，用上有床垫的床和洗脸台简直是种奢侈的享受。微风从敞开的窗户吹进来，带着芬芳，绿色的树枝也探了进来。第二天早晨非常美好，正是节日（5月6日），大教堂的钟声响起。人们做完弥撒后出来，我看到了警官、治安官、军事监督和其他权贵从教堂走出。我买了两戈比的瓜子，花六卢布租了一辆有弹簧的马车，载我去一趟圣山（两天时间）。驶出小镇，穿过樱桃树、杏树和苹果树掩映下的小街，鸟儿不停歌唱。遇到的小俄罗斯人都摘下帽

---

[1] 出自同名小说集，是俄国文学中对小镇生活的经典描述，常被用来比喻闭塞、落后、无聊的小镇生活。

子,可能是把我当成了屠格涅夫。车夫没事就跳下车整理马具,或用鞭子赶走跟在马车后面的男孩……路上有排成长队的朝圣者。四周是大大小小的白色山丘。地平线呈蓝白色,黑麦长得很高,橡树林时不时映入眼帘。这里唯一缺少的就是鳄鱼和响尾蛇了。

到达圣山时已是正午。这里风景独特,修道院坐落在顿涅茨河畔,依偎在巨大的白色岩石脚下。岩石上布满了花草,橡树和古老的松树没有足够的生长空间,好像有某种力量在把它们往上推……松树简直是悬在空中,看起来随时可能掉下来。杜鹃和夜莺日夜不停地歌唱。

修士们待人不错,不过给我分配的房间住着不太舒服,床薄得像一张煎饼。我在修道院住了两晚,留下了很多回忆。我去的时候因为正值圣尼古拉日,大约有 15 000 名朝圣者聚集在此,其中十有八九是老太太,我从来没见过这么多老太太,早知道会这样,我就一枪毙了自己。至于我是如何结识修士们,并给他们和老太太们提供医疗建议的,我会先写给《新时报》,等咱俩见面再告诉你。这里的礼拜仪式没完没了,午夜敲钟做晨祷,凌晨 5 点早祷,早上 9 点晚祷,下午 3 点唱颂歌,5 点再做晚祷,晚上 6 点是特别祈祷。每次礼拜前,走廊里都能听到惨兮兮的钟声,一个修士跑来跑去,用催债人恳求欠债人至少还五戈比一般的声音喊道:

"吾主耶稣基督,怜悯我们!请来参加晨祷!"

待在房间里显得尴尬,所以我只好起身出去走走。我找到顿涅茨河边的一个好地方,他们一开始礼拜,我就到那里待着。

我给姨母买了一幅圣像。修道院免费为所有朝圣者提供食物,比如有淡水鱼肉的白菜汤和粥,都很好吃,黑麦面包也不错。

教堂的钟声很悦耳,不过唱诗班就很普通了。我还参加了一次水上宗教游行。

写给弗拉基米尔·加拉克季奥诺维奇·柯罗连科

莫斯科，1887 年 10 月 17 日

……能与您相遇，我感到无比高兴，这是真诚且发自内心的话。首先，我珍视并热爱您的才华。出于许多缘由，您的才华于我而言弥足珍贵。其次，依我看来，再有一二十年，您我二人一定会找到彼此的共同之处。在当今俄国文坛的成功者中，我可以说是最轻浮、最漫不经心的人。我时常被大众怀疑。诗意地讲，就是我爱自己纯洁的缪斯，但我并不尊重她，我对她不忠，总是带她去一些不适合她的地方。但您严肃、坚强且忠实。如您所见，我和您是截然不同的，即便如此，每当我读到您的作品——尤其我现在还有幸与您相识——我认为您与我在某些地方是相似的。我不知道自己这样想是否正确，但我乐在其中。

写给哥哥亚历山大

莫斯科，1887年11月20日

第一场演出[1]结束了，我要来跟你好好说道说道。首先，柯什承诺给我安排十场排练，但最终只安排了四场，而且其中只有两场能称为排练，其他两场则是演员们比拼吵架和辱骂水平的竞赛。只有达维多夫和格拉马记得自己的台词，其他人全凭提词员和直觉硬撑。

第一幕时，我在舞台后面一个看起来像牢房的小包厢里，而我的家人们在楼下的包厢里因为紧张而瑟瑟发抖。出乎意料的是，我本人倒是很冷静，没感受到一丝一毫的激动。演员们紧张得不行，一个个不停地画十字。序幕拉开了……扮演受益人的演员上场，他不仅不自信还忘词，收到花束时一度很尴尬，这使整场戏从一开始就变得面目全非。我对基谢列夫斯基寄予厚望，但他连一句台词都没说对——字面意思上的一句没对。他说的台词都是自己编的。舞台监督那边也有失误。尽管如此，第一幕竟然大获成功，观众多次叫好。

---

1 指《伊凡诺夫》。——英文版编者注

第二幕时，舞台上热闹依旧，也混乱依旧，演员们忘词、出错、胡说八道。每句台词都令我如芒在背。但是——哦，我的缪斯女神啊！——这一幕竟然也成功了。所有演员都被叫到台前，我也被叫过去两次。喝彩，掌声此起彼伏。

第三幕时，演技总算有所提升，结果大获成功。我不得不三次走到幕前谢幕。达维多夫紧握我的手，而格拉马则像马尼洛夫[1]那样把我的另一只手按在她心口上。真是一场才华与美德的胜利。

第四幕第一场的表现还不错，我又被叫到台上。然后是一段漫长、乏味的休息时间。观众没有中场休息时离开席位去小酒吧的习惯，剧场内有些抱怨。幕布拉起，很好，可以看到台上的晚宴餐桌（婚礼布景）。乐队奏起隆重的曲目。伴郎出场了，他们喝得醉醺醺的，像小丑一样在台上耍宝。粗鲁的行为和小酒馆一样的氛围让我绝望。然后基谢列夫斯基出场，本应是感人且充满诗意的段落，他却醉得像个鞋匠[2]，一段简短而诗意的对话变得冗长且令人厌恶。观众看完困惑不已。在剧终，主角因为无法忍受侮辱而死去。观众的情绪已经淡了下去，也看累了，不理解人物的死亡（演员们坚持角色死去，但我还有另一版剧本）。观众依旧叫演员和我上台谢幕，在其中一次谢幕时，我听到了嘘声，虽然它被掌声和跺脚声掩盖了。

整场演出结束后，我感到疲惫和烦躁。虽然这场戏算得上成功，但我还是不舒服……

剧院观众表示，在观看我的剧作之前，他们从未见过如此热闹的现场，也没听过这么响亮的掌声和嘘声，更没见过如此激烈的讨

1　果戈理《死魂灵》中的人物，以过分热情和做作而闻名。
2　在19世纪的欧洲，人们对鞋匠酗酒的刻板印象。

论。此前在柯什的剧院里,从未有剧作者在第二幕之后还被要求上台谢幕。

11月24日

……一切重归宁静,我又像往常一样坐在写字台前,心平气和地写作,这种感觉真是超乎想象!……我之前跟你说过,首演时无论是在观众席还是在舞台上,都出现了连在剧院工作了32年的提词员也未曾见过的场面。观众大吵大闹,有的鼓掌,有的发出嘘声。有人几乎在休息区打起来了,楼上看台的学生想把某人推下去,最后有两个人被警察带走了。兴奋之情席卷全场……

……演员们都很紧张。之前我在信中向你与马斯洛夫提到的有关演员演技和工作态度的问题,当然不宜广泛传播,有些事情,我们不得不体谅……原来剧中扮演主角的女演员有个女儿病得很重——她是带着怎样的心情登台的呢?库列平表扬了演员们,他做得对。

演出后的第二天,彼得·基切耶夫在《莫斯科小报》上发表了评论。他称我的戏为"厚颜无耻、极度失德的垃圾"。不过《莫斯科新闻》赞扬了这部剧。

……如果你读过我的剧本,你可能无法理解我描述的那种激动。你可能觉得没什么特别的。尼古拉、谢赫特尔和列维坦这些画家向我保证,这部剧在舞台上呈现出来的效果非常独特,甚至有些奇异。但仅仅读剧本,可能看不出这一点。

写给德米特里·瓦西里耶维奇·格里戈罗维奇

莫斯科，1887 年

我刚刚读完了《卡列林的梦》，很想知道您所描述的梦境到底有多少是真实的梦。我认为您对大脑活动以及一个人在睡眠中的整体感受的描述，不仅在生理学上准确无误，还极具艺术性。我想起两三年前读过的一篇法国故事，讲的是一位部长的女儿。可能作者自己都没有意识到，他将歇斯底里的临床症状描述得十分准确。我当时就想，艺术家的直觉有时或许比科学家的理性更有价值：二者的出发点相同，也具备相同的本质，随着时间的推移和各自不断自我完善，直觉与理性注定会合二为一，成为强大的力量，而现阶段没有任何语言可以表达这样的强大……《卡列林的梦》让我产生了类似的想法，现在我愿意相信巴克尔[1]的观点，他在哈姆雷特关于亚历山大大帝遗骸的沉思中，发现了莎士比亚对物质不灭定律的认知——也就是艺术家超越科学家的能力……睡眠是一种主观现象，其内在体验只能通过自我来观察。但由于做梦的过程对所有人来说

1　亨利·托马斯·巴克尔，19 世纪英国历史学家和社会学家。他在 1857 年至 1861 年出版了《英国文明史》，这部作品在当时非常有影响力。

是相似的,因此我相信每个读者都能根据自己的经验来评判《卡列林的梦》,评论家们的观点也必然带有主观色彩。根据我的个人经历,我可以这样描述我的感受。

首先,您对寒冷感的描写非常细腻。当夜里被子滑落时,我常梦见巨大而光滑的石头、秋日的寒水和光秃的河岸。这些场景色调模糊,雾蒙蒙的,几乎看不到蓝天,给我一种悲伤、沮丧的感觉。我就像迷途的羔羊那样站在冰冷的石头前,感到自己必须渡过那深深的河水。我还会看到小拖船拉着大驳船,或是漂浮在水面上的木梁……这些景象灰暗、湿冷、凄凉。当我从河边跑开,我看到倒塌的墓地大门、葬礼,还有我的老师们……整个过程里,都可以感到彻骨的寒冷,如同噩梦一般冰凉,而这些都是清醒时感受不到的,只有在梦中方能体会。《卡列林的梦》开头几页栩栩如生,唤起了我的记忆,特别是第五页前半部分,您描写坟墓的寒冷与孤独的那段。

我在想,如果我出生在圣彼得堡并一直生活在那里,或许我会常梦见涅瓦河岸、元老院广场和那些宏伟的纪念碑。

而当我在睡梦中感到寒冷时,我会梦见一些人……我偶然读到一篇评论,评论者不满您写了一个"几乎是部长"的人物,认为这破坏了故事整体的庄重基调。但我不以为然,破坏基调的不是人物,而是您对他们的刻画在某些地方打断了连贯的梦境。做梦时难免梦见他人,且往往是自己不怎么喜欢的人。比如,每当夜里感到寒冷时,我总会梦见我的经文老师,他是一位学识渊博但外表威严的神父,小时候他曾侮辱过我的母亲。我还会梦到那些心怀恶意、无可救药、偷奸耍滑之人,在梦里他们幸灾乐祸地笑着——这是在现实生活中永远看不到的场景。通过马车窗传来的笑声是卡列林反复梦见的噩梦。当人在梦中感到某种恶意的存在，感到某种外部力量正在带来不可避免的毁灭时，往往会听到这样的笑声……当然，人也会梦见自己所爱之人，但梦中的他们往往也同做梦者一样身处苦难之中。

当身体逐渐适应了寒冷，或者家人给我盖上被子时，那种寒冷、孤独，以及令人压抑的恶意便会逐渐消失……随着身体变暖，我开始梦见自己走在柔软的地毯或草地上，看到阳光、女人和孩子。画面逐渐变化，但比清醒时变化得更快，所以醒来时很难记住场景之间的转换……您的故事很好地表现了这种突然，增强了梦境的印象。

您对自然现象的另一种发现也非常令人注目：梦中人会急于以孩子般的真诚表达个人情绪，就像卡列林一样。众所周知，人们在睡梦中哭喊的频率远高于清醒时。这可能是因为人在睡眠中缺乏对自我的抑制和压抑情感的念头。

请原谅我，我太喜欢您的故事了，我还想再写上十几页，哪怕我知道自己可能写不出什么新鲜或有价值的评论……我会努力忍住这种冲动，保持沉默。我担心让您心生厌烦，也害怕自己胡说八道。

再说一遍，您的故事真的很棒。大众认为它"模糊不清"，但对于一个逐字逐句细细品味的作家而言，这份模糊比圣水还要纯净……吹毛求疵如我，也只能勉强发现两处小瑕疵：

一、在我个人看来，由于故事开头频繁出现"寒冷"一词，会导致读者对寒冷的感觉变得麻木；二、"光滑"一词用得太多了。

其他地方我实在挑不出毛病。我认为身为作家，总是需要新的灵感来源，《卡列林的梦》于我而言是一次绝妙的阅读体验。所以我忍不住想向您分享我的一些想法和感受。

关于我本身，没什么好说的。我写的东西不是我想写的东西，我没有足够的精力，也没有足够的时间来按照您的建议写作……我有不少好点子，但也仅此而已。我依靠着对未来的希望，看着眼前的时光徒然流逝。

请原谅我写了这么长的信，并请接受我最诚挚的祝福。

安东·契诃夫

1888

我们就做普通人吧,平等地对待每个人,那样就不需要刻意营造什么团结的氛围了。

写给弗拉基米尔·加拉克季奥诺维奇·柯罗连科

莫斯科,1888 年 1 月 9 日

听从您的建议,我开始为《北方通报》[1]写一篇小说[2]。在开头部分,我试图描绘草原、那里的居民,以及我个人在草原上的亲身经历。这个题材相当不错,我在创作过程中十分享受。可惜由于缺乏创作长篇的经验,加上担心内容冗长,我反而陷入了另一个极端:每一页的内容都各自成章,像一篇篇小故事,场景堆积叠如山,彼此挤压,破坏了整体效果。结果就是,成品呈现出来的不是将细节融为一体的如繁星般璀璨的画面,而是一份干巴巴的概要或单调的意向记录。作家如您,大概可以理解我的行文意图,但普通读者恐怕会觉得枯燥无趣,甚至可能破口大骂。

……至于您的《索科利涅茨》,我认为它是近来最出色的小说之一。它就像一首精心创作的乐曲,遵循着文学家靠本能领悟到的所有法则。总而言之,您在整本书中展现出了卓越的艺术才能和强

---

1 19 世纪末在俄国圣彼得堡出版的一份重要的文学和政治月刊。
2 指《草原》。——俄语原书注

大的笔力,即便是一些本该致命的缺陷,在您笔下也变得无伤大雅。比如我刚刚才注意到,整本书中几乎没有女性角色出现。

写给阿列克谢·尼古拉耶维奇·普列谢夫

莫斯科，1888 年 2 月 5 日

……我迫不及待地想读柯罗连科的新作，他是我最欣赏的当代作家。他的文字明艳、生动，风格亦无可挑剔，虽然有些地方略显刻意，但意趣高雅。列昂季耶夫[1]也很好，虽然不如柯罗连科那样老练，文字的画面感也稍逊一筹，但他的作品更温暖、平和，带有一种女性特质……天哪，他们为什么都要局限于某个特定题材呢？一个总是写囚犯，另一个净写军官……我能理解艺术创作也讲求术业有专攻，比如流派、风景、历史题材，但我无法接受只写囚犯、军官或神父。这样已经算不上专攻，而是变成了一种偏执。在圣彼得堡你们不喜欢柯罗连科，在莫斯科我们也不读什切格洛夫的作品，但我坚信他们俩都前途无量。唉，要是我们有几个出色的评论家就好了！

---

[1] 指伊万·列昂季耶维奇·什切格洛夫，19 世纪末至 20 世纪初的俄国作家。什切格洛夫是他的笔名，他在成为作家之前曾是军官。

2月9日

……您说您喜欢德莫夫[1]这个人物。生活造就了像亡命徒德莫夫这样的角色,但他们的存在并不是为了成为异教徒或流浪汉,而是成为彻头彻尾的革命者。然而,俄国永远不会爆发革命,像德莫夫这样的人最终不是沉溺于酒精,就是锒铛入狱。他们是多余的人。

3月6日

天寒地冻,但那些可怜的候鸟已经开始飞往俄国了!它们被思乡之情和对故土的眷恋驱使着。要是诗人们知道有几百万只鸟儿因为思乡的热忱和对故园的热爱而牺牲,知道它们有多少同伴冻死在途中,最后在三四月间回到家时又遭受怎样的痛苦,他们早就该为之歌颂了!……试想一只不能飞、只能步行的秧鸡,或者一只为免于被冻死而屈服于人类的野鹅的处境吧……在这个世界活着真是太不容易了!

---

[1] 《草原》中的角色。——英文版编者注

写给伊万·列昂季耶维奇·什切格洛夫

莫斯科，1888 年 4 月 18 日

……总的来讲，我的心情还算愉快，虽然仔细想来，我其实是被束缚了手脚……亲爱的朋友，您有一套公寓，而我拥有一整栋房子，还是两层的！您有一个即使您没钱也会体谅您的妻子，而我呢，要养活一大家子人。如果我每个月挣的钱不够多，我的家庭就会分崩离析——崩塌之后的废墟还会压在我身上。

5 月 3 日

……我刚给《北方通报》投了一篇小说[1]。说实话，这篇文章让我有些难为情，它实在太沉闷了，里面充斥着大量讨论与说教，读起来很乏味。我本来不想投的，但迫于无奈，因为我现在急需用钱，就像人需要呼吸一样……

莱曼给我写了一封信，说他们（指你们那群在圣彼得堡的人）

1　指《灯光》。——俄语原书注

"已经同意在各自的书上推广彼此的作品",想要拉我入伙,还振振有词地告诉我,只有那些"达成一定共识"的同道中人才能入选。我回信告诉他我同意入伙,但也问他们,怎么知道我和谁是同道中人,又和谁是陌路人?你们圣彼得堡人为什么这么热衷于搞小圈子?难道你们不觉得"团结""年轻作家兄弟会""共同利益"之类的说法让人喘不过气来吗?我承认,在证券交易、政治、宗教等领域,团体意识是有必要的,但在年轻作家之间,既不可能,也没必要。作家之间不可能有完全相同的感受与想法,大家的目标千差万别,甚至谈不上什么方向。我们对彼此知之甚少,有时甚至完全不了解对方,凭什么要谈团结呢?再说了,真的有这个必要吗?根本没有,想要帮助同行,就尊重他人的人格和作品,不在背后说三道四,不心生忌妒,不撒谎,不虚与委蛇。一个人用不着非得是个年轻作家,做个正常人就够了……我们就做普通人吧,平等地对待每个人,那样就不需要刻意营造什么团结的氛围了。你们这种对小圈子式的团结的执着,最终会导致大家不自觉地互相监视、猜疑、控制,形成类似邪教的团体……亲爱的让[1],我跟您没什么好团结的,但我以文人的身份向您保证,只要您还活着,您就有决定自己怎么做的自由。也就是说,您可以在任何地方以任何方式写作,您愿意的话,可以像科列伊沙[2]那样思考,也可以无数次背叛您的信念和倾向,诸如此类。而我对您的态度不会有丝毫改变,我会一如既往地在我的书上为您的书打广告。

---

1. 19世纪俄国上层社会和知识分子中,用法语名是一种流行做法。什切格洛夫的名字"伊万"在法语中对应名字"让",二者为同源。
2. 莫斯科一个著名的宗教狂热分子。——俄语原书注

写给阿列克谢·谢尔盖耶维奇·苏沃林

苏梅,林特瓦廖娃夫人的庄园,1888 年 5 月 30 日

……我现在住在普肖尔河畔一座古老庄园的小屋里。我租下这里的时候都没来看过,纯属碰运气,不过到目前为止我没觉得后悔。这条河河面很宽,水也很深,洲渚遍布,鱼虾丰富。两岸风光秀美,绿草茵茵。最妙的是,这里十分开阔,就好像只花了 100 卢布就买到了在这片无垠大地上生活的权利。这里的自然景致和生活方式早已过时,被杂志编辑们抛诸脑后。夜莺不停地啼鸣,远处传来阵阵犬吠,荒芜的老花园和废弃的庄园显得既悲凉又富有诗意,仿佛有美丽女子的灵魂徘徊其间。年迈的仆人们从废奴之前就在这里了,如今已迈向生命的尽头。年轻的小姐们则渴望着最传统的爱情。除此之外,不远处还有一座老套得不能再老套的水磨坊(有 16 个水轮),磨坊主的女儿总是坐在窗边,似乎在等什么人。这里的所见所闻,无不让我想起古老的小说和童话故事。唯一新奇的是一种不知名的鸟,它们栖息在远处的芦苇丛中,日夜不停地发出怪异的叫声,声音介于敲击空桶和从谷仓传出的牛叫之间。每个小俄罗斯人一生中都"见过"这种鸟,但描述各不相同,这恰恰说明没人真正见过它们……我每天划船去水磨坊，晚上则和从哈里托年科工厂来的钓鱼发烧友们一起去岛上钓鱼。我们的谈话有时相当有趣。五旬节前夜，所有钓友都会在岛上通宵钓鱼，我也会加入。他们当中有不少出色的人物。

房东一家出乎意料地热情好客，值得深交。他们共有六口人，老太太性格和善，有些优柔寡断，一生饱经苦难。她喜欢读叔本华的著作，也常去教堂听赞美诗。她认真研读每一期《欧洲通报》和《北方通报》，甚至知道一些我闻所未闻的作家。她特别喜欢强调画家马科夫斯基曾在她的小屋里小住过，而现在又有一位年轻作家在此逗留。每次与普列谢夫交谈时，她都会激动得全身发抖，为"有幸"见到这位伟大的诗人而欣喜若狂。

老太太的大女儿是医生——全家的骄傲，村里的"圣人"——她确实非同寻常。她脑袋里长了瘤，导致她完全失明，偶有癫痫发作，经常犯头痛。她很清楚等待自己的是怎样的命运，却能以惊人的镇定谈论即将到来的死亡。行医多年，我已经习惯了面对将死之人，每当他们在我面前说话、微笑或哭泣时，我总会感到一丝异样。但在她身上，当我看到这个失明的女子在阳台上谈笑风生，或专注地听我朗读故事时，令我奇怪的不是她即将离世这一事实，而是我们竟感觉不到自己也在步入死亡，在书写这些故事时，仿佛忘记了自己终有一天也会死去。

二女儿也是医生，性格温婉羞怯，心地善良，对每个人都充满爱意。然而对她来说，行医简直是一种折磨。她对病人谨慎到了近乎病态的地步。我们在会诊时常常发生分歧，当我看到治愈的可能性时，她却往往预见死亡。我开的药量常常是她的两倍。然而，当真的必须面对患者的死亡时,她又表现得一点也不像医生。有一次,我们在医疗中心一起接诊,来了个年轻的小俄罗斯妇女,颈部和后脑有恶性肿瘤,已经扩散到了无法治疗的地步。这个妇女当时还没有痛感,但半年后将会在极度痛苦中死去。女医生看向她的眼神充满愧疚,仿佛在这位患者面前,拥有健康的身体便是罪过,医学的无能为力叫人感到羞愧。这个女医生热心于家务和庄园管理,她对大大小小的事务了如指掌,连马匹的事也懂。旁侧的马不肯拉车或躁动不安时,她知道如何处理,还能指导车夫。我相信她从未害过任何人,但在我看来,她也从未真正享受过片刻的幸福,将来也恐怕难以享受得到。

三女儿毕业于别兹图热夫卡[1],是个阳光开朗且充满活力的姑娘,嗓门很大,笑声能传得很远。她是一个热情洋溢的小俄罗斯爱国者。她自掏腰包在庄园里开办了一所学校,教孩子们用小俄罗斯语翻译克雷洛夫的寓言。她去拜访舍甫琴科[2]的墓地,像穆斯林朝觐麦加一样虔诚。她留长发,穿紧身衣和裙撑,管理家务,爱笑爱唱。

大儿子是个安静、谦逊、聪明、勤奋的年轻人,虽然没有什么特别的才能,但他也不追求不切实际的东西,似乎对现状十分满意。他在即将毕业时被大学开除[3],但他并不以此为荣。他话不多,热爱农业和土地,与农民们相处融洽。

二儿子则是个狂热的柴可夫斯基崇拜者,梦想过上一种托尔斯

---

[1] 19世纪后期至20世纪初在圣彼得堡的一个著名高等教育机构,专为女性提供教育。

[2] 塔拉斯·舍甫琴科,19世纪著名的诗人、作家、画家和思想家,被誉为乌克兰现代文学的奠基者。

[3] 显然是出于政治原因。——英文版编者注

泰式的生活。

普列谢夫正寄居在我们这里。大家将他奉若神明，如果他赏脸尝了某人的点心，那人就会欣喜若狂。他们给他献花，出行时总要邀请他。而他只是一边"静听静食"，一边抽着雪茄，把崇拜者们熏得头痛不已。他行动迟缓，带着老年人特有的懒散，但这丝毫不妨碍女士们带他泛舟湖上，或驱车游览邻近的庄园，为他高歌一曲。在这里，他的地位与在圣彼得堡无异——都是被人顶礼膜拜的圣像，人们崇拜他只因他年事已高，其肖像曾被挂在与神奇的圣像比肩的位置。于我而言，且不说他为人善良、热心诚恳，我觉得他像是一个装满传统、趣闻和格言的宝库。

……您对《灯光》的评论十分中肯。您指出，无论是关于悲观主义的讨论，还是基索琪卡的故事，都无法解决悲观主义的问题。要我说，解决上帝、悲观主义等相关问题，并非小说家的职责。作家不过是描述某人在某种情况下如何谈论上帝或悲观主义，而不是充当角色与对话的审判官。作家应当是一个不偏不倚的见证者。我曾听过两位俄国人漫无边际地讨论悲观主义——他们的对话没得出任何结论——我要做的就是如实报道我的所见所闻。至于价值的评判，那是读者的事。我作为作家的责任，仅仅是展现我的才华——包括懂得如何划分主要与次要叙述，如何刻画人物性格，让他们的台词与性格相符。什切格洛夫-莱昂捷夫批评我在收尾时说"这个世界上的事谁也弄不明白"，认为作为优秀的心理学家，作家应该"弄得明白"，这正是他选择成为心理学家的原因。但我不以为然。是时候让作家，尤其是艺术家认识到这个世界上没有什么是可以弄明白的，就像苏格拉底和伏尔泰曾经领悟的那样。普通民众自以为无所不知、无所不晓,他们越是愚昧,就越觉得自己见多识广。而如果一个作家有勇气承认,他并不理解他所见的任何事物,那么这本身就是思想领域的一大进展,是向前迈出的重要一步。

写给阿列克谢·尼古拉耶维奇·普列谢夫

苏梅，1888年6月28日

……我们去了波尔塔瓦省，拜访了斯马金家，还到了索罗钦齐[1]。一路上乘坐的是四匹马拉的老式马车，舒适极了。旅途充满了趣事，笑声不断，各种冒险、误会、停歇和奇遇频频发生……要是您能亲眼看到我们过夜的地方，以及那些绵延十几俄里的村庄，那该多好！这一路上遇到了多美妙的婚礼啊，夜晚的寂静中听到的音乐多么动听，空气中弥漫着新割干草的浓郁香气！说实在的，若是可以欣赏那温暖的夜空、倒映着忧伤落日的池塘和小溪，人恐怕连灵魂都愿意卖掉……

……斯马金家的庄园"地大物博"，但已经年久失修，破败得像是一张陈年的蜘蛛网。房子下陷，连门都关不严实，炉子里的瓷砖互相挤压得变了形，地板的缝隙里甚至长出了草。我睡的屋子里，一只夜莺在窗玻璃和百叶窗之间筑了巢，我到的时候，小夜莺才刚孵出来，光溜溜的，活像没穿衣服的小犹太娃娃。谷仓上栖息着几

---

[1] 全名为大索罗钦齐，该地在文学史上很有名，是果戈理的出生地，其短篇小说《索罗钦齐集市》就是以该地为背景的。

只庄严的鹳。养蜂场里有个老爷爷,据说他还记得上古时期的事呢。

这里的一切都显露着衰败的迹象,但极具诗意,既使人感伤,又美得让人心醉。

写给妹妹

费奥多西亚，1888 年 7 月

……从苏梅到哈尔科夫的路程无聊透顶。从哈尔科夫到辛菲罗波尔更是能把人闷死。克里米亚草原让人失望，单调乏味，一望看不到尽头，像极了伊万年科的小说——毫无生气，整体感觉和冻土带差不多……到了辛菲罗波尔才开始有山，有了山就有了美景。峡谷连着山脉，杨树从峡谷中冒出来，远处还能隐约看到葡萄园。一切都沐浴在月光中，既新奇又狂野，不由得让我想起果戈理的《复仇》。最神奇的是那些犬牙交错的悬崖和隧道，有时是洒满月光的幽深谷底，有时是伸手不见五指的黑暗。这种景象有些令人不安，却又让人兴奋，给人一种不像是在俄国的异域情调。我半夜到了塞瓦斯托波尔。这座城市本身就很美，临海这一点更是为其锦上添花。这里的海最迷人的地方便是它的颜色，简直无法用语言表达，蓝得像是硫酸铜的溶液。说到轮船、帆船和码头，最让人震惊的是俄国人的贫困。除了几艘像莫斯科商人老婆那样臃肿的船只"波波夫卡"[1]

---

[1] 19世纪后期俄国海军中的一种特殊战舰，以其设计者、海军上将安德烈·亚历山德罗维奇·波波夫的名字命名。设计用于在浅水区域操作，以防御黑海和波罗的海沿岸。这种战舰有着独特的圆胖船体，所以契诃夫用了这样的比喻。

和两三艘像样的轮船，海湾里实在没有什么值得一看的。

……这里的清晨简直要把人郁闷死。我又热又脏又渴。港口里臭烘烘的，尽是些晒得跟砖头似的红彤彤的脸，到处是滑轮声、泼脏水声、敲打声、鞑靼话，还有各种无聊透顶的嘈杂。你走到一艘轮船跟前：衣衫褴褛的工人汗流浃背，快被太阳烤焦了，晕头转向地卸着水泥。你站在那里看着，忽然觉得一切都变得遥远、陌生，乏味得让人想打瞌睡。上船启程倒是挺有意思，可一路上跟那些乘客聊天就够受的了，都是些你烂熟于心、早就腻烦的俗套话……雅尔塔像是欧洲风情和俗不可耐之物的大杂烩，令人想起尼斯。那些小盒子似的旅馆里关着可怜的肺病患者，住满了无礼的鞑靼人。女士们来来往往，她们的裙撑真是不堪入目。闲得发慌的富人想找点刺激，到处都是香水味儿，我连雪松和海的气息都闻不到了。码头又脏又破，远海闪着忧郁的灯光。还有那些为了欣赏自己根本一窍不通的自然风光而挤过来的年轻人，他们喋喋不休。这一切加在一起简直让人窒息，压抑得要命，弄得我都开始怀疑自己是不是太挑剔了。凌晨 5 点，我到了费奥多西亚，那是一座灰扑扑的阴沉小镇。一眼看去寸草不生，树木稀稀拉拉，土地粗糙又贫瘠。一切都晒得焦黄，只有大海在盈盈微笑——那是一片与恼人小镇和游客无关的大海。我下水洗了海水澡，太舒服了，竟忍不住笑出声来，也不知道自己在笑什么……

7月22日

……昨天，我们去了沙赫－马迈，也就是艾瓦佐夫斯基[1]的庄

---

1 伊万·康斯坦丁诺维奇·艾瓦佐夫斯基，19 世纪俄国最著名的画家之一，尤其以海景画闻名。

园，距离费奥多西亚25俄里。那地方富丽堂皇，宛如童话世界，可能只有在波斯才能见到这样的庄园。艾瓦佐夫斯基本人集亚美尼亚人的善良和主教的养尊处优于一身，是一个精力充沛的75岁老人。他举止庄重，手掌柔软，伸手时像一个将军。他或许不算聪明，但性格复杂，引人注目。他身上兼具将军、主教、艺术家、亚美尼亚人、天真的老农和奥赛罗的特质。他娶了一个年轻貌美的妻子，对她管教甚严。他与苏丹、沙阿和埃米尔[1]都有交情，曾与格林卡合作创作《鲁斯兰与柳德米拉》，还与普希金是朋友，但他从未读过普希金的作品。事实上，他一生都没读过一本书。当有人建议他读点什么时，他就回答："我有自己的想法，为什么要读书？"我在他家待了一整天，还在那里吃了晚饭。晚餐漫长得可怕，祝词没完没了。顺便说一句，在晚餐时我经人介绍认识了一个女医生，是某个著名教授的妻子。她个子很高，身材又胖，如果把不穿衣的她涂成绿色，简直就像一只青蛙。和她聊过之后，我默默地将她从我心目中的女医生名单上除名了。

---

1 "苏丹"为伊斯兰世界中对君主的称号；"沙阿"为波斯语中对古代皇帝的称谓；"埃米尔"一般为阿拉伯世界中对君主、贵族或军事领导者的称呼。

写给弟弟米哈伊尔

1888 年 7 月 28 日,在黑海、里海和人生之海上

……约莫午夜时分,"迪尔"号,一艘破旧的小货轮,全速驶离苏胡姆,前往波季。船上唯一的小船舱里闷热难耐,充斥着烧焦的气味,混杂着绳索、海鱼与海水的腥臭,能听到引擎"咚、咚、咚"的声音……头上和地板下都吱吱作响,舱内暗无天日,摇摇晃晃,床铺也跟着上下颠簸……晃得人胃不舒服,喝下去的苏打水在喉咙打转。为了不在一片漆黑里吐自己一身,我赶紧穿好衣服出去……舱外也是一片漆黑,连脚边的铁条和绳索都看不见,我被绊倒好几次。所到之处尽是圆桶、麻袋和碎布,脚下则是煤灰。我在黑暗中撞到了某个笼子,里面关着几只野山羊,我在白天见过它们。几只羊都醒着,不安地听着船的摇晃声。笼子旁边坐着两个同样醒着的土耳其人。我摸着黑爬上通往舰桥的楼梯,一阵温暖却猛烈的风差点吹走我的帽子。轮船摇晃,舰桥前的桅杆像节拍器一样有节奏地缓慢摆动。我试图将目光移开,但眼睛不听使唤,就像我的胃袋一样,不受控制地一起摇晃……天空与大海都漆黑一片,看不到陆地,甲板也是黑乎乎的,没有一丝光亮。

我身后有一扇窗户,我往里看,看到一个人正专注地转着舵,神情仿佛在演奏第九交响曲……我身边站着穿着棕色皮鞋的矮胖船长……他跟我聊起了高加索移民、夜晚的闷热以及冬季风暴,说话的同时他专注地盯着海岸那边的黑暗。

"你好像又太偏左了,"他对某人说,"这里应该能看见灯。你瞧见了吗?"

"没看见,船长。"黑暗中有人回答。

"爬到上面看看去。"

接着,一个黑色的身影出现在舰桥上,慢悠悠地爬了上去。过了大概一分钟,我们听到他喊道:

"看到了,船长!"

我借了船长的望远镜,朝灯塔所在的方向看,但什么也没看到……半小时过去了,一小时过去了。桅杆有规律地摇晃,船体吱吱作响,风一个劲儿地想吹走我的帽子……虽然已不再伸手不见五指,但我心里仍很不安。

突然,船长冲向船尾,喊道:"你个臭小子!"

"往左打舵!"他焦急地大声喊道,"往左……往右!哎呀!"

然后是一些我难以理解的指令。轮船启动,船体吱嘎作响……"哎呀!"船长喊道。船头响起铃声,黑暗的甲板上传来奔跑声、碰撞声和焦虑的叫声……"迪尔"号再次启动,发出近乎痛苦的声音,似乎是要往后退。

"怎么了?"我问,感到一丝恐慌。没人回答。

"他快撞船了,这个臭小子!"我听到船长粗声喊道,"往左!"

前方闪着红灯,我突然在喧闹中听到汽笛声,不是"迪尔"号的，而是另一艘船的……现在我明白了：我们要撞船了！"迪尔"号喘息着、颤抖着，仿佛在等待沉没的信号。就在我以为我们完了的时候，那红灯从我们左边掠过，隐约可见一艘轮船的黑影……细细长长的黑影从我们身边掠过，仿佛愧疚地泛着红眼睛，鸣了一声汽笛……

"呼！那是什么船？"我问船长。

他透过望远镜看了一会儿，回答道："'特威迪'号。"

沉默片刻后，我们聊起了"维斯塔"号——那艘与两艘轮船相撞后沉没的船。受这次谈话的影响，海洋、夜晚和风开始显得可怕，它们仿佛就是为了吞噬人类而存在的，我看着这个矮胖的船长，感到有些难过……有声音在我耳边回响，告诉我这个可怜人迟早也会葬身海底，被海水呛死。[1]

我回到船舱，里面依旧闷热，空气中弥漫着饭菜的气味。我的旅伴，小苏沃林，已经睡着了……我脱掉衣服上床……在黑暗里来回摇晃，"呼、呼、呼"——床板仿佛发出了呼吸声。我浑身是汗，喘不上气，被晃动弄得浑身不舒服，我不禁问自己："你来这里遭什么罪？"

当我再次醒来，天已经亮了。我浑身都汗透了，嘴巴里一股让我难受的味道。我穿好衣服后走出船舱，甲板上到处都是露水。那几只野山羊透过笼子的栅栏向外张望，它们的眼神跟人类无异，仿佛在问："我们为什么在这里？"船长还站在昨晚我遇见他的地方，依然专注地望着远方。

---

[1] 契诃夫的预感后来应验了，当年秋天，"迪尔"号就在阿卢普卡海岸失事。——俄语原书注

左手边是群山连绵的海岸线,远处还能看到群山背后的厄尔布鲁士山。

太阳矇矇眬眬地自海面升起……从船上可以看见草木葱茏的里奥尼河谷和旁边的波季湾。

写给尼古拉·亚历山德罗维奇·莱金

苏梅，8月12日

……我去了克里米亚。在费奥多西亚的时候于苏沃林家住了12天，这期间我游泳、闲逛，还参观了艾瓦佐夫斯基的庄园。之后，我从费奥多西亚乘船前往巴统，途中在苏胡姆逗留了半天——那是一座被茂密林木包围，充满异国情调的迷人小镇。我还在新阿索斯修道院待了一天。新阿索斯美得让人无法言表：瀑布、桉树、茶树、柏树和橄榄树比比皆是，但最让人心醉的是那连绵不绝的群山与辽阔的大海。离开新阿索斯和苏胡姆后，我来到了波季，附近就是以秀美山谷和鲟鱼闻名的里奥尼河。这里的植被极其繁茂，街道两旁是高大的白杨。巴统是一座繁忙的商业和军事重镇，充满异国风情，遍布咖啡馆和歌舞厅，这里的每一处地方都表明，俄国人曾征服过土耳其人。除了数量惊人的妓院外，城里没什么特别的，但周围的景色美得让人难以忘怀。尤其是通往卡尔斯的道路以及沿途奔流不息的乔拉克苏河，风景真是美不胜收。

从巴统到第比利斯的路程充满诗意，景色独具特色。一路上你会情不自禁地四处张望，欣赏壮美的群山、隧道、岩石、河流和大小瀑布，简直目不暇接。然而，从第比利斯到巴库的路程却是一片荒凉，光秃秃的平原上尽是沙土，只适合波斯人以及狼蛛等动物生活，这里寸草不生，树木绝迹……宛如地狱一般凄凉……巴库和里海糟糕透顶，就算给我100万卢布我也不愿在那里生活。那里的房子没有屋顶，街上到处是波斯长相的人，气温高达50列氏度[1]！空气中弥漫着浓烈的煤油味儿，脚下是浸透石油的泥浆，就连饮用水也是咸的。

……您应该见识过高加索风光吧，我猜您也曾踏上过格鲁吉亚的军事公路。如果还没去过，那就算把您老婆、孩子和《碎片》[2]都卖了也值得去看。我这辈子从未见过如此壮美的景色。那不仅是一条路，简直就是一首诗，是深陷对塔玛拉之爱的恶魔创作的奇幻而绝美的故事。[3]

---

[1] 原文如此，约等于62.5摄氏度。
[2] 《碎片》是莱金主编的报纸。——英文编者注
[3] 典故出自俄国诗人米哈伊尔·莱蒙托夫的叙事诗《恶魔》，诗中讲述了被上帝放逐的恶魔爱上了美丽的格鲁吉亚公主塔玛拉的故事。

写给阿列克谢·谢尔盖耶维奇·苏沃林

苏梅,1888 年 8 月 29 日

……小的时候,我常在祖父的家中待着,那是在普拉托夫伯爵[1]的庄园里。每天从日出到日落,我都守在打谷机旁,记录打出的谷物的重量。机器全速运转时发出尖啸声、刺刺声和低沉的轰鸣,就像高速旋转的陀螺。路上车轮吱吱作响,尘土飞扬,牛儿在一旁懒散踱步,田间有 60 来个汗流浃背、满脸尘土的工人——这一切都如同主的祷文一般,深深地刻在我的脑海里。如今,我又在打谷机旁度过了几个小时,内心感到无比快活。打谷机工作时,仿佛充满了生命的气息,带着狡黠而顽皮的神情,庄园上的人和牛反倒看起来更像是机器。米尔戈罗德地区拥有打谷机的人不多,但任何人都可以租用。这台机器由六头牛拉着,可以走遍整个省,只要有钱就能租来用。

---

[1] 马特维·伊万诺维奇·普拉托夫,在拿破仑战争中表现出色,因此获得沙皇亚历山大一世的赏识,被授予伯爵爵位。

莫斯科，9月11日

……您劝我不要心猿意马，不要老想着行医。但我不明白，为什么不能心猿意马呢？在我看来，猴子跳和马儿跑没什么不好。身兼两职，反倒令我更自信，也更自足了。行医是我的正室，而写作是我的红颜，每当我厌倦了其中一个，我就会亲近另一个。虽说的确有些不检点，但绝对有意思，且二者不会因为我的不忠而受伤。若我不行医，恐怕很难全身心投入文学创作。何况我这人一向不太自律。

莫斯科，1888年10月27日

……每当与文坛的同僚交谈时，我总是强调，解决专业问题并不是文学家的分内之事，作家若插手不懂的领域，只会自找麻烦。专业问题自有专家去处理。评判社区、预测资本主义的前景、探讨酗酒的危害、研究制鞋工艺、诊治妇科疾病，这些都应该交给专业的人去做。文学家只要评判自己懂的东西就好，而艺术的领域同其他领域一样，是有边界的——这是我始终坚持的观点。只有那些从未动笔、不曾用意象思考的人，才会认为艺术领域中只有答案而没有问题。事实上，文学家在观察、选择、推测、组合的过程中，本身就提出了问题。如果一开始就没有设问，哪来之后的推测与组合呢？简而言之，用精神病学的话来说：否认创作过程中的提问和目的，就等于承认文学家是在恍惚中毫无预谋地创作。如果有作家向我夸口说，他灵感突发，不假思索地写出了一本小说，我会直接说他疯了。

您提到文学家应当理智地对待创作，这确实没错，但您混淆了两个概念：解决问题和正确地提出问题。对文学家而言，只有后者是必不可少的。《安娜·卡列尼娜》和《叶甫盖尼·奥涅金》并未解决任何问题，您却依然非常喜欢它们，这是因为这两部小说中的所有问题都得到了恰当的阐述，就像法官的职责是提出问题，而答案应由陪审团根据自己的见解给出一样。

……您说《游猎惨剧》中的主角值得深入塑造，老天！我又不傻，这点我还是明白的。我知道自己把人物写得乱七八糟，浪费了这么好的题材……说实话，我真想花半年时间来重写这本书。我喜欢精雕细琢，完全不急于出版，反而巴不得慢慢地、认真地、带着感情地描绘主角的方方面面：妻子生产时他的心理活动，他的审判过程，以及最终被无罪释放后那种令人不安的情绪。我想写写深夜里喝茶的助产士和医生们，描绘雨天的场景……这些都会让我沉浸其中，因为我就喜欢这样慢慢琢磨，细细体会。可我能怎么办呢？我9月10日才动笔，心里想着最迟10月5日交稿，否则就违反了编辑规定的期限，届时我就没有收入了。开头写得随心所欲，轻松愉快，但写到中间就开始打退堂鼓了，担心故事太长：我时刻铭记《北方通报》囊中羞涩，而他们有很多钱花在了我身上。这就是为什么我的故事总是开头气势如虹，像是一部大部头小说，到了中间却畏缩不前，最后结尾草草了事，像一场急促的烟花。所以构思故事时，首先得考虑结构。从一大堆或大或小的角色中挑出一个来——这人不是丈夫就是妻子——将之放在画布上重点描绘，其他人就像零钱一样随意铺陈。结尾就像夜空，一轮明月伴着一群小星星。但月亮没画好，因为只有理解星星，才能理解月亮，而我连星星都没画好。于是，我写出来的作品不像是文学作品，倒像是在为破衣服打补丁。我该怎么办？我不知道，我只希望时间会治愈一切。

老实说，哪怕已经拿了文学奖，我仍未觉得自己已经开始文学创作了。我的头脑蠢蠢欲动，有五个短篇和两个长篇的构思。其中一个长篇已经构思很久了，我甚至已经设想了一些人物的老年，但还没来得及下笔。脑海里有一大群人物在叫嚣着要出来，只等我一声令下。迄今为止，我写的所有东西跟我想写的和会欣然下笔去写的相比都是垃圾。对我来说，无论是写《游猎惨剧》还是《灯光》，抑或滑稽戏，甚至是给朋友的信，对我来说都一样乏味、呆板、机械。我对那些推崇《灯光》之类作品的评论家感到不满，觉得自己用作品欺骗了他们，就像我的这张看似严肃或过于开朗的脸欺骗了许多人一样。我不喜欢做成功人士，脑中的人物因已被创作出来的人物而心生妒忌。我恼于那些垃圾被写出来了，而好东西却像旧书一样躺在杂物间里发霉。当然啦，我这样抱怨实属夸张，很多不过是我的臆想，但有些是事实，而且大部分都是真的。我眼中的好作品是什么样的？是那些我认为最棒的、我所珍爱并小心呵护的意象，我生怕像为了赶时间而写《游猎惨剧》那样，把它们给糟蹋了……如果我的判断是错的，那我就错了，但仍可能是对的！我可能是个自大的蠢货，但也许我真的有成为好作家的潜质。我现在写的东西都不能令自己满意，我只觉得烦。然而脑子里那些还没写出来的东西让我兴奋、激动。由此得出的结论是：别人都错了，只有我懂得该如何去做。或许所有作家都这么想，但对于这些问题，即使魔鬼来了也会感到棘手。

钱解决不了我该做什么和该怎么做的问题。多 1 000 卢布也无济于事，10 万卢布更是痴人说梦。再说了，每次有钱时——可能是因为不习惯吧，我也说不清——我就变得特别粗心大意，懒惰得要命。有钱的时候，在我眼里，大海也不过是齐膝深的小水沟……我所需要的，是时间和独处。

1888年11月

《北方通报》11月号刊登了一篇长文，是诗人梅列日科夫斯基[1]对我的评论。我特别推荐您看看文章的结尾部分，颇为有趣。梅列日科夫斯基还年轻，是一个学生，估计学的是理科。那些掌握了科学方法，习惯于科学思维的人，常常会有些异想天开。阿基米德想翻转地球，现在这些热血青年则想用科学来解释艺术创作，妄图发现创作的物理法则，找到艺术家在创作音乐、小说、绘画时自然而然遵循的规律和公式。自然世界中或许存在这样的公式。人们都知道，自然界中有字母、音符、曲线、直线、圆形、方块，有各种颜色……大家也明白，当它们以某种方式组合，就能产生一首乐曲、一首诗或一幅画，就像简单的化学物质经组合后能产生一棵树、一块石头或一片大海。但人们只知其然，不知其所以然。那些掌握科学方法的人认为，一首乐曲和一棵树是相通的，都遵循某种简单的规律。于是他们就问：这规律到底是什么？他们尝试研究艺术创作的生理学（像波波里金那样），或者像梅列日科夫斯基这样年轻而谦逊的作家，想用自然规律来解释艺术创作。也许艺术创作的确存在某种生理机制，但我们得扼杀探索它的念头。评论家要是玩起科学

---

[1] 德米特里·谢尔盖耶维奇·梅列日科夫斯基，俄国著名作家、文学评论家和宗教哲学家。

来，准没好下场，他们会浪费十几年光阴，写出一堆废话，把问题弄得更加复杂，除此之外一无所获。科学思维本来是件好事，但用在艺术创作上，最终肯定会变成寻找什么"细胞"或"中枢"的荒唐举动。倘若哪个死板的德国人在大脑后部的某个区域发现了这些细胞，另一个德国人便会随声附和，接着第三个德国人提出反驳，然后俄国人瞥一眼那篇关于细胞的文章，便匆忙为《北方通报》写一篇评论。《欧洲通报》会批评这篇评论，接下来的三年里，俄国将刮起一股胡说八道的歪风，让傻瓜们赚得盆满钵满，但惹恼明白人。

在我看来，对于那些迷恋科学方法且具备科学头脑的人来说，只有一条出路——研究创作艺术的哲学。他们可以收集历代最优秀的艺术作品，用科学方法找出它们的共同点，看看是什么让这些作品如此相似，是什么决定了它们的价值。这种共同点就是规律。不朽杰作之间总有某些相通之处。若是去掉这些共同点，作品便失去了光彩，也不再具有价值。所以，这种普遍存在的要素是必要的，是所有被称为不朽杰作的作品不可或缺的条件。年轻人写评论文章比写诗更有意义。梅列日科夫斯基的文笔虽然流畅且不乏青春气息，但每页内容都显得底气不足，总是打退堂鼓，这说明他对主题的了解并不透彻。他称我是诗人，管我的作品叫"中篇小说"，称呼我的主角是"失败者"——说白了，还是那老一套。赶紧甩掉"失败者""多余的人"这样的陈词滥调，琢磨一些新词用吧。梅列日科夫斯基把我那个写赞美诗的修士[1]叫失败者。他哪儿失败了？但愿我们都能过上他那样的日子：信仰虔诚，吃喝不愁，还有作诗的

1　《复活节之夜》中的人物。——英文版编者注

才华……按成功与否来给人下定义是有偏见的。您成功了吗？那我呢？拿破仑呢？您的仆人瓦西里呢？判断标准是什么？唯有上帝能够分毫不差地分辨出谁成功了，谁失败了。

莫斯科，1888 年 11 月 7 日

……不应责怪观众让剧院变成现在这番糟糕的样子，观众到了哪里都一样：聪明或愚蠢全凭心情，时而共情能力极强，时而冷酷无情。观众从来都像羊一样，需要好牧羊人和好牧羊犬，被牧羊人和牧羊犬赶向哪里就往哪里走。您为他们因一些平庸的俏皮话哄笑，因华而不实的台词喝彩而愤慨，可也正是这些愚蠢的观众，会挤进剧院去看《奥赛罗》，在看到歌剧《叶甫盖尼·奥涅金》中塔季扬娜写信那段时感动得泪流满面。

……送水工不知从哪儿弄来一只西伯利亚小猫送给我们，毛色雪白且长，眼睛是黑色的。这小家伙把人当作老鼠看，见到谁都匍匐在地，紧盯着人的脚，然后突然扑过去。今早我在房间里走动时，它埋伏了我好几次，像老虎一样猛扑我的靴子。我猜啊，它肯定认定自己是这屋里最可怕的家伙，而且为自己处于这样的地位而乐不可支。

1888年11月11日

今天终于完成了为《迦尔洵文集》撰写的故事[2],这可让我松了一口气。在这个故事里,我表达了自己对迦尔洵这般绝无仅有之人的看法——虽说没人在乎我的看法。我写了将近2 000行,长篇大论地谈论卖淫问题,但并没有得出什么结论。你们的报纸为什么不写写卖淫问题?这是最严重的祸患,现在索博列夫街简直成了奴隶市场。

1888年11月15日

《游猎惨剧》深得女士们的欢心,我走到那儿都能听到她们的称赞。多亏我当了医生,我对笔下的内容很懂行。女士们还说,我对分娩场景的描写很真实。这次在《迦尔洵文集》中的那个故事里,我描绘了精神痛苦。

1888年(日期不详)

……您说作家是天选之人,我不反对。什切格洛夫称我为文学界的波将金[3],因此我没资格讨论写作道路上的荆棘与坎坷,也没资

---

1 《迦尔洵文集》是为纪念俄国作家弗谢沃洛德·米哈伊洛维奇·迦尔洵而编纂的文集,他于1888年自杀身亡。
2 指《神经错乱》。——俄语原书注
3 格里戈里·亚历山德罗维奇·波将金,俄国女皇叶卡捷琳娜二世时期的政治家和军事领袖。据说他在克里米亚布置了华丽的假村庄外观,用来欺骗女皇,让她相信该地的繁荣。他的名字后来成为虚假事物的代名词。

格大谈失望。我不知道自己是否比鞋匠、数学家或铁道员更辛苦，也不知道是上帝还是其他什么东西在通过我的嘴发声。我只想聊聊那些您或许也曾经历过的小烦恼。事情是这样的：您和我都喜欢普通人，但其他人喜欢我们是因为他们认为我们不普通。比如我，走到哪儿都被邀请，像婚礼上的将军一样被好吃好喝地款待。我妹妹很生气，说人们邀请她纯粹因为她是某个作家的妹妹。没人喜欢我们身上普通的一面。由此可见，若明天在朋友们的眼里我们成了普通人，他们便不再爱我们，他们只会同情我们的遭遇。而这令我觉得可怕，这也的确很可怕。他们喜欢我们身上那些不得我们喜爱，甚至叫我们鄙视的特质。我在《头等客车乘客》里写的那段工程师和教授有关名声的对话，没想到是对的，这也很可怕。

我要到乡下去了。见鬼去吧！而您可以回费奥多西亚的家里去。说到费奥多西亚和鞑靼人，鞑靼人的土地被抢走了，却没人关心他们的福祉，应该设立鞑靼人学校。您应该写文章，倡议把花在多尔帕特大学那家香肠厂上的钱，用来办对俄国有益的鞑靼人学校，香肠厂只培养无用的德国人。我想自己写，但不知道怎么写。

1888 年 12 月 23 日

……有时候我真的感到心灰意冷，我到底在为什么而写作？为公众吗？我可看不出来，比起他们我更愿意相信鬼，他们既没文化，也无教养，即便是他们中最好的人，对作家也是极不公正又虚情假意的。我根本搞不清楚这帮家伙到底爱不爱看我写的东西。布列宁[1]说他们不爱看,说我在浪费时间做些无关紧要的琐事,但学院却给我颁了奖。这事连鬼都理不清楚。我是为了赚钱而写的?可我从来没挣到过几个钱,也不习惯有钱。我对钱根本不在乎,尤其是为了钱而写作时,我完全提不起劲来。为了讨个好名声?可夸奖只会让我烦躁。文学圈、学界、普列谢夫、小姑娘们对我的《神经错乱》拍手叫好,可只有格里戈罗维奇注意到了第一场对雪的描写。诸如此类,没完没了。要是俄国有评论家就好了,起码我知道自己给别人提供了素材,评价是好是坏并不重要——对那些专门研究生活的人来说,我就像群星之于天文学家一样不可或缺。那样的话我便能认真对待自己的作品,知道自己在为什么忙活。但现在无论是您还是我,还有穆拉夫林[2]他们,就跟疯子似的,写书写戏就为了自娱自乐。自娱自乐固然很好,写的时候也很开心,可是等写完了呢?罢了……我也不说了。总之,我为塔季扬娜·列平[3]感到惋惜,不是因为她自杀,而是因为她活过,却痛苦地死去,被毫无意义地记录下来,她的存在对世界毫无用处。多少部落、宗教、语言和文明都消失得无影无踪——只因为缺了历史学家或生物学家。同样,多少生命和艺术作品就在我们眼皮底下消失了,只因为没有任何讨论或记录。有人会说,评论家也没什么可评的,因为现在的作品都烂透了。可这么看问题太片面了。研究生活不能光看好的一面,也得看坏的一面。就拿"17世纪80年代"没出一个像样的作家这一话题来说吧,光这个话题就足够写五本书了。

---

1 维克托·彼得罗维奇·布列宁,《新时报》主要评论家之一。
2 德米特里·尼古拉耶维奇·茨尔托夫,穆拉夫林是他的笔名。
3 苏沃林剧作中的角色。——英文版编者注……昨晚，我刚坐下来准备给《新时报》写个故事，结果突然有个女人冒出来，硬拉着我去看诗人帕尔明。帕尔明这家伙喝醉后摔了一跤，划破了额头，伤口见了骨。我折腾那醉鬼将近两小时，累得半死，一身碘酒味儿，心情糟透了，回到家时筋疲力尽。总的来说，我这日子过得真没劲，我开始讨厌人了，这在以前可从来没有过。没完没了的毫无营养的对话，络绎不绝的访客，还有那些求助的人——我每次都给他们一两卢布的接济，替那些一分钱不给的病人花钱打车。总之一团糟，我真想一走了之。别人欠我的钱不还，拿了我的书不给，浪费我的时间。现在我只差失恋了，我这倒霉的日子就彻底圆满了。

1888 年 12 月 26 日

……您说女人因怜悯而爱上一个人，又因怜悯而与之结婚。那男人呢？我不喜欢现实主义作家抹黑女性，但我也不赞同那些把女人捧上天的人，他们总想证明即便女人不如男人，她们也依然是天使，男人则是坏蛋。其实男女都不值一提，但硬要说的话，还是男人更讲道理，更聪明些。

1888 年 12 月 30 日

……我对自己笔下的角色[1]是这样理解的。伊凡诺夫是个普通

---

1 指剧本《伊凡诺夫》中的人物。——英文版编者注

乡绅，上过大学，没什么特别之处。他性子急，好冲动，但为人诚实、直率，和同阶级的大多数人差不多。他住在自己的庄园里，在地方自治局工作。他过去都干过什么，有什么表现，对什么感兴趣，热衷于什么，从他对医生说的这番话就能看出来："别娶犹太女人，别娶神经兮兮的女人，更不要娶女学究……别一个人去对抗千军万马，别跟风车较劲，别自找苦吃……老天保佑，远离科学种田、完美校园，以及慷慨激昂的演讲……"（第一幕第五场）这些都是他过去做过的事。萨拉见过他搞科学种田和其他疯狂的行径，她是这么跟医生说的："他这个人可了不得，大夫，真可惜您没能早两年认识他。别看他现在整天闷闷不乐，不作声也不做事，但在过去……他可迷人了！"（第一幕第七场）他拥有一个辉煌的过去，这在有文化的俄国人中很常见，几乎没有哪个俄国绅士或大学生不为自己的过去沾沾自喜。然而，今天总不如往昔。为什么呢？因为俄国人的兴奋劲儿来得快去得也快。一个人刚离开学校，就迫不及待地想承担超出自己能力的重担，立马投身于学校、农业、科学种田和《欧洲通报》。他发表演讲，给部长写信，跟邪恶做斗争，为善良喝彩，谈恋爱——还不是普普通通的恋爱，非得选个女学究、神经质女人、犹太女人，甚至是妓女，然后想方设法拯救她，诸如此类。但过了30岁，他就开始感到疲倦。他还未完全成熟，就已经变得老气横秋，开始说："别结婚，我的朋友……我是过来人，听我一句劝。"或者："说到底，自由主义算什么？老实说，卡特科夫[1]说的往往是对

---

1 米哈伊尔·尼基福罗维奇·卡特科夫，早年持自由主义观点，后来转向保守主义。他是《莫斯科新闻》的主编和出版人，使该报成为当时俄国最有影响力的报纸之一。

的……"他准备放弃地方自治、科学种田、科学和爱情。我笔下的伊凡诺夫对医生说:"你去年才毕业,孩子,你还年轻,还有活力,而我已经35岁了,有资格给你提建议。"(第一幕第五场)这是那些过早耗尽激情的人会说的话。接着,他叹气,摆出一副自命不凡的姿态说:"随随便便结婚(如前所述),选个踏踏实实、灰头土脸的,别找那种光鲜亮丽、花里胡哨的。总之,按老规矩过日子。背景越灰暗单调越好……我过的日子——真是太累人了!啊,太累人了!"

他感到身心俱疲,却不明白自己到底怎么了,发生了什么。他惊恐地对医生说:"现在您告诉我她快不行了,可我既无爱她的感觉,也不觉得她可怜,只感到一阵空虚和疲惫……在外人看来,我肯定很可怕,我不明白自己怎么会这么冷漠。"(第一幕第三场)到了这种境地,心胸狭窄、不够诚实的人通常会把所有责任归咎于外部环境,或者为自己贴上哈姆雷特或无用之人的标签,然后就心安理得地接受现状了。但伊凡诺夫是个直肠子,他开诚布公地跟医生和观众说,他搞不懂。"我不明白!我真的不明白!"他确实不明白,这从第三幕他的长篇独白中可以看出来。在那个场景里,他独自在舞台上面对观众,掏心掏肺地倾诉,甚至哭了出来。

这种变化让他感到自己很没面子,他想找到原因,先从外界找,没找着,再往自己内心深处挖,却只找到说不清道不明的负罪感。这种感觉颇具俄国特色,无论是家中有人去世、生病,还是欠了钱或借了钱给别人,俄国人总会觉得是自己有错。伊凡诺夫整天念叨自己哪儿做错了,而每遇到一件事,这种负罪感就加重一分。第一幕里他说:"就算是我错得离谱,可我的脑子里一团糨糊,整个人一点劲都没有,连我自己都不明白怎么回事。"第二幕他对萨沙说:"我日夜良心不安，总觉得自己大错特错，但具体错在哪儿，我自己也说不上来。"

除了累、烦、愧疚，他还有一个大敌：孤独。要是伊凡诺夫是个当官的、演戏的，或者是神父、教授，他可能早就习惯了自己的生活。可是他住在自家庄园里，乡下的邻居不是酒鬼就是牌迷，要么就跟那个医生一样冷漠无趣。没有人在乎他的想法，也没人注意到他的变化。他孤身一人，冬日漫长，夜晚无尽，花园里一片死寂，房间里冷冷清清，伯爵喋喋不休，妻子又病恹恹的……他无处可逃，因此他无时无刻不被这个问题折磨着："我该怎么办？"

再来说说他的第五个死对头。伊凡诺夫既疲惫又迷茫，但生活才不管这些呢！该面对的还得面对，无论他愿不愿意，问题总得去解决。妻子生病是个问题，欠了一堆债是个问题，萨沙投怀送抱也是个问题。他怎么处理这些麻烦事，从他在第三幕的独白和最后两幕就能看出来。伊凡诺夫这类人不是那种能解决困难的人，而是容易被困难压垮的人。他们先是晕头转向，然后手忙脚乱，变得神经兮兮、怨天尤人，开始干蠢事，最后向他们肆意妄为的神经认输，彻底倒下，沦为"垮掉的"和"被误解的"那号人。

过度兴奋的结果必然是失望、冷漠、神经衰弱和筋疲力尽，而兴奋正是年轻人的典型特点。看看文学界，看看现如今的情形……社会主义就是这种过度兴奋的表现之一。但社会主义现在在哪儿呢？从蒂霍米罗夫[1]给沙皇的信就能看出来。那些社会主义者都成家

---

[1] 列夫·亚历山德罗维奇·蒂霍米罗夫，参与策划了对沙皇亚历山大二世的刺杀行动。但在 1888 年，他写了一封著名的信给沙皇亚历山大三世，表达了对革命事业的反悔，后来大力支持沙皇政权。

了,在那里指手画脚地评论地方自治。自由主义又在哪儿?连米哈伊洛夫斯基[1]都说现在什么主义都分不清了。俄国人那些曾经的热情又值几个钱呢?他们打仗打腻了,厌倦保加利亚了,说起话来都带着嘲讽。祖基看烦了,滑稽歌剧也看腻了。

疲惫(有贝尔滕森医生做证)不光表现为抱怨或感到无聊。一个累坏的人生的活波动是这样的:

它总是起伏不定。即便是累垮的人,有时候也能兴奋起来,但兴奋持续不了多久,而且每次兴奋之后,他们会更加萎靡。若用图表表现出来,可能会是这样的:

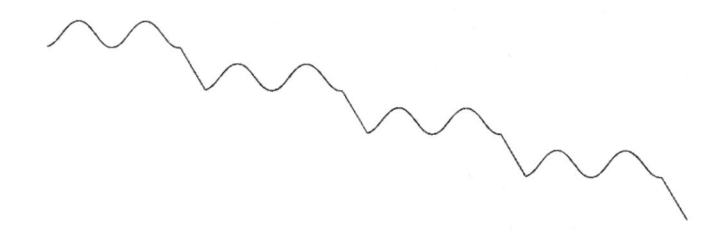

您看,不是一直往下跌,而是起伏不定。伊凡诺夫听到萨沙说爱他,他便陷入狂喜:"新生活来啦!"但第二天一起床,他就跟不信神魔一般不相信什么新生活了(第三幕的独白)。当妻子指责他时,他气得失去理智,狠狠地报复回去。有人骂他是无赖,这种话

---

[1] 尼古拉·康斯坦丁诺维奇·米哈伊洛夫斯基,俄国民粹主义主要理论家之一。

不是把他几欲崩溃的脑子击垮,就是刺激他再发一次疯,最终他干脆自己给自己判了死刑。

说累了,换个话题,聊聊里沃夫医生。这人是那种典型的诚实、直率、性急,但眼界狭窄、不懂变通的人物。聪明人会这样形容这类人:"这人傻了点,但心眼儿不坏。"至于什么长远眼光、感情用事,里沃夫是一窍不通。他就是活生生的教条,是长了腿的主义。他看人看事总是戴着有色眼镜,按他那一套固定想法来判断。谁要是喊"诚实劳动万岁",在他眼里就是英雄,不喊的就是坏蛋、剥削者。非黑即白,没有中间地带。他是读米哈伊洛夫[1]那些小说长大的。他到剧院看戏,总看到现代剧作家笔下那些"新人物"——说白了,就是剥削者和时代的弄潮儿。这些东西,他都记在心里。待到读《鲁丁》的时候,他就会问自己:"这鲁丁到底是不是个坏蛋?"是文学和戏剧把他教育成这样的,他不论接触谁都会问这个问题……对他来说,说大家都是罪人还不够,非得分出圣人和恶棍不可!

里沃夫在来这个地方之前,脑子里早就充满了偏见。一到这里,他就把所有富农都划成剥削者,把他无法理解的伊凡诺夫归类为坏蛋。为什么?这人老婆病着,自己却跑去见富婆邻居——这在里沃夫看来,不是坏蛋是什么?在他眼里,伊凡诺夫显然是想弄死生病的妻子,好再娶个有钱的女人!

里沃夫这个人,心直口快,想到什么就说什么,丝毫不顾及他人感受。若是有需要,他敢朝马车扔炸弹,敢给学校督学一拳头,敢当面骂人坏蛋。他什么都干得出来,从不后悔——在他看来,作

---

[1] 谢尔盖·瓦西里耶维奇·米哈伊洛夫,以写作带有革命倾向的、宣扬公民美德的二流革命小说闻名。——英文版编者注

为一个"诚实的劳动者",他的使命就是与"黑暗势力"斗争到底!

这种人其实挺有用的,大多数时候也讨人喜欢。就算为了剧情需要,把他们刻画成滑稽的对象也不算妥当,而且没必要。没错,滑稽的人物更抓眼球,也更容易懂,但此类要素还是宁可淡一点,别太浓了。

再说说这些女人。她们为什么爱上伊凡诺夫?萨拉爱他,是因为他是个好人,有热情,有才华,说起话来跟里沃夫一样热血沸腾(第一幕第七场)。只要他兴致高昂、有意思、有激情、有趣,她就爱他。可一旦他在她眼里变得模糊,失去了那股劲儿,她就不再理解他了。到了第三幕结尾,她干脆把话挑明了。

萨沙是新时代的年轻女性,受过良好的教育,聪明、诚实,诸如此类。俗话说,瞎子国里独眼龙称王,所以尽管伊凡诺夫已经35岁了,她还是爱上了他。在她眼里,他比其他人都要出色。她从小就认识他,亲眼看着他还没被累趴下时是什么样子。而且他是她父亲的朋友。

她并不是那种会被男人的勇气、机智和花里胡哨的外表吸引的女人,反而会被男人的抱怨、呜咽和失败吸引。她喜欢的是那些正在走下坡路的男人。伊凡诺夫一失去信心,她就出现了!她就等着这个呢。想想看,她现在有了一个多么神圣、多么感人的任务啊!她要帮助这个堕落的人,帮助他重新站起来,让他变得幸福……她爱的其实不是伊凡诺夫这个人,而是这项崇高的任务。正如都德书中的阿尔让东所说的:"生活不是小说。"但萨沙并不明白这一点。她不知道,对伊凡诺夫来说,爱情只是又一个麻烦,只会令现状更糟。结果怎样?她跟他折腾了整整一年,他非但没振作起来,反而越陷越深。

……我在描写伊凡诺夫时,经常使用"俄国"这个词,请不要介意。写这部剧时,我只考虑真正重要的东西——也就是典型的俄国特质。比如,特别容易激动、总觉得自己有罪、很容易疲惫,这些都是纯正的俄国特色。德国人从不轻易激动,所以在德国找不到那种失望的、多余的或累坏了的人……法国人总是很兴奋,不会忽高忽低,他们往往能一直兴奋到老。换句话说,法国人不会因为过度兴奋而耗尽精力,他们聪明地控制着自己的能量,不会把自己搞崩溃。

……在我的设想中,伊凡诺夫和里沃夫都是活生生的、有血有肉的人。说实话,凭良心讲,这些人物不是凭空捏造出来的,也不是从什么"知识分子"的理论里蹦出来的。他们是我对生活进行观察和研究后产生的结果。他们就在我的脑子里,我没觉得自己歪曲或夸大了事实。如果这些人物没能跃然纸上,那不是他们的错,而是我的错,因为我表达不出自己的想法。这说明我还没到可以开始写剧本的时候。

1889

对上层阶级的作家来说自然而然、唾手可得的东西,平民却要用青春来换。

写给阿列克谢·谢尔盖耶维奇·苏沃林

1889 年 1 月 7 日

……我一直有一个大胆的梦想，我想总结一下至今为止所有关于那些哭哭啼啼、可怜兮兮之人的作品，并以伊凡诺夫的台词作为结尾。我觉得所有俄国小说家和剧作家都喜欢描写那些意志消沉的人，但他们都是凭直觉写的，对这个主题没有具体的印象或看法。从构思上看，我的方向是正确的，但执行得一塌糊涂。我应该再等等的！还好两三年前没听格里戈罗维奇的，去写长篇小说！我都能猜到会糟蹋多少好素材。他曾说："才华和新鲜感能克服一切。"但我认为更准确的说法是，才华和新鲜感能毁掉很多东西。除了才华和大量的素材，其他因素同样重要。其中之一就是成熟，另一个方面，个人的自由感也是必不可少的，而我近来才慢慢发展出这样的感觉。我此前从未有过这种感觉，我所拥有的从来都是轻浮、粗心和对写作的不尊重。

对上层阶级的作家来说自然而然、唾手可得的东西，平民却要用青春来换。写个故事吧，一个关于农奴之子的故事，他在商店里当过伙计，在唱诗班唱过歌，上过中学和大学。从小，他就被教育要尊重每个身居高位的人，亲吻神父的手，崇敬别人的想法，对每一口面包都要心存感激。他曾多次挨过鞭打，没有鞋就光脚从一个学生家跑到另一个学生家，习惯了打架和虐待动物，喜欢和有钱的亲戚一起吃饭。仅仅因为意识到自我的渺小，他在上帝和他人面前虚与委蛇——故事应描写这个年轻人如何一点一点地将奴性甩掉，终于有一天早上醒来，他感到自己血管里流淌的不再是奴隶的血，而是一个真正的人的血……

1889 年 3 月 5 日

……昨天晚上，我乘车出城，听了吉卜赛人唱歌。这帮野家伙唱得不错，他们的歌声让我联想到一列火车在暴风雪中从高堤上掉下来，混乱中夹杂着撞击和尖叫的声音。

……我在你们店里买了陀思妥耶夫斯基的书，现在正在读。写得很好，但篇幅太长了，行文不够谨慎，还有点过于自负了。

苏梅，林特瓦廖夫庄园，1889 年 5 月

……最近在百忙之中抽空读了冈察洛夫的作品，我很惊讶，惊讶自己曾经竟然认为冈察洛夫是一流作家。他的《奥勃洛莫夫》其实并没有那么好。奥勃洛莫夫这个人物被夸大了，并不足以写一整本书讲他，他不过是软弱的懒惰之辈，像很多人一样，平庸、渺小，没什么复杂之处。把这样一个角色拔高为社会典型，实在是抬举他了。我问自己，如果奥勃洛莫夫不是个懒汉，他会是什么样？我的回答是,他什么也不是。既然如此,就让他安心地睡懒觉吧。其他角色也都很琐碎,有点像莱金笔下的那种人。他们被随意地选出来,半真半假,不能代表那个时代的特征,也没展现什么新特质。施托尔茨让我提不起兴趣。作者说他是个了不起的人物,但我不相信。他是个狡猾的家伙,自鸣得意。他有点不真实,而且大多数时候像是踩着高跷,虚浮在上。奥尔加也显得不真实,像是被生硬地套进故事里的。最大的问题是整部小说冰冷无比,冷得要命。我把冈察洛夫从我的半神名单上划掉了。

不过,果戈理的作品就完全不同了,多么直接,多么有力量,多么有艺术性啊!光是他的《婚事》就值20万卢布。简直太美妙了,就是这样。他是俄国最伟大的作家。在《钦差大臣》中,第一幕是最好的;在《婚事》中,第三幕则最为逊色。我打算给我的朋友们朗读一下。

1889年5月4日

……大自然是一剂良药,让人平静——也就是说,让人变得淡漠。在这个世界上,淡漠是必要的,唯有淡漠的人才能清晰地看清事物,做到公正,并且有效地工作。当然,我指的是那些头脑聪明、性情优雅的人,空虚和自私之辈本身就够淡漠的了。

您说我变懒了,但其实并不是说我比以前更懒了。我现在的工作量和三五年前差不多。从早上9点到晚饭,从晚茶到睡觉,我都在工作,或者看起来像在工作,这已经成了我的习惯,在这方面我就像个政府职员。如果我每月没有产出两部小说或一万卢布的收入,那不是因为我懒，而是因为我本性如此。我不在乎钱，所以在行医方面并不成功，对文学也没有足够的热情，自然更没有足够的才能。我内心的火焰缓缓燃烧着，不会突然噼里啪啦地爆发，这就是为什么我不会一晚上写出三四个故事，也不会熬夜工作。正如我既不会做特别愚蠢的事，也不会做特别明智的事。

我有点担心自己在这一点上像冈察洛夫。我不喜欢这个人，但他的才能比我高出一大截儿。我没有足够的激情，还有一种怪癖——在过去两年里，我莫名其妙地变得不再在乎自己作品的出版情况，对评论、文学对话、闲言碎语、成功与否、高额报酬都变得无所谓了。简而言之，我彻底傻了，灵魂似乎停滞了。我把这归因于个人生活的停滞。不是什么失望、疲倦或沮丧，只是突然间一切都变得不那么有趣了。我必须做些什么，唤醒自己。

5月7日

我读了布尔热的《弟子》的俄语译本，我的看法是这样的：布尔热确实有才华，既聪明又见多识广。他对自然科学了如指掌，就像是拿了理科或医学的高等学位似的。对自己要写的东西，他门儿清。这可是咱们俄国作家——不论新老——谁也做不到的。

小说挺有意思。我读完之后便明白您为什么被它吸引了。构思巧妙、有趣，有些地方还挺幽默，带点异想天开。说到缺点嘛，最大的问题就是他那自以为是的反唯物主义运动。说实在的，我搞不懂这类运动，它们从来没有什么实际成效，只会让人脑子更混乱。这类运动到底是冲谁来的，想干吗，它的敌人是谁，危险在哪里？

首先，唯物主义运动并不像报纸上说的那样是小门小派，也不是一时的潮流或偶然的现象。它是必然的，是不可避免的，无法用人力阻挡。地球上所有活物都离不开唯物主义，动物啊，野人啊，莫斯科的商人啊……那些高级的、不像动物的特质，都是依靠本能而存在的，而其他的一切，都是物质的，这是没办法的事。那些高级些的、会动脑子的人，也逃不过唯物主义。他们在物质中寻找真理，因为除此之外也没别的地方可以寻找了。他们能看到的、听到的、感觉到的，不就是物质吗？他们只能在显微镜和手术刀能派上用场的地方找真理，这也是没办法的事。不让人按唯物主义思考，跟不让人寻找真理无异。物质之外，既没有知识，也没有经验，更没有真理。

我想，就算是最顽固的唯心主义者，解剖尸体的时候也得问问："灵魂在哪儿呢？"再说了，要是人们知道生理疾病与心理疾病有多相似，而且两者都是用一样的法子治疗，那就不得不承认灵魂和身体是分不开的了。

……说唯物主义有多危险、多有害，甚至去反对它，多少也太早了些。我们连声讨它的证据都不够，理论和猜测倒是一大堆，就是没有事实……神父们总抱怨人们不信教，不讲道德。其实，根本没有"不信教"这回事。人总得信点什么，无论信的是什么……

至于不讲道德，倒不是门捷列夫这号人，反倒是那些诗人啊，修道院院长啊，还有那些经常往大使馆教堂跑的人，才有腐败、放荡、酗酒的名声。

总之，我搞不懂布尔热是唱的哪一出。若他能一边搞这类运动，一边指着天，让唯物主义者看到那无形的上帝，而且得让他们真的看见，那还差不多，我也就明白他想干什么了。

1889 年 5 月 14 日

……您问那位女大夫是否还像以前那样讨厌您。哎呀，她现在可发福了，也安分多了，我倒不太喜欢这种变化。现在女大夫已经不多了，她们正在慢慢消失，就像别洛韦日森林里的树木一样在凋零。有的死于肺病，有的变得神神道道的，有的嫁给了当军官的鳏夫，还有一些虽然还在坚持，但明显已经没什么干劲了。我猜啊，最早的裁缝和算命先生可能也是这么快就没影儿的。那些敢冲在前头开辟未知道路的人，日子难免过得艰难。排头兵嘛，总是要吃苦头的。

1889 年 5 月 15 日

如果您还没出国，我就给您写一封关于布尔热的回信。您提到的"生存权"是关于某一学科的，而我想谈的是和平，不是什么权利。我希望人们别老看哪儿都像在打仗。不同的学科历来都是和平相处的，解剖学和文学都是自高门大户出来的，它们目标一致，拥有共同的敌人——都是同恶魔作对——二者之间根本没什么好争的，全然不存在你死我活的关系。一个人要是懂得血液怎么循环，便足够富有，若他还学了一点宗教史，会唱两句"我记得那美妙的一刻"，那他就更富有了，而不是变得更贫乏。我的意思是，不同学科知识之间是加号，而不是减号。这也是为什么天赋从不相互排斥。

您看歌德，他既当诗人又当科学家，不也活得好好的吗？

真正引发争斗的不是诗歌和解剖学的不同，而是认知偏差——说到底，是人在打架。一个人若不懂某些东西，心里就不痛快，就到处找原因，但他从不往自己身上找，而是往外找——这不就跟他不懂的东西干起来了吗？中世纪的时候，炼金术自然而然地变成了化学，占星术变成了天文学。那些修士不明白是怎么回事，看到偏离其认知的东西就开始反对。19世纪60年代的皮萨列夫[1]就跟那些好斗的西班牙修士一个德行。

布尔热也在打架。您说他没有打，而我认为他在打。想想看，如果他的小说落到一个正在读理科的年轻人手里，或者一个正在找礼拜日讲道题目的主教手里，能有什么和平效果吗？不可能的。再或者，要是让一个解剖学家或生理学家，抑或类似的人看到这本小说，它绝不会让人心平气和，懂行的人看了会生气，不懂的人看了会犯糊涂。

---

[1] 德米特里·伊万诺维奇·皮萨列夫，俄国激进民主主义思想的主要代表之一。他曾说过普希金的诗"不值一个铜板"，引起了很大争议。

写给阿列克谢·尼古拉耶维奇·普列谢夫

莫斯科，1889 年 9 月 30 日

……我觉得自己不应该修改这个故事[1]的标题。您说那些爱开玩笑的人会拿《没意思的故事》调侃，但我根本不怕那些无聊的人，若真有朋友能开个好玩笑，我倒会很欢迎。教授无法写有关卡佳丈夫的事情，因为他根本不认识这个养女婿，而且卡佳也不怎么提起他。再说，教授作为主角，其最大的特点之一就是对周围人的内心世界毫不关心，当别人在哭泣、犯错或撒谎时，他都平静地谈论戏剧或文学。要是他不是这样的人，亲女儿丽莎和养女卡佳可能就不会遭遇不幸了。

1889 年 10 月

我对那些在字里行间寻找"主义"的人感到害怕，他们总是试图把我归类为自由主义者或保守派。但我既不是自由主义者，也不

---

1 指《没意思的故事》。——俄语原书注

是保守派。我不信渐进式进步，不是修道士，更不是无所谓主义者。我希望成为一个纯粹的自由文学家，仅此而已。但很遗憾，上帝没有赐予我这样的天赋。我痛恨任何形式的谎言和暴力，宗教法庭的秘书让我反感，诺托维奇和格拉多夫斯基同样让我反感。[1] 伪善、愚蠢和专制不仅存在于商人的房子和监狱里。我在科学界、文学界，乃至年轻一代中都发现了它们的踪迹。这也是为什么我对宪兵、屠夫、科学家、作家或年轻一代都没有偏好，我认为"商标"和"标签"是一种迷信。对我来说，最重要的是人体、健康、智慧、才能、灵感、爱情，以及最绝对的自由——摆脱任何形式的强制与欺骗的自由。这便是我的理想。如果我是一个伟大的文学家，自然会坚持这样的纲领。

---

[1] 宗教法庭的秘书代表宗教权威和保守势力，诺托维奇被认为代表了某种投机和机会主义的新闻风格，格拉多夫斯基则以其自由主义观点而闻名。

1890

我想，在 35 岁之前，自己不会干什么正经事……

写给阿列克谢·尼古拉耶维奇·普列谢夫

莫斯科,1890 年 2 月 15 日

亲爱的阿列克谢·尼古拉耶维奇,收到您的信后我立刻回复。那天是您的命名日,我却忘了!请原谅我,亲爱的朋友,并接受我迟来的祝福。

您真的不喜欢《克莱采奏鸣曲》吗?我并不是说它是一部不朽的天才之作,这我可不敢说。但我觉得,在当下国内外所有作品中,很难找到在构思的严谨性和行文的美感上能与之媲美的了。撇开其艺术价值不谈(其中某些部分确实很出色),这部小说的出现本身就值得感恩,仅凭它能强烈地激发读者的思考,就足够让人感激了。读这部作品时,很难不喊出"太对了"或"太扯了"。确实,它有一些令人烦恼的缺点。除了您提到的那些,还有一个难以原谅的缺陷——托尔斯泰竟敢对他不了解且固执地不愿理解的事情大放厥词。比如他那些有关梅毒、弃婴院和女性对性行为的厌恶的论述,既存在争议,而且暴露了他对这些事一无所知,在漫长的一生中没费心读过两三本专家写的相关书籍。但这些缺点轻如鸿毛,风一吹便不见了。在故事的真正价值面前,读者根本不会注意到它们,即使注意到了，也只会稍感遗憾，遗憾这部作品没能逃脱所有人类造物的命运——不完美，有瑕疵。

至于圣彼得堡的朋友和熟人对我生气，为什么？是因为我没有去打扰他们吗？社交于我而言早已是负担！替我哄哄他们吧，告诉他们，我在圣彼得堡吃了很多顿午餐和晚餐，但没有迷倒一个女士，每天我都以为晚上能坐火车离开，但还是被朋友们和《海军年鉴》[1]耽搁了。我不得不把1852年那期及之后的杂志都看完。我在圣彼得堡一个月完成的事，比那些年轻朋友一年完成的还多，让他们气去吧！

我整天坐着看书，做笔记，脑子里除了萨哈林什么都没有。这让我在精神上很困扰，我得了"萨哈林疯"。

不久前我和叶尔莫洛娃夫人[2]共进晚餐，真是鲜花插在牛粪上。她的存在让我也变得芳香了。与这位明星共进晚餐后，我连着两天都感觉自己头顶上有光环……

再见，亲爱的朋友，来看看我们吧……

---

[1] 一本专门面向海军和航海界的年度出版物。契诃夫可能是在为前往萨哈林岛的旅行做准备。
[2] 著名女演员。——英文版编者注

写给阿列克谢·谢尔盖耶维奇·苏沃林

莫斯科，1890 年 2 月 23 日

……我哥哥亚历山大这人脑子转得慢，竟然因为奥尔纳茨基的那番传教言论而激动不已。奥尔纳茨基说，那些土著不信基督，是因为在等沙皇下达特别的圣旨，并等着他们的头头被强行洗礼。这位能说会道的大主教还说，考虑到土著祭司那种苦行僧似的生活，应该把他们从土著中挑出来，关进类似修道院的地方。真是群了不起的人！已经糟蹋了 200 万卢布，每年从神学院派出几十个传教士，花了国库和老百姓那么多钱，却连土著都搞不定，更离谱的是，他们居然还指望用警察和军队的刀枪来帮助传教……

如果您手头有采布里科娃夫人[1]的文章，就不必费心寄过来了。这类文章没什么干货，读来纯属浪费时间。我需要的是实打实的事实。说真的，俄国就是这样，事实少得可怜，废话倒是一大堆。

---

1 玛利亚·康斯坦丁诺夫娜·采布里科娃，俄国作家、文学评论家和公共活动家，19 世纪末至 20 世纪初俄国女权主义运动的重要人物之一。她经常批评沙皇政府的政策，特别是在教育和女性权利方面。尽管契诃夫对她的文章持批评态度，但她在当时的俄国知识分子圈中相当有影响力。

2月28日

……明天就是立春了,再过十来天,云雀就该回来了。可惜啊!这个春天对我来说怪怪的,因为我即将离开这里。

萨哈林的鱼是真不错,就是没热乎的饮料……

这些研究地质、鱼类或其他动物的,都是些没文化的主儿,写的东西简直是天书,看着费劲极了,有时候他们自己都得琢磨半天才能明白啥意思。他们装模作样的本事倒是一套一套的,真是让人头疼……

3月4日

今天我给您寄了两篇故事,分别是关于菲利波夫(他昨天来过)和叶若夫的。叶若夫的我还没顾得上看,我想说明白,本人对所寄内容概不负责,信封上有我的笔迹,但不能代表我喜欢这篇故事。

可怜的叶若夫来看我了,坐在桌边哭得稀里哗啦的。他那年轻媳妇得了肺病,得赶紧带她往南边去。我问他路费够不够,他说够……这鬼天气,冷得让人直打喷嚏,连老天都跟着打喷嚏,真让人来气。我已经动笔写关于萨哈林的东西了,写了五页。感觉还像那么回事,像是内行写的……我二手引用了一些外国作者的东西,但引得挺细,语气就好像我能说一口流利外语似的。这不就是睁眼说瞎话嘛。

叶若夫的哭泣把我的心也搅乱了,他让我想起了一些往事,我真替他难过。

可别把我们忘了啊。

写给尼古拉·米哈伊洛维奇·林特瓦廖夫

莫斯科，1890 年 3 月 5 日

……至于我嘛，还在咳嗽，不过还活着，感觉自己还挺好。今年夏天我就不去您那里了，因为 4 月份我要去萨哈林岛办些事，得等到 12 月才能回来。我计划穿越西伯利亚（11 000 俄里），然后坐船回来。我听说米沙给您写了信，说好像是有人委托我去的，那纯属瞎扯。我是自己给自己找事，完全是我自己的事。萨哈林那边熊多，越狱犯也不少，要是那些野兽把我当晚饭吃了，或哪个流浪汉割了我的喉咙，请您千万别埋怨我。

当然，如果我有时间和能力把我想写的关于萨哈林的事写出来，等书一出来我肯定立马给您寄去。但成书肯定挺无聊的，就像专家们写的书，通篇都是数字。还请您多担待，读的时候少打些哈欠……

写给阿列克谢·谢尔盖耶维奇·苏沃林

莫斯科,3月9日

……关于萨哈林,咱俩的看法都错了,不过您大概错得更离谱。我很清楚,这次出行不会带来什么文学或科学的重大贡献:我既没那本事,也没那时间,更没有那野心。而且,我既不是洪堡[1],也不是肯南。我不过想写上一两百页,为医学做一点哪怕是微不足道的贡献。不过您也知道,我在这方面可是太不像话了,说不定到头来啥也写不出来,但这趟旅行对我还是很有吸引力的:到处看看、听听、转转,能学到不少东西,也能积累经验。我还没出过远门,但多亏了不得已去看的那些书,我已经学到很多,不掌握这些知识的人该被抽鞭子,而我本人以前竟蠢到不知道这些东西。此外,我觉得这趟旅行的半年时间里,我需要不断从事体力及脑力劳动,这对我来说太重要了。因为我是小俄罗斯人,已经开始变懒了,得好好管管自己。这趟远征可能是胡闹,我或许既固执又疯狂,但您想想看,我能损失什么呢?是丢了时间、钱,还是会遭罪?我的时间

---

[1] 亚历山大·冯·洪堡,德国自然科学家、探险家,近代地理学奠基人之一。

一文不值，钱我本来就没有，至于受罪，也不过是骑马走上二三十天，剩下的时间不是坐在甲板上就是待在房间里，而且我会像炮轰似的不停给你写信。

即便最终这趟远行一无所获，但在旅途中总会有那么两三天的时光，让我兴奋或痛苦地记一辈子……就是这样，先生。虽说上述理由没法让人信服，但您知道您的理由同样没法让人信服。比如，您说萨哈林毫无意义，吸引不了谁——真是如此吗？只对于不往那里流放成千上万人，不在那里耗费数百万卢布的社会，萨哈林才是没意义、没意思的。除了过去的澳大利亚和卡宴，萨哈林是唯一一个可以研究罪犯殖民地的地方。整个欧洲都对它感兴趣，难道我们不该重视它？二三十年前，俄国人在探索萨哈林时曾有过惊人壮举，让俄国立于世界之巅，这对我们来说没有意义？我们现在对萨哈林那边所知甚少，只会坐在四堵墙里抱怨上帝造人造得不好。萨哈林是一个充满了人类（无论是自由的还是被囚的）所能承受的最大苦难的地方。在那里工作的人已经解决了许多可怕的、重要的问题，他们现在仍在继续努力解决。我并不是在感情用事，否则我会说：我们应该像土耳其人朝圣麦加一样去萨哈林，水手和狱卒应该重视萨哈林的监狱，就像军人看待塞瓦斯托波尔[1]那样。从我读过的和正在读的书中可以看出，我们把数百万人送去监狱，任他们腐烂，不假思索地、野蛮地毁掉了他们。我们让戴着镣铐的人走过一万俄里的冰天雪地，任他们感染梅毒，随他们堕落，令罪犯数量增多，而把所有责任都推给了狱卒和红鼻子的典狱长。现在整个欧洲的受教

---

[1] 克里米亚战争中，塞瓦斯托波尔成为俄国抵抗英法等国联军的主要阵地。对俄国人来说，塞瓦斯托波尔象征着爱国主义和英雄主义。

育阶层都知道，罪魁祸首不是典狱长，而是我们所有人。但我们认为这与自己无关，没人对此感兴趣。在自吹自擂的19世纪60年代，人们对这些病人和囚犯熟视无睹，违背了基督教文明的主要诫命。如今病人虽然得到了一些照顾，但囚犯依然被忽视着。监狱管理对我们的法学家来说毫无意义。这不对，我向您保证，萨哈林对我们是有用且有趣的。唯一遗憾的是，去那里的是我，而不是其他更了解它，更能引起公众兴趣的人。我去那里不会产出什么重大成果。

这边学生闹得挺厉害，骚乱从彼得罗夫斯基农学院开始，那里的领导不让学生带姑娘到宿舍里，怀疑那些姑娘不是搞政治的就是卖淫的。这种趋势从农学院蔓延到了大学，现在学生们被全副武装、骑马持矛的"赫克托尔"和"阿喀琉斯"们包围着。学生们提出了以下要求：

1. 大学完全自治；
2. 教学完全自由；
3. 不分宗教信仰、民族、性别和社会地位，学生自由入学；
4. 犹太人不被限制入学，与其他学生享有平等权利；
5. 集会自由，承认学生社团；
6. 成立大学和学生法庭；
7. 取消督学的监管职责；
8. 降低学费。

这是我从一份宣言上抄来的，做了些删减。

写给伊万·列昂季耶维奇·什切格洛夫

莫斯科，1890 年 3 月 22 日

亲爱的让，您好啊！感谢您长长的来信，您的文字从头到尾都充满了善意。我很期待拜读您的军旅故事，会是在复活节那期登出吗？我好久没读您的作品，也很久没读自己的了。您说想给我一顿狠批，"尤其是在道德与艺术方面"，您含糊其词地说我的"罪行"应该受到朋友的批评，还威胁我要在"有影响力的报刊上发表评论"。您若将"艺术"一词去掉，那这句话就明确多了，但如此也多了一层意思。说实话，这让我有点摸不着头脑。让，这是怎么回事？我该如何理解？难道在道德观上，我真的和你们不一样，而且不一样到值得被批评，甚至上报纸？我不觉得您说的是什么高深莫测的道德，因为道德没有高低之分，道德只有耶稣基督定义的那一种。现在也正是这种道德在阻止您、我，还有巴兰采维奇[1]去盗窃、侮辱、说谎等等。若要证明自己无可指摘，那么我可以说，无论是在言语上、行为上、思想上，还是在我经历过的风波和闹剧中，我

---

1 卡齐米尔·斯坦尼斯拉沃维奇·巴兰采维奇，俄国小说家，契诃夫文学界的朋友和同事。

都不曾觊觎过邻居的妻子,也不曾惦记他的仆人,他的牛,或者他家其他牲畜;我不曾偷过东西,也没有当过伪君子;我不曾奉承过大人物,也没有寻求过他们的青睐;我没有敲诈勒索,也没有靠别人养活。诚然,我偶尔放纵过,懈怠过,无所顾忌地大笑过,毫无节制地暴饮暴食过,还有些放荡,但这些都是我自己的事。无人能剥夺我认为自己在道德上无可厚非的权利,我做的事不好不坏——与常人别无二致。我的确犯过错,但因为我已经承担了这些错误的后果,所以我在道德上扯平了。如果您仅因为我不是英雄就想狠狠地骂我一顿,那您最好把这股狠劲儿扔一边去,别骂我了,让我听听您那迷人的悲剧般的笑声吧——那可悦耳多了。

但"艺术"一词令我害怕,就像商人的妻子害怕"硫黄"[1]。当人们跟我讨论什么是艺术的,什么是非艺术的,什么是戏剧性的,什么是非戏剧性的,以及思想倾向或现实主义等时,我就糊涂了。我犹豫地表示同意,用些不值一文的陈词滥调回答。我把所有作品分为两类:我喜欢的和我不喜欢的,除此之外没有其他。要是问我为什么喜欢莎士比亚而不喜欢兹拉托夫拉茨基[2],我不敢回答。也许随着时间的推移,我变得更聪明,继而会订立一些标准,但目前所有关于"艺术性"的讨论只会让我厌烦,这种论题感觉如同中世纪的人用于折磨自己的经院哲学辩论的延续。

如果您所信赖的那些批评权威知道您与我所不知道的,那为什么到现在还不说呢?为什么不揭示真理和不变的法则呢?如果所谓

---

1 在俄国民间传统中,硫黄常与魔鬼、地狱和邪恶联系在一起。

2 尼古拉·尼古拉耶维奇·兹拉托夫拉茨基,俄国小说家,属于民粹主义文学流派。

的权威对此有所知晓，相信我，权威早就给我们指明正确的道路了，我们也就知道该怎么做了。福法诺夫[1]不会进精神病院，迦尔洵今天还会活着，巴兰采维奇不会那么沮丧，我们也不会像现在这般百无聊赖和不自在，您就不会被吸引到剧院，我也不会被吸引到萨哈林。但批评者只是保持高贵的沉默，或用无聊的废话糊弄我们。如果您感到了其权威性，那是因为其愚蠢、自负、厚颜无耻、喧闹。那些权威不过是空桶，而我们只是不得不听它发出的噪声。

先不谈这个了，聊聊别的吧。请别对我的萨哈林之行抱有什么文学上的希望，我去那里不是为了获取意象或观察，只是为了用半年时间过一种不同的生活。别指望我，老兄。如果我成功了，聪明到能做点什么，那再好不过，但如果不行，也别怪我。我复活节后出发。到时候我会把详细的嘱咐和我在萨哈林的地址发给您……

---

[1] 康斯坦丁·米哈伊洛维奇·福法诺夫，俄国象征主义诗人，靠写作为生，但一直生活困难。

写给阿列克谢·谢尔盖耶维奇·苏沃林

莫斯科,1890 年 3 月 22 日

……昨天一位年轻女士告诉我,斯托罗任科教授给她讲了这么一件趣事:沙皇喜欢上了《克莱采奏鸣曲》,波别多诺斯采夫、柳比莫夫和其他"基路伯"与"撒拉弗"[1] 赶紧拿托尔斯泰的《尼古拉·帕尔金》给沙皇看,想为自己对托尔斯泰的敌对态度辩护。沙皇看完后大为光火,下令采取措施,消息传到了多尔戈鲁科夫公爵那里。某天,多尔戈鲁科夫派了一个副官来找托尔斯泰,请他立即去见公爵。托尔斯泰回答说:"告诉公爵,我只去熟人家。"副官听罢很是尴尬,便骑马走了,第二天他带来一份正式文件,要托尔斯泰就他的《尼古拉·帕尔金》作解释。托尔斯泰看了文件说:

"告诉公爵大人,我已经很久没有为出版文章而写作了。我只为朋友们写东西,如果朋友们把我的作品传播出去,那是他们的责任,不是我的。就这么跟他说!"

---

[1] 基路伯和撒拉弗是基督教和犹太教中的高阶天使。契诃夫依此来指代波别多诺斯采夫、柳比莫夫等高级官员,暗示他们自视甚高,把自己当成道德和政治的权威。

"可我不能这么跟公爵说,"副官惊恐地叫道,"他不会相信我的!"

"公爵不信任自己的下属?那可不太好。"

两天后,副官又带着一份新文件来了,却发现托尔斯泰已经到亚斯纳亚·波利亚纳去了。这就是这件逸事的始末。

现在说说新动向。我们这边的警察局里开始打人了,还定了价钱,打农民收十戈比,打工人收 20 戈比——这就是鞭子和麻烦的费用。就连农妇都要挨打。不久前,他们在警察局打人时来了劲,连两个刚从业的律师也给打了。《俄国新闻》今天还含糊其词地报道了这事。现在调查开始了。

时代的另一个标志:马车夫们支持学生闹事。

他们解释说:"学生们闹是为了让穷人也能上学,学习不该只是富人的事。"据说有一次,宪兵半夜里押送一群学生去监狱,老百姓冲上去想救学生。据说那些百姓还喊:"你们判我们鞭刑,但他们为我们说话。"

3月29日

……疲劳是相对的。您说您曾一天工作 20 个小时也不觉得累,但我得说,有些人就算整天躺在沙发上都会累。您之前可以奋笔疾书 20 个小时,那是因为您那时身体好,同时还被成功、挑战与才华激励着。您热爱自己的事业,不然您也不会笔耕不辍。您儿子熬夜,不是因为他在新闻学有天赋,也不是因为他热爱他的工作,只是因为他老爹是报社编辑。这区别可大了。他本该成为医生或律师,一年挣2 000卢布，在别的地方发表文章，而非在您的《新时报》上，更不会带有《新时报》的腔调。只有那些对旧秩序有所不甘，明智或愚蠢地与之斗争的年轻人才能被认为是健康的——这是自然的意志，也是进步的基础，而您儿子一开始就吸收了旧秩序。我俩聊天的时候他从未批评过塔季谢夫或布列宁，这是一个坏兆头。您比他开明一百倍，但应该反过来才对。他无精打采、懒洋洋地提出抗议，但很快又低声下气地妥协，总给人一种对斗争毫无兴趣的印象。也就是说，他像一个旁观斗鸡的人，自己没有鸡，可一个人应该有自己的鸡，否则生活就没意思了。不幸的是，他很聪明，而对生活缺乏兴趣的聪慧头脑就像一台不生产东西的大机器，不光需要大量燃料，还会耗尽主人的精力……

4月1日

您说我太客观，说这是冷漠的善恶观，缺乏理想与思想，诸如此类。您希望我在描写偷马贼时说："偷马是坏事。"但这个道理不用我说大家也都明白。审判的事情就交给审判官，我的任务仅限于告诉大家偷马贼是什么样的人。我这样写：你们在和偷马贼打交道，那让我告诉你们吧，他们不是乞丐，他们每天吃得饱饱的，他们有特殊的癖好，偷马不仅是偷窃，还是一种激情。当然了，能把艺术与说教结合起来自然很不错，但对我个人来说，由于技巧的限制，这极其困难，几乎不可能。您看，要在700行字里描述偷马贼，我必须一直用他们的方式说话和思考，用他们的精神去感受，一旦我加入主观性，偷马贼的形象就会模糊，故事便不会像短篇小说那样紧凑。我的写作完全要靠读者自己去添补故事中缺少的主观要素。

4月11日

以前在您家住过的N夫人来这边了，她嫁给了画家N。他是个蛮不错但挺无聊的人，一心想和我一起去萨哈林画素描。我缺乏拒绝他的勇气，但和他一起出门简直是折磨。他过两天就要去圣彼得堡卖画，他妻子让他去找您征求意见，为此他妻子托我给您写一封介绍信。麻烦您帮帮我，跟N说我是个酒鬼、骗子、虚无主义者，是个粗鲁的人，跟我一起出门会很糟糕，与我同行只会让他心烦意乱，告诉他这么做是在浪费生命。当然，他要是能给我的书画插图倒也不错，只是当我知道N的开价不少于1 000卢布时，我对插图便兴致全无了。我亲爱的朋友，劝他别和我一起吧！至于他为什么会听您的，鬼才晓得。

4月15日

好了，亲爱的朋友，我最迟这周三或周四就出发了，12月再见。我不在时祝您好运。钱我收到了，非常感谢，但1 500卢布实在太多，我都不知道该怎么花……我感觉像是要去打仗了一样，不过除了旅途中一定会遭受的牙痛，我看不到任何挑战。我只带了旅行证件，其他什么材料都没带，因此可能会和当局产生不愉快，但那也只是暂时的麻烦。如果他们不让我参观，我就在书里写他们不给我看，就这样，一点也不用担心。要是我溺水了或发生了什么别的意外，您请放心，我现在和将来所有的财产都属于我妹妹，她会替我还钱的。

我出发时会带着母亲一起，之后把她安置在特罗伊茨基修道院，我妹妹也一起上路，到时我会把她留在科斯特罗马，我和她们说我9月就回家。

我将参观托木斯克的大学。那里只有医学院，所以我不会显得无知。

我给自己买了一件皮大衣、一件军官用的防水皮衣、一双大靴子，还有一把切香肠和打老虎用的大刀。我从头到脚都装备齐全了。

写给妹妹

"亚历山大·涅夫斯基 23"号轮船上，1890 年 4 月清晨

我的小通古斯人[1]！

伊万从修道院回来时你们那里下雨了吗？在雅罗斯拉夫尔的时候下了老大的雨，我不得不用皮衣裹住自己。我对伏尔加河的第一印象被雨水毁了，被床舱里水痕斑斑的窗户毁了，也被来车站接我的 G 那湿漉漉的鼻子毁了。雨中的雅罗斯拉夫尔看起来像兹韦尼哥罗德，它的教堂让我想起了佩列尔文斯基修道院。这里到处都是错字连篇的招牌，道路泥泞不堪，大头寒鸦在人行道上趾高气扬地走来走去。

上了船，我先尽情发挥了自己的天赋——睡觉。醒来时太阳已经出来了。伏尔加河还不错，有水中草甸、沐浴在阳光下的修道院、白色的教堂。广阔的景色真是绝妙，随便往哪儿看都是适合坐下来

---

[1] 通古斯人是广泛分布于西伯利亚地区的族群，契诃夫可能是在暗示他的萨哈林岛之行。

垂钓的好地方。岸上有闲逛的坐班女士[1]，她们偶尔拨弄脚边的青草。时不时能听到牧羊人的号角声，白色的海鸥在水面上盘旋，看起来像年轻的德里什卡。

这艘船不怎么样……

昆达索娃和我顺路，我不知道她要去哪儿，也不知道她为什么要去。我问她时，她就含糊其词，暗示有人约她在基涅什马附近的峡谷见面，然后就开始疯狂地咯咯笑、跺脚或用胳膊肘戳她身旁的东西。我们已经过了基涅什马和那处峡谷，但她还在船上，这当然让我很高兴。顺便说一句，昨天我第一次看到她吃东西。她吃得不比别人少，但她吃得很机械，像是在嚼燕麦。

科斯特罗马是一座不错的城市。我看到了懒洋洋的列维坦曾住过的那段河岸。我看到了基涅什马，在那里的林荫道上走了走，看了看当地的帅哥。在这里，我去药店买了些贝尔托莱盐，给我因吃药而发涩的舌头尝尝味儿。药剂师一看到奥尔加·彼得罗芙娜就喜出望外，又有些慌乱。她也是一样。他们显然是老相识，从他们的谈话来判断，他们不止一次在基涅什马附近的峡谷里一起散步。

……有点冷，有点无聊，但总的来说还挺有意思。船每分钟都在鸣笛，它的笛声介于驴叫和风琴声之间。五六个小时后我们就会到下诺夫哥罗德。太阳缓缓升起。昨晚我的睡姿很艺术，我的钱很安全，因为我一直用手把钱捂在肚子上。

拖船很漂亮，每艘拖船后面拖着四五艘驳船，看着就像某个优秀的年轻知识分子想逃跑，而他的平民妻子、岳母、小姨子和妻子

---

[1] 指学校陪护员，主要职责是在女学生上课时坐在教室里监督学生。——英文版编者注

的祖母抓着他的衣角不放。

太阳躲在云后,天阴沉沉的,宽阔的伏尔加河看起来十分暗淡。列维坦不该住在伏尔加河,它给人的心灵蒙上了一层阴霾。不过在河岸上有座庄园倒也不错。

要是服务员醒了,我就要一杯咖啡,现在只能喝水,也喝不出味道。向玛留什卡和奥尔加[1]问好。

好了,保重,照顾好自己。我会定期写信的。

无聊的伏尔加行者、萨哈林人,

安东·契诃夫

轮船上,1890 年 4 月 24 日夜

我的小通古斯人!

我如今在卡马河上,但不清楚具体位置,应该是在靠近奇斯托波尔的地方。这里的景色让我不敢恭维,因为冷得要死。桦树还没有发芽,河面上不时能看见雪团和冰块漂浮而过——简而言之,美景都给狗吃了。坐在船舱里,桌旁坐着各色人物,我听他们谈话,琢磨是不是该喝茶了。要是我能做主,我保准整天都在吃,但是我没那个钱,所以我就睡觉,一直睡。我不上甲板,甲板上太冷,晚上下雨,白天刮风。

哦,鱼子酱!我吃啊吃,永远吃不够。

---

1 契诃夫家的仆人。——俄语原书注

……可惜我没想到给自己弄个小袋子揣点茶和糖,只得一杯一杯地点,既麻烦又贵。我本打算今天在喀山买些茶和糖,但睡过头了。

妈妈,替我感到高兴吧!我应该会在叶卡捷琳堡停留24个小时,到时应该能见到亲戚,或许他们会心软,赏我三卢布和一盎司茶。

从目前听到的谈话中,我得知船上有几个法庭的人,他们不怎么机灵。不过,时不时插话的商人看起来倒是挺伶俐的。我在这里遇到了一些极其富有的人。

鲟鱼比蘑菇还便宜,但很快就吃腻了。还有什么可写的呢?没有了……不过,这里有个将军,还有个瘦瘦的金发男人。那个将军不停地在船舱里和甲板上跑来跑去,还把自己的照片寄到了什么地方。瘦瘦的金发男人打扮得像纳德松[1],想让人知道他是个作家。今天他骗一个女士说苏沃林出版了他的书,我当然露出了敬畏的表情。

除了吃东西花掉的,我的钱一点没少。这些无赖不会白给我吃的。

我既不开心也不无聊,但灵魂有种麻木感,喜欢一动不动地坐着不说话。比如今天,我几乎没说超过五个字。不过这是我骗你的,我在甲板上和一个神父聊过天。

慢慢地能遇到当地人了,有很多鞑靼人,他们体面且守规矩。

请父亲和母亲不要担心,也不要设想不存在的危险。

对不起,我只写了吃的事,但如果不写吃的,就只能写寒冷,

---

[1] 谢苗·雅科夫列维奇·纳德松,19世纪80年代俄国最受欢迎的诗人之一,一生短暂而富有传奇色彩。

因为没有其他话题可写。

1890年4月29日

我的小通古斯人!

卡马河挺无聊的,要欣赏它的美,得像当地人一样一动不动地坐在驳船上,身旁放一桶石油或一袋干鱼,不停地喝酒。河岸与树木都光秃秃的,大地一片暗褐色,有些地方还覆盖着雪。风比魔鬼还要尖刻、恶毒。当冷风吹起,搅动着洪水过后咖啡渣色的水面时,我感到又冷又无聊又难受。岸上手风琴的声音听起来很沮丧,迎面而来的驳船上站着穿破羊皮袄的人,一动不动,仿佛被无尽的悲伤石化了。沿岸的城镇都是灰蒙蒙的,这里的居民看起来从事的唯一行当就是生产云朵、无聊、湿漉漉的栅栏和街上的泥巴。码头挤满了受教育的人,对他们来说,轮船的到来是一件大事……

……从打扮来看,他们中没有一个人的收入超过35卢布,而且都有些病恹恹的。

我之前跟你说过,船上有几个法律界的先生,他们分别是一个法院院长、一个法官和一个检察官。院长是个健康的德国老头儿,皈依了东正教,很虔诚,对同种疗法[1]深信不疑,显然是个女性崇拜者;法官也是个老头儿,就像是从亲爱的尼古拉的画里走出来的一样,走路时弯着腰,咳嗽,喜欢开玩笑;检察官是个43岁的男人,对生活不满意,信奉自由主义与怀疑论,但人挺好。一路上,这些

---

[1] 同种疗法是一种替代医学,基于"以毒攻毒"或"相似相治"的原理。

先生都忙着吃饭、解决大事、吃饭、看书和吃饭。船上有图书馆，我看到检察官在读我的《在暮色中》，于是他们开始谈论起我来。写过乌拉尔地区的马明-西比里亚克是这边最受欢迎的作家，人们谈论他比谈托尔斯泰还多。

我感觉自己花了两年半的时间才航行到彼尔姆，我们是夜里2点到的，火车晚上6点开，所以不得不等待。下雨了，雨、冷、泥泞……真讨厌！乌拉尔线路很好……这要归功于这里的众多实业家。他们有工厂、矿山等，对他们来说时间不等人。

昨天早上醒来，透过车窗看外面，我对大自然心生厌恶：大地一片白茫茫，树木覆着霜，暴风雪追着火车跑。这一切不令人反感吗？不令人讨厌？我没有防雨的套鞋，于是穿上了大靴子，这导致我在去餐车喝咖啡的路上让整个乌拉尔地区都充满了焦油味儿。当列车抵达叶卡捷琳堡时，又下雨又下雪还下冰雹，于是我穿上了皮大衣。这里的出租马车令人不可思议，破旧、肮脏、湿透透的，还没安弹簧。马的四条腿是叉开的，蹄子巨大，背脊瘦骨嶙峋……这里的"德罗什基"就是对我们那里的轻便马车的拙劣模仿，不过是在轻便马车上加了破烂顶篷，仅此而已。我越是准确地描述这里的车夫和马车，就越像是在画讽刺漫画。他们不在路中间颠簸地驾驶，而是在排水沟附近的泥泞软地上行车。所有的车夫都长得像杜勃罗留波夫[1]。

在俄国，所有的城镇都长一个样儿。叶卡捷琳堡和彼尔姆、图拉一模一样。这里的钟声很优美，像天鹅绒一样轻柔。我一住进美

---

[1] 尼古拉·亚历山德罗维奇·杜勃罗留波夫，俄国文学评论家和革命民主主义者。

国酒店（还不错），就立即通知 A.M.S 我到了，告诉他我打算在酒店房间里待两天。

这里的人给新来者一种近乎恐怖的感觉，他们眉骨凸出，下巴很大，肩膀宽阔，拳头巨大，眼睛却很小。他们生在当地的铁厂里，出生时是机械师而不是助产士接生的。拿茶炊或水瓶进房间的服务生也是这副模样，每一秒都让人以为他要谋杀自己。我站在一旁，今天早上就来了这么一个服务生，眉骨凸出，下巴很大，个头高到头顶天花板，肩宽七英尺[1]，还穿着皮大衣。

我心想，这次来的服务生肯定是来找我索命的了，结果他是我们的亲戚 A.M.S.。于是我们聊了起来。他是当地地方自治局的委员，管理他表兄的工厂的用电照明，还是《叶卡捷琳堡周刊》的编辑（周刊受警察局局长陶贝男爵的审查）。他已婚，育有两个孩子，正在变富、变胖、变老，过着"体面的日子"。他说自己忙得没时间感到无聊，建议我参观这里的博物馆、工厂和矿山。我谢过他的建议。他邀请我明晚一同喝茶，我则邀请他与我共进晚餐。他没有邀请我吃晚饭，总的来说也没有很热情地邀请我去拜访他。到这里，母亲已经可以下结论，亲戚并没心软……亲戚是一个让我提不起兴趣的群体。

街上下着雪，我特意放下窗帘，不想看这亚洲式的景象。我坐在这里等待秋明那边回电报。之前我发了电报："秋明。库尔巴托夫轮船公司。回复已付费。告知客轮何时启程前往托木斯克。"我到底是乘船还是在解冻的烂泥中驰骋 1 500 俄里，将取决于收到的回复。

---

[1] 原文如此，1 英尺约合 30.48 厘米。

这里整晚到处都在敲打铁皮,得长一颗铁头才能不被这不间断的叮当声弄疯。今天我尝试自己煮咖啡,结果一团糟,只得耸耸肩喝掉了。我看到了五张纸,摸了摸,但一张也没拿。今天要去买橡胶套鞋。

我在伊尔库茨克能收到你的信吗?

告诉莉卡在信里不要留那么大片的空白。

萨哈林人,

安东·契诃夫

写给玛丽亚·弗拉基米罗夫娜·基谢廖娃夫人

额尔齐斯河岸,1890 年 5 月 7 日

问候您!尊敬的玛丽亚·弗拉基米罗夫娜!本想从莫斯科给您写一封告别信,奈何时间不允许。我如今正坐在额尔齐斯河畔的一幢小屋里给您写信。

夜深人静,我来跟您讲讲自己是怎么到这里来的:列车一路飞驰,穿越西伯利亚大平原,我已经奔波了 715 俄里,整个人犹如饱经磨难的殉道者。今晨,刺骨的寒风伴着讨厌的细雨袭来,须知西伯利亚尚未入春,大地一片褐色,树木光秃,随处可见白雪斑驳。我日夜裹着皮大衣,脚蹬毡靴……唉,风从清晨开始就刮个不停……铅灰色的阴云、暗褐色的大地、泥泞的路、绵绵的雨、呼啸的风……真受不了!我不停地赶路,一刻也不停歇,天气却毫无好转……傍晚时分,驿站的车夫告诉我无法继续前行,说是道路积水,桥梁被冲毁之类的。我深知这些车夫惯爱夸大天气的恶劣,好留客过夜(为了挣钱),于是不以为然,吩咐车夫套上三匹马。谁料——真倒霉!——刚走不到五俄里,就见额尔齐斯河岸遍布积水,道路淹没于水下,桥梁果真损毁殆尽。既因固执,也因想尽快脱离这鬼地方,我决定不再折返,和车夫开始在积水中艰难前行……天哪,这是我平生头一遭!刺骨的寒风,刺骨的冷,令人生厌的雨,还得不时下车(马车还是敞篷的)牵着马儿。每过一座小桥,我们都得把马一匹一匹地牵过去……我这是到哪儿来了?我在何方?四周尽是荒凉与凄寂,额尔齐斯河光秃、阴郁的岸边尽收眼底……驶入最深的积水,此刻我真想掉头回去,可哪有那么容易……继续沿着狭长的陆地前行……陆地尽头——扑通一声掉进水里!又是一片陆地,又是扑通一声……双手已经冻僵,野鸭似乎在嘲笑我们,成群结队地从我们头顶飞过……天色已暗。车夫默不作声——想必他也束手无策。终于,我们到达了将额尔齐斯河与积水分开的最后一片陆地……额尔齐斯河的斜坡比水面高出近三米,河岸是光秃秃的黏土,被冲刷得坑坑洼洼,看着滑溜溜的。河水浑浊不堪……白色的浪花拍打着岸边的黏土,额尔齐斯河却不发一言,只传来一种奇怪的声响,仿佛有人在水下钉棺材……对岸是一片平坦得令人心灰意冷的平原……您常在噩梦中梦到博扎罗夫斯基池塘,如今,我的噩梦中怕是要常有额尔齐斯河的身影了……

幸好,眼前有一艘渡船,我们得乘船到对岸。一个躲雨的农民从小屋里走出来,告诉我们现在风太大,渡船动不了(这船是用桨划的)……他建议我们等风小些再走……

就这样,我深夜坐在额尔齐斯河畔的一幢小屋里,浑身湿透,心里空落落的,耳边是额尔齐斯河敲打棺材般的声响和呼啸的风声,不禁问自己:我在哪里?我为什么会在这里?

隔壁房间里,划渡船的农民和我的车夫都已入睡,他们都是好人。若是歹徒,他们大可将我洗劫一空,再把尸体沉入额尔齐斯河水底。这幢小屋是河岸上唯一的住处,不会有人看见。

去托木斯克的路上倒是不用担心强盗,这里都不兴谈论抢劫,就连旅人也不会遭偷窃。进小屋时,东西放在外面都很安全。

不过想起黎明前的夜晚,我还是差点丢了性命……我坐在轻便马车里,思绪万千……忽然看见一辆三匹马拉的驿车向我们疾驰而来,我的车夫勉强向右闪开了它。三匹马飞奔而过,我注意到那辆车上的车夫要把马车掉头……紧接着又来了一辆,同样风驰电掣,我们已向右转,它却向左。"要撞上了!"我心里一惊……电光石火间,"砰"的一声巨响,马匹混作一团,我的马车腾空而起,我自己也滚落在地,行李箱全都压到了我身上,刚爬起来——第三辆马车又向我们冲来……

我想那晚母亲一定在为我祈祷吧,若我睡着了,或第三辆马车紧随第二辆之后,我恐怕已经丧命或重伤了。原来是前面那辆马车的车夫在抽打马匹,而后面两辆马车的车夫都睡着了,没看见我们。撞车后,大家都惊呆了,接着便是一阵激烈的咒骂。缰绳断了,车辕折了,马具也散落一地。啊,那些车夫骂得多脏啊!那个夜晚,在那群咒骂连天的人当中,我感到了前所未有的孤独……

纸张将尽,就写到这里吧。

写给妹妹

距托木斯克 45 英里的亚尔村，1890 年 5 月 14 日

亲爱的母亲、可爱的玛莎、米沙小可爱，还有其他家人，你们好！在叶卡捷琳堡，我收到了从秋明发来的回电："第一艘前往托木斯克的轮船将于 5 月 18 日开出。"这意味着，无论我愿意与否，都得乘马车完成接下来的旅程，我也是这么做的。在叶卡捷琳堡逗留两三天，专心治疗我的咳嗽和痔疮，然后 5 月 3 日，我便从秋明出发了。除了公共驿站服务，还可以雇用私人车夫横穿西伯利亚。我选择了后者，虽说其实没啥区别。他们将我——上帝的仆人——塞进一辆柳条编织的轻便马车里，马车由两匹马拉着。人坐在篮子里，就像一只金翅雀，看着外面造物主的世界，什么都不想……我猜西伯利亚平原是从叶卡捷琳堡开始的，天知道到哪里才结束。我觉得它很像我们南俄罗斯的草原，只是这里到处都是小片桦树林，还总刮刺脸的冷风。春天还没来，不见一点绿色，树木光秃秃的，雪还没有完全消融。湖面上结着不透明的冰，5 月 9 日出现了严重的霜冻，而今天，5月14日，下了三四英寸[1]厚的雪。除了鸭子，没人知晓春天何时到来。好多鸭子啊！我这辈子从来没见过这么多鸭子。它们自我的头顶飞过，飞到马车近前，在湖中和水坑里游泳。总之，哪怕用最差劲的枪，我一天也能打下来上千只。我还能听到野鹅的叫声……这里野鹅也很多。经常能看到成群的鹤或天鹅……山鹬和丘鹬在桦树林里扑闪翅膀。这里的野兔没人吃，也没人打，它们用后腿站立起来，竖起耳朵，带着好奇的目光打量着路人，一点也不怕。它们经常横穿街道，人们渐渐不再把它们的出现看作不祥之兆。

一路上都很冷……我穿着皮大衣，身上还好，但脚冻得厉害，我用皮衣裹了脚——但没用……我还穿了两条裤子。行吧，继续赶路吧……电线杆、水坑、桦树林一闪而过。我们在这里看到了一批移民，然后路过了一个驿站……还遇到了背着锅的流浪汉，这些家伙在西伯利亚平原上四处游荡，畅通无阻。他们有时会杀死可怜的老太太，只为拿走她的裙子当裹腿布；有时会从路标杆上拆下带数字的金属牌——可能会有用；有时会打碎某个乞丐的脑袋或挖出某个流放犯的眼睛。但他们从来不碰旅行者。总的来说，来这里旅行绝对不用担心强盗。从秋明到托木斯克，无论是邮政驿站的车夫还是私人车夫，都没遇到过旅客丢东西的事。到了驿站，你可以把东西放在外面，要是你问会不会被偷，他们只会笑着回应。在这边的路上谈论抢劫和谋杀甚至是不合适的。我相信，如果我在驿站或马车上丢了钱，车夫如果找到了肯定会还给我，而且不会夸耀这件事。总之，这里的人都很善良，遵守秩序和良俗。他们的房间布置

---

[1] 1英寸约合2.54厘米。

简单但干净,甚至有些奢华:床铺柔软,全是羽毛垫和大枕头;地板要么上了漆,要么铺着自制的亚麻地毯。当然,这可以说明当地人的富裕,平均每户拥有 48 英亩黑土地,可以种植优质小麦——这里的小麦面粉一普特[1]只要 30 戈比。但这不能全归功于富裕和吃得好,得把部分功劳归于当地人的生活方式。晚上进入有人睡觉的房间,也不会感到闷热或闻到任何"俄国味儿"。诚然,有一位老妇人给我递茶匙时将它用裙衬擦了擦,但他们不会让客人在没有桌布的情况下喝茶,也不会在你面前互相检查头发,在递牛奶或水时不会把手指伸进杯子里。餐具很干净,格瓦斯如同啤酒一般透明。总之,这里的卫生程度是我们小俄罗斯人在梦里才能遇到的,而小俄罗斯人的清洁程度远远超过大俄罗斯人!这里的面包做得非常美味——我一开始吃得过多了。馅饼、煎饼、炸糕和花式面包卷,让人想起海绵状的小俄罗斯面包圈,也非常好吃……但其他的都不合欧洲胃口。比如,不管在哪里他们都给我喝"鸭汤",那是一种浑浊的液体,令人作呕,汤里面漂浮着野鸭肉块和生洋葱段……我曾要求他们用肉给我煮汤,再煎些鲈鱼,但他们给我端来的汤太咸,还很脏,里面漂浮着硬硬的皮,并不是肉,而鲈鱼连鱼鳞都没刮就煎了。当地人用腌肉做菜汤,也会烤腌肉来吃。他们刚才给我上了些烤腌肉,太恶心了,我嚼了嚼便放弃了。他们喝砖茶,这东西尝起来像鼠尾草和甲虫的混合液——无论味道还是外观都是如此。

顺便说一下,我从叶卡捷琳堡带来了四分之一磅茶叶、五磅糖和三颗柠檬。茶叶不够用,这里也买不到。在这些可怜的小镇上,

---

[1] 1 普特约合 16.38 千克。

连政府官员都只能喝砖茶,即便是最好的商店也只有每磅一卢布半的茶叶卖,所以我不得不喝那种尝起来像是用鼠尾草煮的东西。

驿站之间的距离取决于相邻村庄之间的距离——一般就是20~40俄里。这里的村庄很大,没有小村落。到处都有教堂和学校,木屋很多,有些还是两层的。

到了傍晚,道路和水坑开始结冰,晚上就会来一场结结实实的霜冻,需要多加一件皮大衣……呃!路很颠簸,因为泥泞冻成了硬块,魂儿都要给人颠出来了……天亮时,人被寒冷、颠簸和铃铛的叮当声折磨得筋疲力尽,极度渴望温暖和床铺。换马时,只要蜷缩在某个角落里就会立即睡着,一分钟后车夫会拉着你的袖子说:"起来了,伙计,该出发了。"第二天晚上,我的脚后跟疼痛剧烈,叫我难以忍受,不知道是不是冻伤了。

我不能再写了,"局长",也就是区警察局局长来了。我和他已经熟络起来,开始聊天了,明天再写。

托木斯克,5月16日

看来我那硬邦邦的靴子才是罪魁祸首,脚后跟那里太紧了。亲爱的米沙,要是你将来有了孩子——我相信你肯定会有——我给他们的建议是:别买便宜货。在俄国,价廉等于破烂。依我之见,打赤脚都比穿便宜靴子强,你想想我得有多痛苦!我不得不频繁下车,坐在潮湿的地面上,脱下靴子,好让脚后跟休息。在霜冻中感觉糟透了!我不得不在伊希姆买了一双毡靴……就这样,接下来的路上我都穿着它们,直到它们因泥泞和潮湿而分崩离析。

早上五六点钟，人们在小屋里喝茶。旅途中喝茶是一大美事。我现在终于懂得了喝茶的价值所在，喝起茶来像亚诺夫一样狂热。茶水让人浑身暖暖的，还能驱赶睡意。就着茶能吃下很多面包，在没有其他食物的情况下，必须食用大量面包，这也是为什么农民会大量摄入面包和其他面食。人们一边喝茶一边和当地农妇聊天，她们明智、温柔、勤劳，是忠诚的母亲，比俄国的欧洲部分的妇女更自由。她们的丈夫不会虐待或殴打她们，因为她们和丈夫一样高大、强壮、聪明。丈夫不在家时，她们充当车夫的角色。她们喜欢开玩笑，对孩子并不严厉，反倒很宠他们。孩子们睡在柔软的床上，想睡多久就睡多久，和大人一起喝茶、吃饭。当大人亲昵地笑他们时，他们还会骂大人。这里的人不患白喉，恶性天花在这里流行很广，但奇怪的是，这里的天花不如世界上其他地方那么具有传染性，两三个人感染后死了，然后疫情就结束了。这里没有医院或医生，医疗由军医承担。放血疗法和拔罐相当普遍，问诊动作十分野蛮。我给一个患肝癌的犹太人做了检查，这个犹太人已经筋疲力尽，几乎无法呼吸，但这并不妨碍军医给他拔了12次罐。说到犹太人，这里的犹太人耕种土地，当车夫和渡船工，做生意，被称为"克列斯季亚内"[1]。因为他们无论在法律还是事实上都是农民。他们普遍受到尊重，据"局长"说，犹太人经常被选为村长。我见过一个高高瘦瘦的犹太人，当"局长"讲些下流笑话时，他会厌恶地皱起眉毛吐口水——他是一个灵魂纯洁的人。他太太做的鱼汤很棒。那个患癌症的犹太人的妻子用梭鱼的鱼子酱和美味的白面包招待我。在这里没

---

[1] 即农民，字面意思是"基督徒"。——英文版编者注

听说过犹太人搞剥削的事。顺便说说波兰人,这里有一些1864年从波兰来的流放者,他们是善良、好客、非常有教养的人。其中一些人活得相当富裕,其他人则非常贫穷,在驿站当文员。大赦后,他们之中富裕的人回到了祖国,但很快又来到了西伯利亚——他们在这里过得更好。贫穷的人虽然已经年老体衰,但仍心系故土。在伊希姆,有一个富有的波兰人,名叫潘·扎列斯基,他有个女儿长得像萨沙·基谢廖夫。他招待了我一顿极好的晚餐,并提供了一间睡觉的房间,只收了我一卢布。他开客栈,已经成了一个骨子里的守财奴。他剥削所有人,但在他的举止中,在上菜的方式中,在他的待人接物中,仍能感受到波兰绅士的风度。他不回波兰是因为自己的贪婪,他也因贪婪而忍受着一直下到圣尼古拉日的雪。[1] 当他死后,他那在伊希姆出生的女儿将永远留在这里,这样在西伯利亚就会繁衍出更多生着黑眼睛的柔和面容!这种偶然的结合是好事,因为西伯利亚人并不好看,也不长黑头发。也许你想让我写写鞑靼人?当然可以。这里的鞑靼人很少,但他们都是好人。在喀山省,每个人都说他们好,甚至连神父都这么说。在西伯利亚,他们"比俄国人还好",正如"局长"在俄国人面前对我说的那样,而俄国人以沉默表示赞同。我的天哪,俄国有多少好人啊!如果不是因为寒冷剥夺了西伯利亚的夏天,如果不是因为官员腐蚀了农民和流放者,西伯利亚会是最富有、最幸福的土地。

我晚上啥也没吃,聪明人通常会带20磅食物去托木斯克,但显然,我是个笨蛋。所以两周以来只靠牛奶和鸡蛋维生,鸡蛋煮得

---

1 在俄国许多地区,尤其是西伯利亚,圣尼古拉日通常标志着冬季的全面到来。

蛋黄硬而蛋白软,这样的食物吃两天人就腻了。不算那个犹太妇人的鱼汤(那是我喝完茶后,已经饱了才喝的),整个旅程中我只吃过两顿正经晚饭。我在这里没喝过伏特加,西伯利亚的伏特加很难喝。其实,在去叶卡捷琳堡的路上我就戒酒了。人应该喝点伏特加,旅途使人迟钝和冷漠,让人变得愚蠢和虚弱,而伏特加能刺激大脑。

停!我写不下去了,《西伯利亚通报》的编辑 N 来拜访我了,他是当地的诺兹德廖夫[1],一个酒鬼和浪荡子。

N 喝了些啤酒就走了。我继续写。

旅程的前三天,因为颠簸,我的锁骨、肩膀和脊椎都疼,我不能站、坐或躺……但另一方面,我头部和胸部的疼痛都消失了,食欲好得惊人,痔疮完全消退了。过度劳累,经常操心行李……也许还有在莫斯科的告别酒会,导致我早上咯血,这引发了类似抑郁的情绪,催生了阴郁的想法,但到旅程结束时就停止了,现在我甚至不咳嗽了。自从在户外待了两周,我已经很久没有像现在这样很少咳嗽了。旅行的前三天后,我的身体习惯了颠簸,渐渐地,我甚至没注意到中午、傍晚和夜晚的到来。时光飞逝,就像在重病中一样。本以为刚到中午,农民就跟我说:"先生,您该住下了,否则我们可能会在黑暗中迷路。"看看表,其实已经是晚上 8 点了。

他们驾车虽快,但速度并不引人注意,可能是因为遇到了不好的路况,冬天旅行可能会更迅速。他们上坡时会全速奔驰,在出发前或车夫上车前,需要由两三个人来拉住马。这些马让我想起莫斯科消防队的马。有一天,我们差点撞到一个老太太,另一次险些撞

---

[1] 果戈理小说《死魂灵》中一个爱吹牛的人物。

上一个驿站。现在，你想听听我在西伯利亚途中经历的冒险吗？只是我请求母亲不要哀号或悲叹，因为最后一切都皆大欢喜。5月6日黎明时分，一个人很好的老者驾驶着两匹马拉的马车载着我，那是一辆小型轻便马车。我昏昏欲睡，为了打发时间，我看着在田野和桦树林里闪烁的形状曲折的火光——那是去年割下来的草在燃烧。这里有烧草的习惯。突然我听到车轮急速的咔嗒声，一辆全速行驶的邮车像鸟一样冲我们飞来，老车夫急忙向右，三匹马飞驰而过。在昏暗中我看到一辆巨大的重型邮车，上面的车夫正在返程途中。后面跟着第二辆也在全速行驶的马车。我们急忙向右避让。令我极为惊讶和恐慌的是，迎面而来的马车不是向它的右边，而是向左边转……我几乎没时间想"天哪！我们要撞上了"，就听到一声可怕的撞击声，马匹乱成一团黑影，马轭掉了下来，我们的轻便马车腾空而起，我本人则飞到了地上，行李砸在我身上。但这还没完……第三辆马车又向我们狂奔而来，这次是真的要把我和行李撞得粉碎。但谢天谢地！我没有睡着，摔倒时也没有骨折，而且设法跳了起来，所以及时躲开了。"停下来！"我对第三辆马车大喊，"停下！"第三辆马车冲到第二辆旁边，随即停了下来。当然，要是我在轻便马车里睡着了，或者第三辆马车紧跟在第二辆后面，那我回去的时候肯定会变成残疾人或无头骑士。碰撞的结果就是车辕断开，缰绳撕裂，马轭和行李散落一地，马匹受惊而疲惫不堪，还有劫后余生的可怕感觉。原来，打头阵的车夫抽打马匹后闪开了，而另外两辆马车的车夫都睡着了，马儿就在失控的情况下跟着前面的马儿奔驰。从震惊中恢复过来后，老车夫和其他三个人开始凶狠地互相谩骂。哦，他们骂得多难听啊！我甚至以为他们会打起来。你无法想象在黎明前的旷野中,在互相野蛮咒骂的人群中感受到的孤独。远处与近处的草地燃着火,却没有让寒冷的夜空变得温暖!哦,我的心多沉重!听着咒骂声,看着断裂的车辕和饱经风霜的行李,感觉自己仿佛被抛弃在另一个世界,好像随时会被压垮……咒骂持续了一个小时,之后老车夫用绳子固定拼接好的车辕,系紧缰绳,我的皮带也被用上了。我们设法折腾到了驿站,途中时不时停下来。

五六天后,刮起了大风,下起了大雨,这雨日夜下个不停。皮大衣便派上了用场,让我免受雨水和大风的侵袭,可真是件好大衣。泥泞阻住了去路,车夫渐渐不愿在夜间行车。但最糟糕的,也是我永生难忘的,是渡河。夜里来到了一条河跟前……有人大喊起来,车夫也跟着大喊……雨水、风、顺流而下的冰块、四溅的水花……为了再来些乐子,苍鹭也叫了起来。苍鹭生活在西伯利亚的河流附近,可见它们优先考虑的不是气候而是地理位置……好吧,一小时后,一艘状如驳船的巨大渡船自黑暗中出现了,它的桨巨大,看起来如同螃蟹的钳子。渡船工人很吵闹,他们大多是因恶行而被流放到这里的人。他们说着令人无法忍受的脏话,大喊大叫,要钱买伏特加……渡河需要很长很长时间……让人十分痛苦。渡船缓慢行进,跟爬一样,我再度感到孤独。苍鹭似乎是在故意叫着,好像在说:"别害怕,老兄,我在这里,是林特瓦廖夫家从普肖尔河派我来的。"

5月7日,当我要求套马时,车夫说额尔齐斯河泛滥成灾,淹没了草地,前一天出发的库兹马回来时很困难,所以我不能走,必须等……我问:"等到什么时候?"他答:"只有上帝知道!"这答案太含糊了。此外,我发誓要在旅途中戒掉两个恶习,这两个恶习是巨额开支、麻烦与不便的来源——我指的是自己轻易妥协和被说服的倾向。我总是很快就妥协，所以不得不在旅行中随机应变，有时要付双倍的钱，还要等上几个小时。我已经开始拒绝同意和轻信他人——身子也跟着不那么疼了。比如，若他们派出的是不合适的马车，是会颠簸的普通车，我便拒绝乘坐。只要我坚持，合适的马车肯定会出现，即便他们声称村子里没有这样的马车……所以，我怀疑额尔齐斯河泛滥其实是他们为了避免夜间在泥泞中载我而编造的谎言，我便抗议，让他们出发。那个从库兹马那里听说发了洪水但没亲眼见过的农民，挠了挠头后同意了。老人们鼓励他，说他们年轻时赶马车，什么都不怕。我们便出发了。大雨倾盆，狂风大作，寒气袭人……我脚上穿着毡靴，你知道湿透的毡靴是什么样子吗？像果冻。我们一路向前，结果眼前出现了一片巨大的积水，其间露出零星的陆地，还有一些灌木丛。这是被淹没的草地，远处是额尔齐斯河陡峭的河岸，上面有白色的雪痕……我们二人便涉过积水继续前进。本可以掉头，但我的固执作了祟，莫名其妙的冲动驱使着我——这种冲动曾让我在黑海从游艇上跳下水游泳，也驱使我做过不少其他蠢事……我认为这是一种特殊的神经症。我们继续前进，朝着积水中裸露的陆地与有路的地方驶去。我们向桥梁与木板的方向行进，它们已经被冲走了，所以想要通过就不得不解开马的挽具，将马一匹一匹地牵过去……车夫解开马的挽具，我穿着毡靴跳进水里牵着它们……这可不太好玩，尤其是在下着雨、刮着风的情况下……天啊！我们终于到达了一片陆地，那里有一幢没有屋顶的小屋……湿漉漉的马在湿漉漉的粪便中游荡。一个拿着长棍的农民从小屋里走了出来，主动带路。他用棍子测量水深，试探地面，带我们脱了困——上帝保佑他！我们来到一处长长的土地上，他称之为"山脊"。他告诉我们要一直沿着右边走——还是左边来着，我记不清了——然后到另一处"山脊"上。我们也照做了，我的毡靴湿透了，发出吱吱声，袜子在吸水。车夫一言不发，沮丧地吆喝着马。他很想掉头，但现在为时已晚，天黑了……终于——哦，太高兴了！——我们到达了额尔齐斯河……对岸很陡峭，但近岸是斜坡，被冲刷得凹凸不平，看起来很滑，令人厌恶，没有一丝植被……浑浊的水浪裹挟着白色的泡沫，拍打着岸边，又弹回去，仿佛很排斥接触这样丑陋、滑溜的河岸。也许只有蟾蜍和杀人犯的灵魂才能在上面存续……额尔齐斯河没有发出轰鸣，但水声听起来像是有人在深处敲打着棺材……多可怕啊！远岸陡峭，一片深褐与荒凉……

这里有一幢小屋，里面住着渡船工人，其中一个工人走出来告诉我们现在无法渡船，因为暴风雨来了，导致河面很宽，而且风太大了。所以我不得不在这幢小屋过夜……我还记得那个夜晚，记得渡船工人与马车夫的鼾声、风的咆哮、雨的拍打，还有额尔齐斯河的呢喃……睡前我给玛丽亚·弗拉基米罗夫娜写了封信。这里让我想起了博扎罗夫斯基的池塘。

第二天早上工人们不愿意帮我过河，因为风很大，所以我们不得不自己划船。划到对岸，雨水一直猛烈地抽打着我们，风呼啸着，我的行李湿透了。尽管毡靴在前一天晚上已经用炉子烘干了，但又变回了果冻一样的脚感。哦！还好我有我那亲爱的皮衣！要是我没感冒的话，全都是皮衣的功劳。等我回家，你可一定要用牛油或蓖麻油好好护理它。到对岸后，为了等马匹从村里过来，我在行李箱上坐了整整一个小时。我记得岸上很滑，很不好爬。到村子里后，我暖了暖身子，喝了些茶。一些流放者来乞讨，每户人家每天都要给他们做40磅小麦面包，像是一种强制的贡品。

流放者拿走面包，在酒馆里卖掉换酒喝。其中一个流放者，衣衫褴褛，是一个毛剃得很光的老头儿，他的眼睛在酒馆里给同伴打瞎了。他听说屋里有个旅行者，就以为我是商人，开始唱歌，还不断祈祷。他背诵了祈求健康和灵魂安息的祷词，唱了复活节赞美诗《愿主复活》和《主啊，请与您的圣徒同在》——天知道他还唱了什么！然后他开始撒谎，说他是莫斯科商人。我发现这个醉鬼非常蔑视那些养活他的农民。

11日我去乘坐驿站马车，百无聊赖之中我读了驿站的投诉簿。

……5月12日他们不给我派马，告诉我不能上路，因为鄂毕河泛滥成灾，淹没了所有草地。他们建议我绕道去克拉斯内·亚尔，然后乘船行驶12俄里到杜布罗维诺，在杜布罗维诺可以找到驿站的马匹……于是我乘私人马车到了克拉斯内·亚尔。我到的时候是早上，他们告诉我有船，但必须等一会儿，因为管事的老头儿派工人用船把"局长"的秘书送到杜布罗维诺去了。好吧，那就等吧……一个小时过去了，两个小时过去了，三个小时过去了……等到了中午，又等到了傍晚……老天，我喝了多少茶，吃了多少面包，想了多少心事，睡了多少觉！夜晚降临，但船还是没来……又到了第二天清晨……终于，在9点钟，工人们回来了……谢天谢地，我们终于上船了！多好呀！空气静悄悄的，船夫性格很好，岛屿也很美……这场洪水来得突然，袭击了这里的人和牲畜。我看到农夫们划船到岛上给奶牛挤牛奶。奶牛们瘦弱又沮丧，天寒地冻，它们根本没草吃。船走了12俄里，我在杜布罗维诺站喝了茶。你能想象吗？他们招待我吃了华夫饼……我猜房主是某个流放者或流放者的妻子。到了下一站,我遇到一个老文员(是个波兰人),我给了他一些安替比林治头痛。他向我哭穷,说萨皮耶加伯爵(一个在奥地利宫廷任侍从的波兰人)经常帮助波兰同胞,最近在去西伯利亚的路上到过那里。"他就住在车站附近,"文员说,"我竟然不知道!圣母啊!他本可以帮助我的!我给他写信到维也纳,但没有收到回复……"诸如此类。为什么我不是萨皮耶加?我会送这个可怜的家伙回到祖国。

5月14日他们又不给我派马了,托姆河也泛滥了。没完没了!这已不仅令人困扰了,简直令人绝望!到现在才走到距离托木斯克还有50俄里的地方,难以置信!要是换个女人出门,肯定会哭出来的。一些好心人给我出谋划策:"先生,往托姆河方向走吧,离这里只有六俄里。到了那里,他们会划船送您到亚尔,然后伊利亚·马尔科维奇会从那里带您去托木斯克。"于是我雇了匹马,驱车来到托姆河泊船的地方。我到了——但这里没有船,他们告诉我船刚刚载着邮件走了,现在风大,难再回来。我就开始等……地上还覆盖着雪,天上还下着雨和冰雹,风还在呼啸……一个小时过去了,两个小时过去了,还是没船。命运耻笑着我,我只好回到了车站。那里有个邮递员正要赶着三匹马前往托姆河。我告诉他船还没来,他就留下了。命运终于青睐了我,文员在我支支吾吾询问是否有吃的后回复了我,告诉我房主有些卷心菜汤。天哪,真令人狂喜!真是美妙的一天!房主的女儿真的分了我一些极好的卷心菜汤,还有上等的肉,配了烤土豆和黄瓜。自从在潘·扎列斯基家吃过饭后,我再没吃过这么好的晚餐。吃完土豆后,我放纵了一下,给自己泡了杯咖啡。

傍晚,一个邮递员(一个饱经风霜的老头儿,他不敢在我跟前坐下)准备出发前往托姆河。我也一样,于是我们一起出发了。一到河边就看到了船——那是一艘长船,我做梦都没梦见过那么长的船。等邮件装船的时候,我发现了一个奇怪的现象——这里一边打雷一边刮风,地上还有雪,这很不寻常。装好货后船便划走了。亲爱的米沙,请原谅我,但我真庆幸没带着你一起!谁也不带是最明智的选择!起初我们的船在柳树丛附近的河汊上漂浮……就像暴风雨前或暴风雨中常见的那样,水面上突然刮起猛风,激起了波浪。坐在舵手位置的船夫建议我们在柳树丛中等暴风雨过去。其他乘客说要是风暴加剧,我们可能要在柳树丛中待到晚上,最终还是会淹死。于是大家便投票决定,结果是继续行进。我总是命途多舛,天哪,为什么老跟我开这种玩笑?我们就这样在寂静中划着船,集中注意力……我记得邮递员的身影,他是一个经历丰富的人。我还记得那个一下子就变得像樱桃汁一样通红的小士兵。我想,要是船翻了,我会脱掉皮大衣和皮夹克……然后脱毡靴,然后……等等……但岸边越来越近,灵魂越来越轻松,心脏因喜悦而跳动。我深深地叹息,仿佛终于可以自由呼吸了,然后跳上湿滑的岸边……感谢上帝!

在伊利亚·马尔科维奇家(他改信犹太教了),他们告诉我不能在夜间赶路,因为路况很差,我必须在他们家过夜,这可太好了,便待到了第二天。喝过茶,我坐下来给你写信,其间还被"局长"打断了一次。说到这个"局长",他就像是诺兹德廖夫、赫列斯塔科夫[1]和一条狗的奇怪混合体。他是酒鬼、浪荡子、骗子,还是歌手,

---

[1] 出自果戈理的戏剧《钦差大臣》。他是一个年轻的小官员,被误认为是政府派来的秘密检查员。他利用别人的误解,编造谎言来提高自己的地位,以虚荣、爱吹牛和轻率著称。

爱讲故事，但同时心地良善。他带来了一个塞满公文的大箱子、一张床、一支枪，还有一个秘书。这个秘书是个优秀的、受过良好教育的人，是一个敢于抗议的自由主义者，在圣彼得堡读过书，思想开放。我不知道他是怎么来到西伯利亚的，他骨子里感染了各种痼疾，由于上司带的好头开始酗酒。他上司管叫他科利亚。这个权威人士要了一杯烈酒。"医生，"他大喊，"再来一杯！算我求您！"当然啦，我又来了一杯。这个权威人士是酗酒、谎言与下流话的代表。然后我们便就寝了。第二天早上又要了烈酒，他们一直喝到10点钟才走。改信的犹太人伊利亚·马尔科维奇（据说他备受当地农民崇拜）给了我前往托木斯克的马匹。

"局长"、他秘书，还有我，坐上了同一辆车。"局长"一路上都在一边喝着瓶子里的酒一边扯谎，吹嘘自己从不收受贿赂。他对沿途风景赞不绝口，对遇到的流浪汉挥舞拳头。我们走了15俄里，然后停下！是布罗夫基诺村……我们在一家犹太人商店前停住，去"休息和清醒一下"。犹太人跑去给我们拿烈酒，他的妻子给我们做了鱼汤，这件事之前已经跟你说过了。"局长"命令村长、十户长和道路承包商来见他，在醉酒中开始责备他们，丝毫不顾及我的存在。他像鞑靼人一样骂脏话。

我很快便与"局长"分手，5月15日傍晚通过一条怪吓人的路到了托木斯克，在行程的最后两天里拢共才走了70俄里，路况如何不言而喻！

托木斯克的泥泞几乎无法通行。关于这里的城镇和当地人的生活，我会在一两天内写信告诉你，但现在先算了——我写累了。

这地方没有白杨，库夫申尼科夫将军撒谎了，我在这没见到一只夜莺，倒是有喜鹊和布谷鸟。

今天苏沃林给我发了一封80个字的电报。

抱歉这封信写得乱七八糟的，很不连贯，但我没办法，搁酒店房间里写不出什么好东西。请原谅我写得这么长，但这可不怨我，我的笔不受控制——而且，我还想继续跟你说说话。现在是凌晨3点，我的手写累了，还要剪烛芯，光线弱得我要看不见了。等我到了萨哈林，记得每隔四五天就给我写封信，邮件好像不光能海运，还能走西伯利亚的陆路运输，所以我能经常收到信。

我遇到的托木斯克人都说，自1842年来就没有遇到过这样寒冷多雨的春天。托木斯克淹了一半，我真点儿背！

我在吃糖。

我得在托木斯克等雨停，因为他们说去伊尔库茨克的路况很糟糕。

托木斯克，5月20日

你们那里今天是圣三一主日，而我这里连柳树都还没发芽，托姆河岸边仍有积雪。明天我将启程前往伊尔库茨克，我休息好了，不需要赶路，因为贝加尔湖的汽船直到6月10日才开，但我还是要去。

我还活着，很安全，钱也无恙。右眼有些疼，不停刺痛。

……大家都建议我经美国回去，因为跟着志愿舰队[1]可能会无聊得要死。他们有着烦琐的军事纪律，条条框框很多，而且他们的船

---

1 俄国一个半官方的航运组织。

不常靠岸。

为了打发时间，我一直在记录旅行中留下的印象，并把稿子寄给《新时报》，6月10日之后就能读到。我写了有关各种事情的杂谈。我写作不是为了荣誉，而是出于经济上的考量，我会考虑我能预先拿到的钱。

托木斯克是一个无聊的地方，从我认识的醉汉和来酒店向我致敬的知识分子来判断，这里的人也很无聊。

我两天半后到达克拉斯诺亚尔斯克，七八天后到伊尔库茨克。到伊尔库茨克有1 500俄里。我刚给自己煮了咖啡，正准备喝。

……托木斯克之后就是针叶林，到时候再看吧。

向所有林特瓦廖夫家的人和咱们的老马柳什卡问好。我请求母亲不要担心，别管那些噩梦。家里的萝卜种得怎么样？我这里根本没有萝卜。

保重，别操心钱的事——我们会有钱的，别抠抠搜搜地毁了你们的夏天。

写给阿列克谢·谢尔盖耶维奇·苏沃林

托木斯克,1890 年 5 月 20 日

在西伯利亚向我亲爱的阿列克谢·谢尔盖耶维奇问好!这段时间我非常想念您,也想写信给您。

让我从头说起吧。在秋明的时候,我得知去托木斯克的第一艘轮船要到 5 月 18 日才开。无奈之下,我只好乘马车继续赶路。头三天,我浑身上下疼得厉害,但后来渐渐习惯了颠簸,也就不觉得疼了。可是,长期缺觉,总是担心行李的安全,不停颠簸,再加上没吃好,导致我一咳嗽就咯血,这可把我本就不好的情绪弄得更低落了。起初几天还能忍受,但后来北风呼啸,天上仿佛开了闸,河水漫过草地和道路,我不得不一次次从马车换乘舟船。我在随信附上的文章里详细描述了我是如何与洪水和泥泞做斗争的。不过文章里没提到的是,我那双高筒靴太紧了,导致我只能穿着毡靴在泥水里蹚,结果毡靴泡烂了。路况糟糕到什么程度?就说最后两天吧,我才走了区区 70 俄里。

出发时我本答应从托木斯克开始给您寄旅行笔记,毕竟从秋明到托木斯克的路已经被人写过无数遍了。但您在电报里表示希望尽快了解我对西伯利亚的印象，还无情地责备我似乎把您给忘了。说实在的，在路上根本没法写作，只能用铅笔简单记些日记，现在能给您的也就这些内容了。为避免长篇大论和思路混乱，我把所有见闻分成了几个章节。这六章内容是专门为您写的。因为只写给您看，所以我不怕内容太主观，不怕里面更多的是我的感受和想法，而不是对西伯利亚的描述。如果您觉得哪些段落有意思，值得发表，就请随意吧，署上我的名，分章节刊登，就像每小时服用一汤匙药那样。总标题可以叫《来自西伯利亚》，然后是《贝加尔湖外纪行》，接着是《阿穆尔河畔见闻》，诸如此类。

明天我就动身去伊尔库茨克，到那里后还会给您寄更多内容。这段路至少要走十天，因为路况实在是太差了。之后我会再给您发几章，不管您打算刊登与否，您先看着，要是看腻了就给我发电报，就说"别写了!"。

一路上我都饿得像条狗。为了不梦到大菱鲆、芦笋之类的美食，我只能狼吞虎咽地吃面包。结果倒好，我开始梦见荞麦粥，这种梦一做就是好几个小时。

在秋明我买了些香肠备用。天哪，那叫什么香肠！往嘴里一放，味道就跟走进马厩时赶上车夫们脱裹腿布似的。一嚼吧，感觉就像咬住了沾满沥青的狗尾巴，呸！我就吃了一两口，赶紧扔了。

我收到了您的一封电报和一封信，您在信里说想出版一本百科全书，不知为什么，这个消息让我特别高兴。加油啊，我的老朋友！如果这事需要我帮忙，我可以把11月和12月的时间都留给您，我会到圣彼得堡住上几个月，从早到晚埋头苦干。

我在托木斯克一家破旧旅店里誊清了自己的笔记，虽说环境糟糕，但我还是很用心，就想着能让您高兴高兴。想必您在费奥多西亚又闷又热吧，不如读读这些关于寒冷的描述解解乏。这些笔记算是替代了我一路上在脑子里酝酿的那封信。作为回报，请您把评论文章都寄到萨哈林来，前两篇我已经读过，就不用了。对了，还请把佩舍尔的《民族学》[1]也寄来，前两卷我有了，就寄后面的吧。

送到萨哈林的邮件可以走海路，也可以穿越西伯利亚走陆路，所以要是有人给我写信，我应该能常收到。别忘了我的地址：萨哈林岛，亚历山大罗夫斯基邮局。

哎呀，这开销！简直吓死人！因为洪水泛滥，我不得不给车夫付双倍甚至三倍的钱，这活儿实在太累人了。事实证明，我那个漂亮的箱子不适合这种长途跋涉，又占地方，还老戳到人肋骨，咯咯响个不停，最糟的是随时可能会裂开。"长途旅行别带箱子！"好心人是这么劝我的，可惜我走了大半路才想起这话来。没办法，只好把箱子永久寄存在托木斯克了，换成了皮质包裹，好处是可以叠着绑起来，随意塞在马车底部。这玩意儿花了我 16 卢布。还有，去阿穆尔的路上每到一站就得换车，简直是要了命，不光把人折腾得够呛，连行李都要散架了。有人建议我买马车，我今天一咬牙，花 130 卢布买了一辆，要是等到了斯列坚斯克（这辆马车旅行的终点）卖不掉，我可要倒大霉了，八成得嚎啕大哭。今天我和《西伯利亚通报》的编辑吃了饭，这家伙就是当地的诺兹德廖夫，性格倒是挺豪爽……他一顿饭就喝了价值六卢布的酒，真是海量。

等等！有人来报说警察局副局长要见我，这是唱哪一出？

---

[1] 指德国地理学家和人类学家奥斯卡·佩舍尔的著作《民族学》，该书主要讨论了人类种族的分类和地理分布，在 19 世纪后期的欧洲学术界有着广泛影响。

原来是我多虑了，这位警官竟然是文学爱好者，自己还捣鼓写作，他是特意来拜访我的。他回家取剧本去了，看样子是想让我品评品评。他马上又要来了，打断我给您写信……

……请代我向娜斯秋莎和鲍里斯问好。只要能让他们高兴，让我进虎口我都乐意，然后叫他们来英雄救美。可惜啊，我这里连老虎影子都见不着，到现在为止，我在西伯利亚看到的毛茸茸的动物就只有一大堆兔子和一只小老鼠。

哎呀！警官又回来了。他虽然带来了剧本，但没给我读，反而讲了个故事，内容还算不错，就是地方气息太浓了。他还给我展示了一块金子，要了些伏特加。我发现了，几乎每个来看我的有点文化的西伯利亚人都离不开伏特加。他还告诉我他有个情妇，情妇也是个有夫之妇，甚至还让我看了一份写给沙皇的离婚请愿书……

每当不得不在半路过夜，我都高兴得很！一沾枕头就能睡着。在这里，我要赶路，晚上还不能睡觉，所以把睡眠看得比什么都金贵。当困得要命时，世上再没有比睡觉更美的事了。在莫斯科，在整个俄国，我从没像现在这样体会过"困"字的含义。以前睡觉，不过是因为该睡了，但今时不同往日！我还发现，人在赶路的时候根本不想喝酒，反正我是一口都喝不下，倒是烟抽得凶了。我脑子也不太好使，思路总是理不清。时间过得飞快，从早上10点到晚上7点，一眨眼就过去了。晚上紧跟着早晨就来了，这感觉就像得了重病似的。风吹日晒之下，脸都脱皮了，照镜子时我甚至认不出自己那张曾经还算体面的脸。

我就不细说托木斯克了，俄国的城市都大同小异。托木斯克这地方既沉闷又放纵，这里连个漂亮姑娘都看不着，对公平正义的漠视程度简直要跟亚洲一样了。这座城市以总督们的归西地著称。

要是我的信写得篇幅太短,内容随意或干巴巴的,您可别见怪,在路上哪有心思字斟句酌。这里的墨水质量差,笔尖总是粘着头发或一团墨迹。

写给妹妹

克拉斯诺亚尔斯克，1890 年 5 月 28 日

这条路真是要老命了！我们费老大劲才爬到克拉斯诺亚尔斯克，其间我那破车还修了两回。先是连接车头和车轴的铁棍断了，接着前面那个什么"圆环"也坏了。我这辈子都没见过这么烂的路——泥巴深得没法走，荒得跟闹鬼了似的，我打算给《新时报》写写这路有多可怕，在这里就不啰唆了。

最后三个驿站倒是不错。快到克拉斯诺亚尔斯克时，感觉像是到了另一个世界，从树林里钻出来，眼前出现一片大平原，跟咱们顿涅茨的草原差不多，只是这里的山更壮观。太阳总算露脸了，桦树都冒芽了，要知道在前三个驿站时连一株芽都没见着。谢天谢地，总算赶上了不下雨也不刮冷风的夏天。克拉斯诺亚尔斯克这地方挺漂亮，文化气息也浓，比较起来，托木斯克就像"一头戴帽子的土得掉渣的猪"。这里街道干净整洁，房子都是石头盖的，又大又气派，教堂也挺雅致。

我还活着，而且好得很，钱也没丢，东西都在。羊毛袜子虽然一度不见了，不过很快又找着了。

除了那破车的事，目前一切还算顺利，没啥可抱怨的，就是花钱如流水，实在是吓死人。出了门，人才能发现自己到底有多笨。老是多花钱，干蠢事，说错话，还总指望发生些不可能的事。

……再有五六天就到伊尔库茨克了，在那里待上几天之后要赶到斯列坚斯克——这就算是我陆路旅行的终点了。我已经连轴转地赶了两个多星期的路，脑子里除了赶路啥也不想，活着就为了赶路。我每天早上都能看到完整的日出，已经习惯了，感觉自己这辈子就是在坐马车，跟这烂路较劲。要是哪天不下雨，路上也没坑，反倒觉得怪怪的，甚至有点无聊。你是不知道我现在有多邋遢，活脱脱一个流浪汉！我那可怜的衣服啊，简直没法看了！

……告诉妈妈，我还剩一罐半咖啡，基本靠吃蝗虫和野蜂蜜过日子，今天总算能在伊尔库茨克吃顿像样的。越往东走，啥都越贵，黑麦粉每普特要 70 戈比，在托木斯克那边才 25~27 戈比，小麦粉 30 戈比。西伯利亚卖的烟烂得很，难闻死了，自己的烟又快抽完了，想想就哆嗦。

……我现在跟两个中尉还有一个军医同行，他们都要去阿穆尔，看来我那把左轮手枪是白带了，有这帮人在，下地狱都不怕。我们正在驿站喝茶，喝完打算去城里转转。

我倒是不介意在克拉斯诺亚尔斯克住下，搞不懂为何此地成了流放犯的最爱。

萨哈林人，
安东·契诃夫

写给哥哥亚历山大

伊尔库茨克，1890 年 6 月 5 日

远在欧洲的老哥：

在西伯利亚，日子过起来确实不怎么舒坦，但比起在圣彼得堡当个酒鬼混子，还不如在这里做个正人君子呢——这话可不是指桑骂槐啊。

西伯利亚又冷又大，坐着马车感觉永远也到不了头。新鲜玩意儿没见到多少，但经历的事倒挺多，还要跟泛滥的河水、刺骨的寒冷、遍地的烂泥、辘辘饥肠和止不住的困意做斗争。这种体验，你在莫斯科砸锅卖铁也买不到！你真该来西伯利亚转转，干脆找人把你流放到这里来得了。

在西伯利亚的城市里，伊尔库茨克最像样，而托木斯克就是个鸟不拉屎的地方，那些县城更是比不上克列普卡亚，也就是你被稀里糊涂生下来的地方。最气人的是，县城里啥吃的都没有，出门在外的时候你就知道没吃的有多难受了！到了城里，你饿得能吞下一座山，结果一看——我的天！没香肠，没奶酪，也没肉，连咸鱼都没有，就跟乡下一样，净是些没味道的鸡蛋和牛奶。

总的来说我对这趟旅行还算满意,也不后悔来这一遭。虽说路上是够呛,但之后歇脚的时候可美了,我现在休息得可舒坦了。

我会从伊尔库茨克出发,前往贝加尔湖,然后坐船过湖。从贝加尔湖到阿穆尔河有1 000俄里,然后坐船去太平洋,到那里之后的第一件事就是好好洗个澡,整点牡蛎尝尝。

我昨天到了之后先去泡了澡,然后倒头就睡。哎呀,我睡得多香啊!好像之前从来没睡过觉似的。

我用双手为你祈福。

位于亚洲的老弟,
安东·契诃夫

写给阿列克谢·尼古拉耶维奇·普列谢夫

伊尔库茨克,1890 年 6 月 5 日

亲爱的阿列克谢·尼古拉耶维奇,向您问一万次好。

我总算是熬过了最艰难的 3 000 俄里,现在可算是能坐在一家像样的旅馆里写信了。我给自己置办了一身新行头,尽量体面些。您是不知道我有多讨厌那双又大又脏的靴子、那件臭烘烘的羊皮大衣、那件沾满草的外套以及它口袋里的灰渣子,还有那臭熏熏的内衣。一路上我邋遢得跟要饭的似的,连叫花子看我的眼神都不对劲。更倒霉的是,冷风和雨把我的脸吹裂了,结了痂,跟鱼鳞似的。现在我总算变回在欧洲时的样子了,浑身上下都舒坦。

好吧,我该跟您说啥呢?一切都太冗长、太复杂了,都不知道从何说起。我把在西伯利亚的经历分为三段:

一、从秋明到托木斯克,1 500 俄里。冷得要死,日夜兼程,裹着羊皮大衣,穿着毡靴,冷雨不断,狂风不止,还得跟泛滥的河水拼命。河水淹没了草地和路,需要不断下车乘船,跟威尼斯人坐贡多拉小船似的漂来漂去。坐船,等船,划船,这些都耽误了不少时间。快要到托木斯克那两天,我拼了老命,也就走了 70 俄里,而非四五百俄里。还有些吓死人的时刻,特别是大风拍打船只的时候。

二、从托木斯克到克拉斯诺亚尔斯克,500俄里。烂泥糊脚,我和我的破车就跟苍蝇陷在糖浆里似的动弹不得。我那破车(这可是我自己的家当!)坏了多少回啊!我走了多少路啊!脸和衣服脏成啥样了!那根本不是乘马车,简直是在泥浆里游泳。我骂了多少脏话啊!脑子都不转了,除了骂街啥也干不了。累得要命,等好不容易到了克拉斯诺亚尔斯克的驿站,我简直高兴坏了。

三、从克拉斯诺亚尔斯克到伊尔库茨克,1 566俄里。热得要命,林子着火,烟熏火燎的,还有灰——嘴巴里是灰,鼻子里是灰,口袋里也是灰,照镜子时以为自己的脸上卡了粉。到了伊尔库茨克之后,我去澡堂洗澡,从头上冲下来的肥皂水不是白色的,而是灰褐色的,就跟给马洗澡似的。

等我回家了,我会给您讲讲叶尼塞河和针叶林——挺有意思的,因为对咱们欧洲人来说这是新鲜玩意儿,其他的都挺普通的,没啥看头。总的来说,西伯利亚的风景跟俄国欧洲部分差不多,虽说有点不一样,但不明显。路上是绝对安全的。

说有强盗和劫匪都是胡说,纯属吓唬人,根本不用带枪,晚上在森林里跟白天在涅瓦大街上一样安全。不过对步行的人来说,情况可能就不一样了……

写给尼古拉·亚历山德罗维奇·莱金

伊尔库茨克，1890年6月5日

亲爱的尼古拉·亚历山德罗维奇，您好！

我在西伯利亚腹地的伊尔库茨克向您致以诚挚的问候。我于昨晚抵达伊尔库茨克，终于到达了目的地，这让我松了一口气，因为旅途实在太累人了，而且我很想念我的朋友和亲人，已经好久没给你们写信了。那么，有什么有趣的事可以写给您呢？我就从这趟旅程有多漫长说起吧。从秋明到伊尔库茨克，我乘马车走了3 000多俄里。从秋明到托木斯克，一路上我都得跟寒冷和泛滥的河水做斗争，那叫一个冷啊。升天节[1]那天还下霜下雪，等到了托木斯克的旅店，我才能脱下羊皮大衣和毡靴。至于洪水，简直跟上帝用以惩罚埃及的灾难一样可怕。河水漫过河岸，淹没了草地，连道路也被淹了，方圆几十俄里都是水。我不得不一次次下马车，换乘船，而且想弄一艘船可真不容易。为了弄到一艘好船，得掏空腰包，有时还得在刮着寒风和下着雨的河岸上干等24个小时……从托木斯克到

---

[1] 升天节是纪念耶稣基督复活后升天的日子，在俄国有着重要地位。

克拉斯诺亚尔斯克的路程简直是一场在泥潭中的恶战。天哪，想起来都叫人害怕！我那马车修了多少次，走了多少路，让我骂了多少脏话！还要不停地上下马车，诸如此类！有时候从一个驿站到另一个驿站要花六到十个小时，而每次修车都得花上十到十五个小时。从克拉斯诺亚尔斯克到伊尔库茨克还热得要命，路上尘土飞扬，再加上饥肠辘辘。鼻子里全是灰，因为想睡觉，眼睛都睁不开，还得一直担心马车（那可是我自己买的）会不会坏掉，而且路上很无聊……尽管如此，我还是很满足，感谢上帝赐我力量和机会完成这次旅行。一路上我见识了许多，也经历了许多，对我来说都是全新的、有趣的体验，这不仅是作为一个文学家的感受，更是作为一个普通人的感受。叶尼塞河、针叶林、驿站、车夫、荒野、野生动物、旅途的劳顿，以及休息时的享受——所有这些加在一起，美妙得无法形容。光是在户外待了一个多月这件事就很有意思，而且对健康有益。一个月以来，我每天都能看到日出……

写给妹妹

伊尔库茨克，1890年6月6日

亲爱的妈妈、伊万、玛莎、米沙，还有你们所有人，大家好！

上封信里我说克拉斯诺亚尔斯克附近的山像顿涅茨山脉，其实说错了。从街上看，那些山更像是围着城市的高墙，让我想起了高加索。傍晚出城渡过叶尼塞河时，对岸的山景简直就是高加索的翻版，朦朦胧胧，如梦似幻。叶尼塞河河面宽，水流急，蜿蜿蜒蜒，美得很，比伏尔加河还漂亮。过河的渡船可有意思了，设计得很巧妙，能逆流而上。回头见面了我再细说它的构造。总之，这水光山色是我在西伯利亚头一回见到的新鲜景致。光是看看它们，就值了这一路的辛苦。忍不住想骂列维坦是傻子，居然不跟我一起来。

从克拉斯诺亚尔斯克到伊尔库茨克，针叶林一路延绵。虽说树木不比索科尔尼基的大，但没有车夫知道这林子到底有多广，完全看不到头。这针叶林绵延几百俄里，没人知道林子里有什么。只有冬天时，北方的人才会赶着驯鹿穿过针叶林来买面包。从山顶俯瞰，眼前是一座山，再往前是另一座，两边也都是山——全让森林严严实实地覆盖着，看着都有些瘆得慌。这是第二种新鲜景物。

离开克拉斯诺亚尔斯克之后，天就热得要命，灰尘还大。我热得不行，老早就将羊皮大衣和帽子收起来了。嘴巴里、鼻子里、脖子里全是灰——呸！快到伊尔库茨克了，得坐船过安加拉河。跟耍人似的，突然刮起大风。我和几个当兵的同伴盼了十天的澡、饭和觉，这会儿在岸边，一想到可能得在村里凑合一宿，不能在伊尔库茨克住，脸都吓白了。渡船老是靠不了岸，等了一个小时，两个小时，然后——我的天！——渡船总算是豁出去靠岸了。太好了，终于能洗澡、吃饭、睡觉了！哎呀，想想就美。泡个澡，吃顿好的，舒服睡上一觉！

伊尔库茨克是一座不错的城市，挺有文化范儿。这里有剧院、博物馆、带乐队的城市花园、像样的酒店……没那些难看的围墙、傻乎乎的店铺招牌，也没有贴着暖气广告的荒地。有一家小酒馆叫"塔甘罗格"。这里的糖每磅要24戈比，松子每磅六戈比。

我挺好的，钱也保住了，正在攒萨哈林途中要喝的咖啡。这里的茶真不错，喝完精神倍儿棒。我在这里见到中国人了，他们人不错，也挺聪明的。西伯利亚银行的人麻利地给我办好了业务，也挺热情，给我烟抽，还邀我去他们的夏季山庄。这里有一家顶好的糖果店，就是东西贵得要死。这里的人行道铺了木头。

昨晚我和几个军官在城里溜达，听到有人连喊六声"救命"，准是谁遇害了，去看了看，但啥也没找到。

伊尔库茨克的出租马车安装了弹簧，比叶卡捷琳堡或托木斯克的强，挺像欧洲的马车。

6月17日[1]请做一场弥撒,29日[2]尽量搞得热闹点。我与你们同在,你们可得为我的健康干一杯。

所有个人物品都皱巴巴的,又脏又破!我看着像个小偷似的。

我估计不能带皮草回去了,因为不知道哪里有卖的,也懒得问。

长途旅行得带两个大枕头,而且枕套必须是深色的。

伊万在忙什么呢?哪儿去了?去南边了?要从伊尔库茨克去贝加尔湖了,同行的人正琢磨怎么应付晕船呢。

我那双大靴子穿松了,现在不磨脚后跟了。

我订了明天的荞麦粥。路上想吃凝乳了,就在驿站里喝牛奶,配凝乳。

你们收到我从小镇寄的明信片了吗?别扔了,我得看看邮递要多久,这里的邮局办事一点也不着急。

伊尔库茨克,1890年6月7日

……从斯列坚斯克出发的船要等到6月20日号才开,天哪,我可要怎么熬到那时候?这段日子该怎么打发?去斯列坚斯克总共也就五六天的事,我把行程改了不少,不从哈巴罗夫斯克(你们瞧瞧地图)[3]去尼古拉耶夫斯克了,改从乌苏里江去符拉迪沃斯托克(海参崴),再从符拉迪沃斯托克(海参崴)去萨哈林。我得瞅瞅乌苏里

---

[1] 契诃夫哥哥尼古拉的忌日。——俄语原书注
[2] 契诃夫父亲的命名日。——俄语原书注
[3] 契诃夫的家人在他离家期间于墙上挂了一张西伯利亚地图,跟踪他的行程。——俄语原书注

那块地方,等到了符拉迪沃斯托克(海参崴),我打算下海洗个澡,尝尝新鲜牡蛎。

到坎斯克之前冻得够呛,从坎斯克(在地图上找找)往南一拐,就暖和了。这里跟你们那里一样绿油油的,连橡树都冒芽了,桦树颜色比俄国的深些,绿得没那么矫情。到处都是俄国的白花楸,在这里既充当丁香又充当樱桃。听说用花楸做的果酱好吃得很,我尝了点腌渍的,还不赖。

两个中尉和一个军医跟我一块儿赶路。他们领了三倍的路费,但都挥霍光了,他们明明只雇了一辆车,现在却穷得叮当响,等着发薪处给他们打钱呢。他们人还行,每人拿了 1 500~2 000 卢布的盘缠,可这一路上基本不怎么花钱(当然是不算住宿的话)。他们到了旅馆和驿站之后就知道骂娘,把人家吓得连账单都不敢给了。跟他们搭伙,我花的钱比平常还少……今天我头一回看到西伯利亚猫,毛又长又软,脾气还好……

……我想家了,今天给你们发了电报,让你们凑钱给我发长电报。对你们这些卢卡的土豪来说,扔五卢布根本不是个事。

……米什卡看上谁家姑娘了?伊万年科在给哪个有福气的丫头讲他叔叔的故事?……我昨晚梦见雅迈[1]了,看来我是栽她手里了。这里所有的"西伯利亚妞"都长着雅库特-布里亚特式的脸。她们既不会打扮,也不会唱歌,甚至都不怎么笑。比起她们,咱们的雅迈、德里什卡和贡达西哈简直就是仙女下凡。西伯利亚的姑娘和婆娘就跟冻鱼似的,得是海象或海豹才会跟她们调情……

---

1 原文为法语"jamais",意为"从不",可能是指莉迪亚·米济诺娃。

我烦死这帮同伴了，一个人赶路痛快多了。我就喜欢路上安安静静的，可这几个活宝没完没了地嚷嚷着唱歌，而且净聊些女人的事。他们跟我借了136卢布，说明天还，这会儿已经挥霍光了，简直跟漏斗一样。

……有时候两个驿站之间能隔30~35俄里。夜里行车，走着走着脑袋就晕了。要是你敢问车夫还有多远，他张口准不少于17俄里。特别是在坑坑洼洼的泥巴路上，慢悠悠地磨蹭，又渴得要命，那感觉简直生不如死。我现在练就了不睡觉的本事，他们把我叫醒，我眉头都不带皱的。一般是熬一天一宿不睡，第二天吃午饭的时候眼皮直打架。到了晚上，第三天快天亮的时候，开始在车上打瞌睡，有时坐着就睡着了。在驿站吃饭时和吃饭后，趁着套马的工夫在沙发上挺尸。但真正要命的是晚上，晚上灌了五杯茶后，脸烧得慌，浑身跟散了架似的，直想往后仰，眼睛不听使唤地合上，大靴子里的脚疼得要命，脑袋跟糨糊似的。如果就这样住一宿，准保倒头就睡，要是硬撑着继续赶路，不管车子颠得多厉害，我都能在车上睡着。到了驿站，车夫会把我叫醒，因为得下车给钱。他们叫醒我靠的不是喊或扯我的袖子，而是嘴里的大蒜味儿，那味道熏得我简直想吐。我是到了克拉斯诺亚尔斯克之后才学会在车上打盹儿的，去伊尔库茨克的路上我睡了58俄里，就被吵醒过一回。但在车上睡觉根本不解乏，那不是真正的睡觉，而是昏迷，醒来后脑袋还是蒙的，嘴里还有股子怪味儿。

中国人长得跟咱们亲爱的尼古拉（契诃夫的二哥）爱画的那些老头儿一个样儿，不过有些人的辫子倒是挺奇特的。

在托木斯克的时候警察来找过我。那是快11点的时候，服务员突然跑过来，说警察局副局长要见我。我心想：这是唱哪一出？难道是政治问题？他们该不会觉得我是什么反动的伏尔泰主义者吧？我跟服务员说："让他进来吧。"然后一位大胡子先生就进来了，他先自我介绍了一番。原来这家伙是文学迷，自己也写东西，跑我的酒店房间来就跟穆斯林到麦加朝圣似的。你们可要记住这个人，秋天末了他要去圣彼得堡，我就把箱子交给他了，让他帮忙放到《新时报》办公室，万一你们谁或者你们的朋友去圣彼得堡，可要记着这事。

对了，帮我留意下乡下的房子。等回到俄国，我打算歇五年——也就是找个地方什么也不干。乡下的房子正合适这样住。我觉得钱应该不是问题，因为情况看起来还不赖。如果我能还清预支的稿费（现在已经还了一半），春天我准能再借到两三千，分五年慢慢还。这并不会使我良心不安，因为我已经用自己的书让《新时报》的出版部门赚了不少钱，以后还能让他们赚更多。

我想，在35岁之前，自己不会干什么正经事……我想尝尝个人生活的滋味——我以前也有过这样的感受，但都出于这样或那样的原因没去在意。

今天我给皮大衣抹了油，这件大衣真不赖，保我没着凉。那件羊皮大衣也挺棒，既能当外套又能当垫子。穿上它就跟躺在暖炉上似的。就是没带枕头，这可真够呛。干草根本不顶用，而且老是磨来磨去，灰尘不少，弄得脸痒痒的，都睡不着觉。我一条床单都没带，这也挺糟心的。我应该多带几条裤子的，行李越多越好——颠簸得少，舒坦些。

先这样吧，没啥可絮叨的了，代我向大家问好。

贝加尔湖畔利斯特维尼奇纳亚站，6月13日

我这日子过得真让人傻眼，6月11日，也就是前天晚上，我们从伊尔库茨克出发，满心指望能赶上贝加尔湖凌晨4点起航的船。从伊尔库茨克到贝加尔湖拢共就三个站，到第一个站，他们说马都累趴下了，没法继续走。我们只好在那里凑合了一宿。昨天一大早我们从那里出发，中午到了贝加尔湖，跑到码头一问，他们说船要到15日才开，这意味着我们只得在岸边干瞪眼地等着。虽说凡事都有个头，我不介意等，我一向很有耐心，但关键是船20日就要从斯列坚斯克起航，顺着阿穆尔河走，要是赶不上就得等下一班，一直等到30日。我的天，那样的话，我何时才能到萨哈林啊！

我们乘马车顺着安加拉河岸到贝加尔湖，安加拉河从贝加尔湖分流出来，注入叶尼塞河，你看看地图就知道了。河岸美得不得了，到处都是山，山上树木郁郁葱葱。天气好得没话说，阳光灿烂，暖洋洋的。乘车的时候我感觉舒服得不行，高兴得说不出话来，可能是因为跟在伊尔库茨克待着比起来如云泥之别，也可能是因为安加拉河的风景像瑞士。这地方的景色新鲜着呢。我们沿着河岸走，到了河口，往左一拐，然后就到了贝加尔湖畔，西伯利亚人管它叫海。湖水清澈，就跟镜子似的。当然，看不见对岸，那边离这里有90俄里远呢。岸边又高又陡，遍布岩石和树木，岬角左一个右一个地往海里戳，就像费奥多西亚的奥达格山或托赫特贝尔。这地方跟克里米亚一个样儿。利斯特维尼奇纳亚站就在水边，跟雅尔塔像得很，要是房子都刷白了，那就是雅尔塔的翻版。只是山上没房子，因为山太陡了，根本没法在上面盖房子。

我们住的地方跟克拉斯科夫斯基的消夏别墅很像，就是一个又小又破的仓库，窗外两三步远就是贝加尔湖，住一天要一卢布。山啊，森林啊，镜子般的贝加尔湖啊，本来挺美，可一想到得在这里待到15日就觉得糟心。在这里能干点啥呢？更糟的是，我们都不知道有什么吃的，当地人就靠大蒜过活。这里肉也没有，鱼也没有，他们虽说答应了给我们牛奶，但其实没给。一小块白面包要16戈比。我买了些荞麦和一块熏猪肉，让他们煮成稀粥，味道不咋样，但也没办法，只能将就着吃。我们在村子里转悠了一晚上，想找人卖一只鸡给我们，结果啥也没找着……不过伏特加倒是管够。俄国人真是有够懒的，你要是问他们为什么不吃肉和鱼，他们就说没有运输工具啦，没有路啦，诸如此类的借口。可即便在最偏远的村子都能找到伏特加，而且想喝多少有多少。明明肉和鱼比伏特加更容易搞到，伏特加又贵又不好运输……看来喝伏特加比在贝加尔湖钓鱼或养牛有意思多了。

半夜来了一艘小船，我们上去看了看，顺便问了问有什么吃的。船上的人告诉我们明天能吃上饭，但现在太晚了，厨房已经熄火了，诸如此类。我们谢过他们所说的"明天能吃上饭"——毕竟是一种指望。但是，我的天！船长来了，说凌晨4点船就要开往库尔图克了。我们又道了谢，在挤得像沙丁鱼罐头的小吃部喝了一瓶酸啤酒（35戈比），看到盘子里有些琥珀色的珠子——原来是鲑鱼子。然后我们就回住处睡觉去了。我都睡腻烦了，每天都得把羊皮毛朝上铺好，头下面垫着叠起来的大衣和枕头，穿着背心和裤子睡在这堆东西上……我的文明与教养都跑哪儿去了？

今天下雨，贝加尔湖笼罩在雾中。塞马什科若是看了，大概会说"有意思",可我只觉得闷得慌。本该坐下来写点东西,但天气不好时总是提不起劲来,预感写出来的东西会无聊到发霉。要是就我一个人倒还好,可跟我一起的还有两个中尉和一个军医,他们爱聊天,好争论,啥都不懂还啥都要聊。其中一个中尉有点像赫列斯塔科夫,爱吹牛。旅行时还是一个人好,一个人坐在马车上或房间里想心事,比跟其他人在一起有意思多了。

恭喜我吧,我在伊尔库茨克把自己的马车卖出去了,至于卖了多少钱就不提了,不然咱妈准得晕过去,五天五夜睡不着觉。

萨哈林人,

安东·契诃夫

写给母亲

"叶尔马克"号轮船上,1890年6月20日

家里的各位,你们好!

我终于可以脱下这双又重又脏的靴子,还有这条破破烂烂的裤子,以及这件满是灰尘和汗渍的蓝衬衫,痛痛快快洗个澡,有个人样儿了。我现在不是坐在马车上,而是在"叶尔马克"号轮船的头等舱里。我上船已经十来天了。在利斯特维尼奇纳亚的时候我写信给你们,说自己赶不上贝加尔湖的船了,只能坐30日出发的阿穆尔河轮船。但命运就是爱捉弄人,常常会有意想不到的惊喜。周四早上,我在贝加尔湖边散步,瞧啊——一艘小轮船的烟囱冒烟了,我就问这船要去哪儿。船上的人回答我说要"过海"去克柳沃,一个商人雇了这船运货。我们刚好也想"过海",去博雅尔斯卡亚站。我又问从克柳沃到博雅尔斯卡亚有多远,他们说27俄里。我赶紧跑回去找我的同伴,让他们同我犯险去克柳沃。我说"犯险",是因为克柳沃那地方除了港口和看守人的小屋外什么也没有,我们可能会找不到马,得耽搁在那里,进而赶不上周五的轮船。那对我们来说简直比伊戈尔之死[1]还糟，因为那样的话就得等到下周二。我的同伴们同意了，收拾好东西，兴高采烈地上了船，然后直奔餐厅：快给碗汤喝啊，看在上帝的分上！我愿意用半个王国换碗汤！餐厅又小又差劲，但厨师格里高利·伊万内奇以前在沃罗涅日当过家仆，是一个顶级厨师，他给我们做了一顿美餐。天气晴朗无风，贝加尔湖的水是绿松石色的，比黑海的还清澈，据说在水深处能看到一俄里以下的湖底，我也亲眼见到了。岩石和山脉浸润在蓝绿色的水中，看得我直打哆嗦。我们在贝加尔湖上的旅程太棒了，这辈子都忘不了。但有一件不太好的事，我们坐的是三等舱，甲板全都被拉车的马占据了，那些马像疯了似的，给我们的渡湖之旅增添了特别的色彩。我感觉自己像是在强盗的船上。到了克柳沃，看守人答应把我们的行李送到车站，他赶着马车，我们则沿着风景如画的湖岸走。列维坦真傻，没跟我一起来。一路都是树林，右边是往山上长的树，左边是一直延伸到湖边的树。那些峡谷，那些悬崖！贝加尔湖的色彩柔和、温暖。顺便说一句，天气很暖和。走了八俄里，我们到了梅斯坎站，一个恰好也在旅行的恰克图官员请我们喝了杯好茶。我们在这里弄到了去博雅尔斯卡亚的马，所以周四就出发了，比原计划提前了一天，更妙的是，我们比邮车早到了24个小时，而邮车通常会把站里的马都用光。我们开始尽快赶路，心里还抱着一丝希望，想在20日前抵达斯列坚斯克。关于我沿色楞格河岸边和穿越外贝加尔的旅程，等咱们见面了再细说。现在我只想说，色楞格河沿岸一路上很荒凉，而在外贝加尔，我找到了我想要的一切：高加索般的

---

[1] 基辅罗斯的伊戈尔王子，他在与钦察人的战斗中失败并被俘。

风光、与普索尔一样的河谷、兹韦尼哥罗德那样的地貌，以及顿河似的水体。白天在高加索飞驰，晚上在顿河草原奔跑，早上醒来，发现自己在波尔塔瓦省——这样的体验延续了1 000俄里。上乌金斯克是一座不错的小镇，赤塔则很糟糕，跟苏梅差不多。不用我说，睡觉和吃饭那是想都别想，我们一路狂奔，脑子里只想着下一站能不能弄到马，别被耽误五六个小时。我们在24小时里跑了200俄里——夏天也就这速度了。我们都傻了，白天热得要命，晚上又特别冷，我得把皮大衣套在呢子外套外面。有天晚上我甚至穿上了羊皮大衣。总之，我们一路狂奔，今天早上终于到了斯列坚斯克——就在轮船离开前一小时。我们额外给了最后两站的车夫每人一卢布的小费。

就这样，持续了整整两个月的（我是4月21日出发的）马背上的日子结束了。如果把坐火车和轮船的时间、在叶卡捷琳堡待的三天、在托木斯克的一周、在克拉斯诺亚尔斯克的一天、在伊尔库茨克的一周、在贝加尔湖畔的两天，还有等船渡河耽误的日子都算上，你就知道这路赶得有多快了。这趟旅程非常顺利，没啥好抱怨的，我一次病都没生。带的那堆东西，除了一把小刀、箱子上的皮带和一小罐苯酚软膏外，什么也没丢。钱也都安全。能这么顺利地跑1 000俄里，可谓非同寻常。

我已经习惯坐马车了，甚至感觉有些不自在，不敢相信自己居然不在马车上，不习惯听不到铃铛声，不习惯睡觉时把腿伸直。脸上没有灰的感觉有些微妙。更离奇的是，库夫申尼科夫给我的那瓶白兰地居然没碎，里面的酒一滴没少，我发誓不到太平洋岸边绝不开瓶。

我正顺着石勒喀河往下漂,这条河在波克罗夫斯卡亚站那里汇入阿穆尔河。河面比普索尔河还窄,河岸都是石头,到处都是悬崖和森林。完全是野外……船得来回转向,免得搁浅或者撞上岸,毕竟汽船和驳船经常在急流中发生事故。天闷热得很,我们刚在乌斯季－卡拉停了一下,放下了五六个囚犯,那里有矿场和监狱。

昨天我们到了涅尔琴斯克,这座小镇没啥特别的,但勉强能居住。

你们这些先生太太怎么样?我是一点都不知道你们的情况,大家每人凑两戈比,给我发一封长电报吧。

轮船今晚要在格尔必齐停靠,晚上会起雾,所以夜间航行挺危险。我会在格尔必齐把这封信寄出去。

……我坐的是头等舱,而我的同伴在二等舱,总算甩开他们了。之前一起坐马车(三个人挤一辆),一起睡觉,都烦透了,主要是我嫌他们烦。

我的字写得很糟糕,歪歪扭扭的,因为轮船在摇晃,写字挺难的。

我在这里中断了一下,去找那两个中尉喝茶了。他们俩都睡了个长觉,心情特别好。其中一人,N中尉(这姓听着刺耳),是步兵,个子高高的,吃得胖乎乎的。他是库尔兰人,嗓门大,爱吹牛,就像赫列斯塔科夫,啥歌剧都能唱上两句,但五音不全。这倒霉蛋把路费都挥霍光了,把密茨凯维奇的诗都背下来了,但没什么教养,说话口无遮拦,唠叨得让人想吐。他跟我一样,爱聊自己的叔叔阿姨。另一个M中尉,是地理学家,安静、谦虚、受过良好教育。要不是有N在,我和M一起走上百万俄里也不会觉得无聊,但有 N 在，他总插嘴，搞得我对 M 也厌烦了……我想我们快到格尔必齐了。

明天我会拟好电报格式，你们得按这个格式给我发电报到萨哈林。我会试着把想知道的东西都塞进 30 个字里，你们得严格按这个格式来。

这里的虫子咬人。

写给尼古拉·亚历山德罗维奇·莱金

格尔必齐,1890年6月20日

亲爱的尼古拉·亚历山德罗维奇,您好!

给您写这封信时我已经快到格尔必齐了,这是石勒喀河边上的一个哥萨克村庄。我现在正顺着阿穆尔河往下漂呢。

我在伊尔库茨克的时候给您寄了一封信,您收到了吗?从那以后已过去一个多星期,我横渡了贝加尔湖,穿过了外贝加尔。贝加尔湖简直太棒了,西伯利亚人管它叫海,真是一点也不夸张。湖水清得跟空气似的,什么都看得一清二楚,颜色是温柔的绿松石色,令人看着特别舒服。湖边都是山,长满了树,到处都是原始森林,连个人影都看不着。

在那里,熊啊,野山羊啊,什么野兽都有,它们整天在针叶林里转悠,你吃我,我吃你。我在贝加尔湖边待了整整两天两夜。

我坐船的时候,静得很,也热得很。

外贝加尔地区美极了,就像把瑞士、顿河和芬兰搅在一起似的。

我坐马车跑了4 000多俄里,这趟旅程顺利得很,一路上身体都很好,除了一把小刀外啥也没丢。这种旅程,做梦都不敢想啊,一点危险都没有。那些逃犯呀,半夜袭击呀,都是道听途说的老皇历了,带左轮手枪纯属多此一举。现在我坐在头等舱里,感觉像是回到了欧洲,就跟考试及格后的感觉一样。哎呀,汽笛响了!到格尔必齐了。

石勒喀河两岸风景如画,就像舞台布景。不过——唉!这里一个人影都没有,让人觉得有点压抑,像是没有鸟的鸟笼。

写给妹妹

1890 年 6 月 21 日

晚上 6 点,距离波克罗夫斯卡亚站已经不远了。

我们的船撞到岩石了,船底被戳了一个窟窿,他们正在修呢。船搁浅在沙洲上,正往外抽水。左边是俄国的地盘,右边是中国的。要是我现在回家了,就能吹牛说:"我虽说没去过中国,但离中国就 20 英尺远!"今晚要在波克罗夫斯卡亚过夜,我们打算凑支队伍去逛逛。要是我富得流油,准在阿穆尔河上买一艘自己的船。这地方不赖,挺有意思。我劝叶戈尔·米哈伊洛维奇别去图阿普谢了,来这里吧,这里既没大蜘蛛也没蝎子。中国那边有一处哨所——就是一个小破棚子,岸边堆着一堆面粉袋。几个衣衫褴褛的中国人正用小推车往棚子里运面粉,再往后就是看不到头的广袤森林。

有几个女学生从伊尔库茨克跟我们一起坐船——俄国面孔,但长相一般。

波克罗夫斯卡亚站，1890 年 6 月 23 日

我之前说过，我们的船搁浅了，搁浅的地方是乌斯季－斯特列尔卡，就是石勒喀河和阿尔贡河的交汇处（看看地图）。船在两尺半的浅水里撞上了石头，船底被戳出了好几个洞，水涌入后船就沉底了。他们开始抽水并打补丁。一个脱得光溜溜的水手钻进船舱，站在齐脖深的水里，用脚后跟试探那些洞。每个洞都被糊上了油布，再放上一块木板，然后用一根柱子抵在木板与顶棚之间。从傍晚 5 点抽到半夜，水还是没退，只好等天亮再说。早上又发现几个新洞，接着打补丁、抽水。水手们忙着抽水，我们这些闲人就在甲板上溜达，指手画脚，该吃吃，该睡睡。船长和大副也跟我们一样，看着毫不着急。右边是中国，左边是波克罗夫斯卡亚站，那里住着阿穆尔哥萨克人——他们想待哪里待哪里，没人管。白天热得要命，得穿上丝制衬衫。他们 12 点提供午饭，晚上 7 点提供晚饭。

倒霉的是，另一艘叫"信使报"号的船正往这里开，上面挤满了人。"信使报"号过不去，两艘船都动弹不得。"信使报"号上有一支军乐队，热闹得跟过节似的。昨天一整天，军乐队都在甲板上吹吹打打，船长和水手们听得高兴，修船的活儿就耽误了。女乘客们可来劲了，有乐队，有军官，有海军……哦！那些女学生兴奋得不得了。昨晚我们在哥萨克人的村里转悠，那支军乐队被哥萨克人请去了，正在那里演奏。今天还在修船。

船长说吃完午饭就走，但说这话时眼神飘忽——摆明了是在敷衍。我们也不着急，我问一个乘客："咱们到底什么时候能走？"他反问我："怎么，您在这里待着不舒服？"

说的也是，反正不无聊，多待一会儿又何妨？

船长、大副和跑腿的人都客气得很。三等舱的中国人挺逗，也好相处。昨天有一个中国人坐在甲板上，用假声唱歌，听着挺伤感，他那张侧脸比任何漫画都好笑，大伙儿都看着他直乐，他本人倒好像没事似的。唱完假声又来男高音。我的天，那嗓子！跟羊叫牛哞似的。这些中国人让我想起那些性格好的家养动物，他们的辫子又黑又长，跟娜塔莉娅·米哈伊洛夫娜的一模一样。说起家养动物，卫生间里还养着一只小狐狸呢，它就蹲在那里，看人洗手，要是没人来，它就呜呜叫。

这里的人聊天怪着呢！除了金子、矿山、志愿舰队和日本，别的啥也不聊。在波克罗夫斯卡亚，农民和神父都去淘金，流放犯也干这活儿，一会儿发财，一会儿破产。有些人看着像工人，但只喝香槟，从家门口到酒馆走红地毯。

阿穆尔这地方特别有意思，别具一格。这里的日子让欧洲人怎么也想象不到。我想起了美国的故事。阿穆尔河岸非常原始，很别致，而且草木茂盛，让人想在这里扎根。最后这几句是 6 月 25 日写的。船晃得厉害，字都写不好了。我们又起航了。已经顺着阿穆尔河跑了 1 000 俄里，看到了不知多少壮观的风景。美得我都找不着北了……风景棒极了，还有，太热了！晚上也暖和！早上有雾，但也热乎乎的。

我拿起望远镜往岸上瞅，看到特别多鸭子、鹅、鹏鹧、苍鹭和各种长嘴鸟。这地方真该弄一处避暑山庄！在一个叫雷诺夫的小地方，一个淘金者让我给他老婆看病，我走的时候，他塞给我一沓钱。我挺不好意思的，想还给他，就跟他说我很有钱，和他说了半天。

我们都想说服对方，最后还是有 15 卢布留在我手里了。昨天有一个长得像彼佳·波列瓦耶夫的淘金佬在我的舱室里吃饭，他吃饭时拿香槟当水喝，还请我们喝了几口。

这里的村子跟顿河边的差不多，就是房子不太一样，但也说不上有多大区别。这里的人不守斋，连圣周都吃肉，姑娘们抽烟卷，老太太抽烟斗——这都正常。看农民抽烟卷真怪！还有，这里的人思想可真开放！开放得不得了！

大家在船上聊得热火朝天，这里的人说话不怕隔墙有耳，没人抓他们，也没地方流放他们，所以想怎么开放就怎么开放。这里的人大多独立、有主见、讲道理。要是乌斯季-卡拉那边（那里有囚犯从事劳动，还有很多不劳动的政治犯）出了啥事，整个阿穆尔地区都得翻天。这里不兴告密，逃犯能大摇大摆地坐船到海边，全然不怕船长把他交出去。造成这种情况的部分原因是大家对俄国的事都不在乎，每个人都说："关我屁事？"

差点忘了跟你说，在外贝加尔，赶车的不是俄罗斯人，是布里亚特人。挺有意思的民族！他们的马简直像毒蛇，套马时老不听话，比消防马还难伺候。套挽具时得把马腿绑住，一松开，马车就像飞似的没影儿了，吓得人直喘气。要是套马时不绑马腿，它就踢人，用蹄子把车辕踢碎，扯坏马具，活像被抓住角的小恶魔。

6月26日

快到布拉戈维申斯克了。你要开开心心，可别把我不在身边当作惯常……说不定你早就习惯了？跟所有人问好，给你一个亲吻。

我现在很好。

写给阿列克谢·谢尔盖耶维奇·苏沃林

布拉戈维申斯克，1890年6月27日

阿穆尔河真是一条好河，让我收获颇丰。我早就想跟您分享我的旅程了，可这破船晃了整整七天，害得我写不好字。再说了，阿穆尔河岸也美得超乎我能用语言表达的范畴了，我彻底词穷，只能认栽了。我该怎么描述呢？四处皆是岩石、悬崖、森林，还有成千上万的鸭子、苍鹭和各种长嘴鸟，以及纯粹的荒野。左边是俄国，右边是中国，想看哪边就看哪边。中国那边跟咱们这里一样荒：村子和哨所都少得可怜。我脑子里一团糨糊。也难怪，您想啊！我顺着阿穆尔河走了1000多俄里，看了不知多少风景，您也知道在阿穆尔之前还有贝加尔湖、外贝加尔……老实说，我见识了这么多，玩得这么欢，现在就是死也值了。阿穆尔人很有意思，他们的生活挺特别，跟咱们不一样。他们就知道谈金子、金子、金子，别的什么都不谈。我现在脑子有些犯糊涂，不想写东西，写出来也又短又糙。今天我给您寄了四份关于叶尼塞河和针叶林的报纸，过几天我再给您寄一些关于贝加尔湖、外贝加尔和阿穆尔的东西。别扔啊，我要收集起来，当笔记用，好跟您说说我尚不清晰的文思。

今天我换乘了"穆拉维约夫"号船，据说此船不晃，没准儿我能写点东西。

我爱死阿穆尔河了，真想在这里待上几年。风景美，地方大，自由自在，还暖和。我在瑞士和法国都没这么自由过。在阿穆尔河一带，最低等的囚犯都比俄国最了不起的将军活得舒坦。要是您住这里，准能写出一堆好东西，让读者高兴，可惜我做不到。

一到伊尔库茨克就能见到中国人，简直跟苍蝇一样多。他们可好相处了，要是娜斯佳和博里亚认识了中国人，他们肯定会把喜欢驴子的劲儿都转移到中国人身上，他们就像可爱的小动物。

……我请了一个中国人到小酒馆喝伏特加，他喝之前先把杯子递给我、老板和服务员，说"尝尝"。这是中国人的规矩。他不像咱们一口闷，而是一小口一小口地喝，喝酒间隙还吃点东西。然后，为了表示谢意，他给了我几枚中国硬币，真是特别有礼貌的民族。中国人穿得简单，但挺好看，他们吃东西很讲究，很有仪式感……

写给妹妹

"穆拉维约夫"号轮船上,1890 年 6 月 29 日

我的舱室里有流星——其实是些发光的甲虫,看着像电火花。野山羊在大白天游过阿穆尔河。这里的苍蝇大得吓人。我跟一个中国人——孙鹿里——住同一间舱室,他老跟我说在中国因为一点小事就会被"砍头"。昨晚他吸鸦片吸多了,整晚说梦话,害得我睡不着。27 日那天我在瑷珲的中国城逛了逛,仿佛步入了奇幻世界。船晃得厉害,真难写字。

明天就到哈巴罗夫斯克了,中国人开始唱他扇子上写的歌了。

给母亲的电报

萨哈林，1890 年 7 月 11 日

安全到达。请发电报到萨哈林。——契诃夫

萨哈林，1890 年 9 月 27 日

一切顺利。马上回来。——契诃夫

写给阿列克谢·谢尔盖耶维奇·苏沃林

"贝加尔"号轮船上,1890 年 9 月 11 日

您好!我正顺着鞑靼海峡从萨哈林岛北边往南漂。我正在写的这封信也不知何时能到您手上。我挺好的,虽说总能感到霍乱的邪恶气息在伺机找上我。符拉迪沃斯托克(海参崴)、日本、上海、芝罘、苏伊士,甚至月球——我猜哪里都有霍乱。到处都在隔离,搞得人心惶惶的……他们怕霍乱传到萨哈林,所有船都得隔离。总之情况不妙。在符拉迪沃斯托克(海参崴)死了不少欧洲人,连某个将军的夫人都没逃过。

我在萨哈林北边待了整整两个月,当地官员对我挺客气,虽说加尔金没写一个关于我的字。加尔金也好,V 男爵夫人也罢,还有那些我傻乎乎求过的大人物,都没帮上一点忙,我只能靠自己了。

萨哈林的将军科诺诺维奇是个有水平的体面人,我俩很快就熟络了,一切都挺顺利。我带回来一些文件,您看了就知道他们从头到尾都待我不错。我什么都见识了,现在关键不是我看到了什么,而是我怎么看到的。

虽说不知道最后能整出什么名堂,但我还是下了不少功夫,材料够写三篇论文了。我天天 5 点起床，很晚才睡，整天提心吊胆，生怕还有什么活儿没干完。现在我已经研究完了流放犯那套体制，感觉自己什么都看到了，就是没发现最重大的问题。

对了，我还耐着性子调查了整个萨哈林岛的人口，走遍了所有村落，钻进每栋破屋，跟每个人都聊过。我用小卡片做调查，已经登记了约一万名流放犯和定居者。也就是说，萨哈林岛上没有一名犯人或居民没跟我聊过。我数孩子数得特别好，对此我寄予厚望。

我在兰兹伯格家蹭过饭，还在前男爵夫人根布鲁克的厨房做过客……这里的名人我拜访了个遍，目睹了鞭刑，之后连着三四晚都梦见刽子手和那些倒胃口的刑具。我跟被锁在矿车上的人聊过天。有一回在矿井里喝茶，博罗达夫金（以前是圣彼得堡的商人，后来被判纵火罪）从兜里掏出一个茶匙给我。反正我的神经已经被他们搞崩溃了，我发誓再不来萨哈林。

本想多写点，可船舱里有个女士咯咯笑个没完，叽叽喳喳说不停。我实在没劲写了，她从昨晚就一直笑，一直叫唤。

这封信会绕道美国，但我自己大概不会走美国那条道，大伙儿都说美国那边又无聊又贵。

明天就能看到日本的岛屿了。现在是半夜 12 点，海上黑黢黢的，风呼呼地刮。我搞不懂轮船在什么都看不见的情况下是怎么航行的，尤其是在鞑靼海峡这种荒凉又鲜为人知的水域。

一想到我离家一万多俄里，就觉得浑身没劲。感觉得百年后才能到家……祝您身体健康，万事如意。我这心里头挺闷的。

写给母亲

萨哈林，1890 年 10 月 6 日

亲爱的母亲，您好！

写这封信的时候，我差不多就要启程返回俄国了。我们天天盼着志愿舰队的船，希望它最迟 10 月 10 日能到。这封信我会先寄到日本，然后从日本经上海或美国转寄回去。我眼下住在科尔萨科沃站，这里既不能发电报也没有邮局，船还不常来，半个月才来一次。昨天来了一艘船，给我带了一大堆从北边寄来的信和电报。从信里得知玛莎蛮喜欢克里米亚，我相信她会更喜欢高加索……

真奇怪，你们那里冷得很，还下雨，而从我抵达萨哈林那天起，到现在一直是晴朗而温暖的天气，只有早上稍冷，会结霜。某座山上白雪皑皑，但地面还是绿的，树叶没落，所有植物都像在 5 月的避暑山庄一样茂盛。这就是萨哈林！

昨天半夜我听到轮船的轰鸣声，大家都从床上跳了起来。万岁！船来了！我们穿好衣服，提着灯笼去港口，往远处眺望，还真有轮船……大多数人都说那是"圣彼得堡"号，我正是要坐这艘船回去，这可把我高兴坏了。我们坐小船划过去，一直划啊划，终于在雾中看到一艘轮船的轮廓。我们当中有人用嘶哑的声音喊着,打听船名,得到的回答是:"贝加尔"号。呸!该死!多失望啊!我想家了,也厌倦萨哈林了。这三个月来我遇到的不是囚犯,就是只讨论苦役、鞭子和囚犯的人。真是压抑的生活,真想赶紧到日本,然后去印度。

我身体挺好,就是经常眼睛犯花,然后总是头疼得厉害。昨天和今天眼睛都犯花了,写这封信时头疼得要命,浑身沉重。

日本将军久世先生和他的两个秘书住在这个站点,他们是我的好朋友,生活得像欧洲人。今天当地官员正式来拜访他们,给他们颁发勋章,我也顶着头疼去了,还得喝香槟。

自从我来到南边,已经三次乘马车前往奈拉齐,那里可以见到真正的涛浪拍岸之景,看看地图就能在南边的海岸找到可怜又阴郁的奈拉齐。海浪冲上来一艘船,上面有六个美国捕鲸人,他们的船只在萨哈林海岸失事了,现在他们住在这个站点,庄严地在街上走来走去。他们在等"圣彼得堡"号,会和我同路。

我没给您带皮草,萨哈林这里没有卖的。保重身体,愿上帝保佑你们所有人。

我给你们都带了礼物。符拉迪沃斯托克(海参崴)和日本的霍乱已经结束了。

写给阿列克谢·谢尔盖耶维奇·苏沃林

莫斯科小德米特洛夫卡街，12月9日

……哎呀！可算是回到家坐在自己的桌前了！我对着家里那些掉漆的小玩意儿祷告了一番后便开始给您写信。我现在感觉很好，好像根本没出过门似的。我身体棒极了，骨头缝里都透着劲儿。先给您简单讲讲吧，我在萨哈林待的时间不是您发表时说的两个月，而是三个月又两天。这期间我可是拼了老命，把萨哈林全岛的人清点了一遍。在那里，除了死刑，我什么都见识到了。等咱们见面，我会给您看一大箱子关于囚犯的东西，这可是很值钱的素材。我现在可长见识了，但也遇到不少糟心事。在萨哈林期间，我总觉得心里发苦，像吃了变质的黄油一样，现在回想起来，那里简直是地狱。头两个月我拼命忙活，累得半死，第三个月开始觉得不舒坦、没意思，还担心霍乱会从符拉迪沃斯托克（海参崴）传到萨哈林——要是果真如此，我就得在囚犯营里过冬了。不过，老天保佑，霍乱结束了，10月13日我就坐上船离开了。我去过符拉迪沃斯托克（海参崴）。谈起滨海州、咱们东部海岸舰队面临的问题以及在太平洋上的目标，就一句话：穷得叫人绝望！无财、无知、无用，这些毛病能把人逼疯。100个人里只有一个好人，剩下99个都是小偷。这些人都在败坏俄国的名声……我们没在日本靠岸，因为那里在闹霍乱，所以没给您带日本货。您让我用于买东西的那500卢布我都花在了自己身上，所以您有权依法将我发配西伯利亚。我们停靠的第一个外国港口是香港，那地方美极了，我从未见过海面上有那么多船，哪怕在画上都没见过。路修得很好，有电车，有上山的火车，还有博物馆和植物园。所到之处，无不彰显英国人对他们手下人的照顾，连水手都有俱乐部。我坐了人力车——也就是人拉的车——在香港转悠，在中国人那里买了一堆没用的物件。

离开香港后船摇晃得厉害，轮船没装货物，倾斜角度到了38度，我们都怕会翻船。发现自己不晕船，这可把我高兴坏了。去新加坡的路上我们往海里扔了两具尸体，还看到一个死人裹着帆布，在水里翻来翻去。想到距离海底还有好几里，人就害怕了，莫名其妙地开始想象自己会丧命于此，也被丢进海里。船上的牛病了，我和谢尔巴克医生一合计，把牛宰了扔到了海里。

我对在新加坡的经历记不太清了，不知为什么，在那里转悠时特别难受，差点哭出来。接下来是锡兰——简直是人间天堂，在天堂里我坐火车跑了上百俄里，把棕榈林和古铜色皮肤的女人看了个够……离开锡兰后我们连续航行了十三个昼夜，一刻不停，都无聊傻了。我还挺耐热的。红海让人感到压抑，西奈山看得我可感动了。

造物主造了一个好世界，其中唯一不好的就是我们人类。正义和谦逊是多么难得，我们对真正的爱国主义又了解多少？一个酗酒、堕落的丈夫爱他的老婆和孩子，但他的爱顶什么用？俄国人，据俄国人自己的报纸说，爱自己伟大的祖国，但那爱是怎么表现的？不是靠知识，而是靠无礼和自大；不是通过劳动，而是通过懒惰和卑鄙。没有正义，荣誉就是一层虚妄的外衣。在咱们的法庭上，这种外衣常见于被告席。国家需要的是劳动，其他的都见鬼去吧。首先我们得公正，其他的自然会来。

我特别想和您聊聊，心里憋着火。我只想跟您聊，因为只有对您，我才能敞开说。

我很高兴完全没靠加尔金-弗拉斯科伊帮忙，他什么证明都没帮我开，到萨哈林的时候没人认识我。

莫斯科，1890 年 12 月 24 日

我相信科赫[1]，也相信精胺，并为其存在而谢天谢地。这一切——科赫的发现、精胺，诸如此类——在老百姓看来就像是从某颗脑瓜儿里蹦出来的奇迹，跟雅典娜[2]一样。但内行人都知道，这些不过是近 20 年来耕耘的结果。这 20 年里已经有不少事做成了，我的老兄！光是外科就干了这么多事，让人看傻了眼。对现在学医的人来说，20 年前的境况简直可怜。老兄，要是让我在盛名鼎鼎的"19 世纪 60 年代"的"理想之地"和当今最烂的地方医院里选，我二话不说选择后者。

科赫发现的东西能治梅毒吗？有可能。但要说它能治癌症，我还是持怀疑态度。癌症不是小虫子，而是长错地方的东西，像杂草

---

[1] 罗伯特·科赫，现代细菌学和流行病学的奠基人之一，1905 年获诺贝尔生理学或医学奖。

[2] 典自希腊神话，雅典娜自宙斯脑中出生。

一样把周围的东西都憋死了。若是N叔叔感觉好些了,那是因为丹毒的小虫子,即引发丹毒的东西,是科赫发现的霉素的一部分。人们很早之前就发现了,发生丹毒的时候,恶性肿瘤的生长便会得到缓解。

真怪,我在往返萨哈林的路上一直感觉挺好,但现在回到家里总是头疼,没劲,干啥都累,提不起精神。鬼知道是怎么了。最糟的是,我心跳不正常,心老是停那么几秒钟……

1891

我希望到了春天能赚一大笔钱。我是这么想的——没钱就是要发财的征兆。

写给阿列克谢·谢尔盖耶维奇·苏沃林

莫斯科，1891 年 1 月

1月8日我可能要去圣彼得堡……因为到2月我就一分钱都没有了。我得赶紧把已经动笔的小说[1]写完。小说里有些东西我得跟您谈谈，请教您的意见。

我过了一个糟糕的圣诞节。第一是因为心慌；第二是因为我弟弟伊万搬过来了，可怜的家伙得了伤寒；第三，在萨哈林累死累活，又在热带待过之后，我如今觉得莫斯科的日子太小家子气、太俗、太无聊，气得我想咬人；第四，为了糊口，我无暇顾及萨哈林的事；第五，有熟人打扰我……

诗人梅列日科夫斯基来看过我两回。他挺聪明的。真可惜您没看到我的猫鼬，它是只神奇的小生灵。

---

1 指《决斗》。——俄语原书注

写给妹妹

圣彼得堡,1891 年 1 月 14 日

碰上一些事,多待了几天。我挺好,这里没什么新鲜事。我前几天看了托尔斯泰的《黑暗的势力》,去了一趟列宾的画室。还有什么?没了,说实话,挺没劲的。

今天去看了狗展,是跟苏沃林一块儿去的,我写信这会儿他就站在桌边,让我写信告诉你我跟有名的苏沃林狗一起看了狗展……

1 月,晚些时候

我好着呢,也不再心悸了,就是兜里空空,不过一切顺利。

到处拜访,见见熟人。得聊萨哈林和印度的事,烦死人了。

……安娜·伊万诺夫娜跟往常一样好,苏沃林还是话匣子一打开就关不上。

收到一堆无聊透顶的邀请,去吃无聊透顶的晚饭。看来得赶紧回莫斯科,在这里他们不让我安生干活儿。

哈!咱们扳回一城了!为了补偿咱们的无聊,我在舞会上净赚了1 500卢布,我剪了一张报纸为证。

要是有人给萨哈林的学校凑钱,赶紧告诉我。我那只猫鼬怎么样了?别忘了喂它,它要是敢跳桌子上就使劲揍它。它咬人不?[1]

写信跟我说说伊万怎么样了……

1月,晚些时候

累得就像跳了八场五幕芭蕾。吃饭、懒得回的信、瞎聊天和各种傻事。马上还得去瓦西里岛吃饭,又累又烦——我本该写作的。再待三天,看看这出戏还演不演,然后就回家,或者去看看伊万。

我被一帮人包围了,他们好像挺不待见我,但我又搞不懂为什么。他们请我吃饭,说些最肉麻的话,同时恨不得把我生吞活剥了。为什么?鬼才知道。要是我自杀了,十个所谓的朋友里有九个都得乐疯了。他们表达这种小心思的方式真够恶心的!

……替我向莉迪亚·叶戈罗夫娜·米济诺娃问好。我等着她的节目单呢。告诉她别吃面食,也别靠近列维坦。她在市政厅或那些上等人里找不到比我更好的爱慕者了。

1891年1月16日

祝贺你和命名日寿星[2]。祝你俩身体都棒棒的,最主要是希望那只猫鼬别打翻东西或撕坏墙纸。我打算在小雅罗斯拉韦茨的馆子里

---

1 这是一位契诃夫认识的天真女士问的。——俄语原书注
2 契诃夫在说自己。——俄语原书注

庆祝，从馆子出发前往慈善演出，再从演出场地回馆子。

我在写作，但很艰难，刚写完一行字，门铃就响了，有人来找我聊萨哈林，烦死了！

……我找到德里什卡了，她居然就跟我住一栋楼。她从莫斯科跑圣彼得堡来了，事情的原委挺浪漫的：她本想嫁给一个律师，都订婚了，结果冒出一个陆军上尉，然后她不得不跑路，不然那律师就得用蔓越莓当子弹把她和上尉打成筛子。她现在过得挺滋润，还是那副活宝样子。昨天我跟她去参加了斯沃博金的命名日聚会。她唱吉卜赛歌曲，反响可热烈了，那些大人物都抢着吻她的手。

听说莉迪亚·斯塔西耶夫娜赌气要结婚，是真的不？告诉她我会赌气把她从她男人那里抢走，我可是个狠角色。

有没有人给萨哈林的学校凑钱？告诉我一声……

写给阿纳托利·费奥多罗维奇·科尼[1]

圣彼得堡，1891 年 1 月 16 日

亲爱的阿纳托利·费奥多罗维奇先生：

我没急着回您的信，因为我下周六才走。很抱歉没去拜访纳雷什金夫人，不过我觉得等我的书出来后再去更好，到时候我能更自在地用手头的素材。萨哈林的经历于我来说太吓人了，每次都不知道从何说起，总觉得没说到点子上。

我打算细说萨哈林的儿童与年轻人的情况，他们太特殊了。我看到过饿得半死的孩子、13 岁就当了雏妓的丫头、15 岁就怀孕的姑娘。女孩们 12 岁就开始卖身为生，有的人连初潮都没来。教堂和学校都是摆设，孩子们就在这种环境和囚犯堆里长大。我记下了和一个 10 岁小子的对话。我在上阿穆达诺定居点数人头，那里所有人都穷得叮当响，还都嗜赌如命。我进了一幢小屋，但没人在家，只有一个白头发、驼背、光脚丫的小子坐在长凳上，他好像在想心事，我们就聊上了。

---

[1] 著名的俄国法学家、法官、作家和公共演说家。

我："你爸叫什么？"

他："我不知道。"

我："怎么会？你跟你爸住一起却不知道他叫什么，真丢人！"

他："他不是我亲爸。"

我："什么意思？"

他："他跟我妈一起过日子。"

我："你妈是已婚，还是丧偶？"

他："丧偶，她跟着她男人来这边的。"

我："那她男人怎么了？"

他："我妈把他杀了。"

我："你还记得你亲爸不？"

他："不记得，我是私生子，我妈在卡拉生的我。"

在从穆尔河去萨哈林的船上，有一个杀老婆的囚犯，脚上拴着铁链，他6岁的闺女跟他在一块儿。那囚犯走到哪儿，小丫头就跟到哪儿，抓着他的铁链。晚上，孩子和囚犯、兵哥挤一块儿睡。我记得我在萨哈林参加过一次葬礼，新挖的坟旁边站着四个囚犯，他们是当局派来抬棺的。财务书记和我像哈姆雷特和霍拉旭似的，在墓地瞎溜达。死者的房客是一个高加索人，闲着没事也来了。还有一个女囚，怪可怜的，带来了死者的两个娃，一个刚出生，另一个已经4岁了，名叫阿廖沙，穿着女人的裙子和蓝裤子，膝盖上打着花补丁。天又冷又潮，坟里有积水，囚犯们在笑。从坟边能望到海。阿廖沙好奇地往坟里瞅，他想擦擦自己冻得流鼻涕的鼻子，但裙子的袖子太长，很是碍事。他们开始填土时，我问他："阿廖沙，你妈妈呢？"他摆摆手，像一个输了牌的阔佬，笑着说："他们把她埋了！"

　　囚犯们笑了，那个高加索人转过身问他们，自己该拿这些娃怎么办，囚犯回答说养活那些孩子不关他的事。

　　我在萨哈林没碰上传染病，先天梅毒并不多见，但我看到过瞎眼的娃，脏兮兮的，身上长满了疹子——这说明没人管他们。当然，我解决不了孩子们的问题。我不知道该怎么办，但我认为，靠慈善活动和可怜的监狱基金之类的是不行的。在我看来，把大事寄托在我国向来靠不住的慈善事业以及形同虚设的基金上，是害人的，我更倾向于由国库掏钱。

写给阿列克谢·谢尔盖耶维奇·苏沃林

莫斯科，1891 年 1 月 31 日

家里很压抑，我那可爱又伶俐的猫鼬病了，小家伙安安静静地躺在被窝里，不吃不喝。这鬼天气把它冻得半死，简直想要了它的小命，这是何苦呢？

我们收到一封愁云惨淡的信，我们在老家塔甘罗格跟一户有钱的波兰人家关系很好，我上学时在他们家吃的蛋糕和果酱现在想来都让我感动得不行。他们家有音乐、年轻姑娘和自酿酒。我们还在他们家的大院子里逮金翅雀。这家的父亲在塔甘罗格海关上班，但出了岔子，一查一审，这家就垮了。家里有两个闺女和一个儿子。大闺女嫁给一个浑蛋希腊人后，家里又收养了一个孤儿丫头。这小丫头膝盖有毛病，便截了腿。接着儿子得肺结核死了，他不过是个四年级的医学生，真是好小伙，壮得跟赫拉克勒斯似的，是全家的希望……然后便是可怕的穷苦日子……这家的父亲开始在坟地里转悠，想喝酒但不能喝，伏特加只会让他头疼得要命，却无法麻痹他的精神。他依然清醒、犯恶心。现在他们来信说他们的小女儿，原先是个漂亮、健康的小丫头，也得了肺结核……她父亲写信告诉我

这事，还找我借十卢布……唉！

我真不想离开您，但是也挺高兴自己没多待一天——我走了，证明自己还是有点主见的。我已经动笔了，等您来莫斯科的时候，我的小说[1]就会写完，到时候我就能跟您一起回圣彼得堡了。

告诉博里亚、米佳和安德鲁什卡，我在骂他们呢，我在大衣兜里找到几张纸条，上面乱七八糟地写着："安东·巴甫洛维奇[2]，丢人现眼，丢人现眼，丢人现眼！"唉，这帮坏孩子！但愿狼把你们吃了！

为了第二版的出版，我昨晚一宿没睡，把我的《杂色故事》又读了一遍，删掉了二十来篇故事。

莫斯科，1891 年 2 月 5 日

我家猫鼬好了，感觉它随时都会打碎餐具。

我正笔耕不辍呢！实话说，我本以为萨哈林之行会影响自己的写作，但现在看来没事。我写了不少，在模仿亚辛斯基那样的啰唆语句。我想搞到 1 000 卢布。

我就盼着您来了，咱们要不要去意大利？可得去啊。

在圣彼得堡我晚上不睡觉，净喝酒闲逛，但感觉比在莫斯科好多了，鬼知道为什么会这样。

我心情不错——一来，我在写作；二来，我感觉夏天要来了。

---

[1] 指《决斗》。——俄语原书注
[2] 安东·巴甫洛维奇是对契诃夫的称呼，使用了其父称巴甫洛维奇，意为帕维尔的儿子。在俄国文化中，这种年长者和年轻人之间的玩笑式交流是很常见的。

夏天可是我最喜欢的季节，我老早就想拿出自己的钓竿了……

2月23日

您好呀，我亲爱的朋友。

您那份关于《热月》[1]的电报让我心里七上八下的。我特别想去圣彼得堡，是冲着萨尔杜和巴黎来的客人去的，但实际一想又打消了念头。我琢磨着自己得赶紧写小说，而且我不懂法语，去了也是占着茅坑不拉屎，再加上现在手头不宽裕，等等。总之，现在看来，我不是一个合群的人，虽然这个决定本身很理智。

我的小说进展不错，蛮顺利的，几乎没有啰唆的地方。但您知道最糟糕的是什么吗？它读起来非常没劲，这把我吓坏了，我怕人们读到一半就不想读了，更别说读完了。话虽如此，我会把它写完的，也许应该给安娜·巴甫洛夫娜[2]一份羊皮纸的副本，让她当厕所读物，我希望水里有什么东西能扎她一下，让她哭着跑出洗手间。

您不在这边之后我挺郁闷的……

给我寄点钱吧，我没钱了，也没地方借。我满打满算，9月前也就在您那里搞到了1 000卢布。别走邮局，我不喜欢去邮局……

---

[1] 法国剧作家维多利安·萨尔杜的剧作。热月指的是法国革命时期共和历的一个月份，也指1794年7月27日罗伯斯庇尔等人倒台的政变，通称热月政变。
[2] 苏沃林的妻子。

3月5日

我们要出发啦！您想去哪儿，我都愿意一起，任何时候都行。我高兴得魂儿都丢了，不去的话我就是个傻子，哪里再找这样的好机会？但是老兄，我请您掂量掂量下面这些事：

一、我的小说还远远没有写成。如果我拖到5月才完稿，那萨哈林的文章就得等到7月才能动笔，这太冒险了。因为关于萨哈林的记忆已经开始模糊了，我可能会忘掉不少。

二、我真的没钱。如果在没写完小说的情况下又拿1 000卢布去国外溜达，然后再拿钱用于溜达后的花销，我就会陷入连撒旦来了都救不了的困境。我现在暂未陷入困境，全凭在各种细节上的谨慎，过得比老鼠还抠搜。但要是出了国，一切都玩完了，我的财务状况会变得一团糟，而且会欠下一屁股债。一想到一两千的欠债我就心慌。我还有不少其他顾虑，但都没有钱和写作重要。所以，请好好考虑一下我的反对意见，设身处地想想，我是不是待在家里比较好？您大概会说这都不算什么，但请不要站在您的角度，而是替我想想。

希望您快些回信。

我还在写我的小说[1]，但没写多少。我去了基谢廖夫家。乌鸦已经回巢了。

1　指《决斗》。——俄语原书注

写给玛丽亚·弗拉基米罗夫娜·基谢廖娃夫人

莫斯科，1891 年 3 月 11 日

我要去法国、西班牙和意大利了，希望老天爷保佑巴布金诺平平安安！

哎呀，玛丽亚·弗拉基米罗夫娜·基谢廖娃！就像俗话说的：还没来得及喊救命，就被熊吃了。我也是，还没反应过来，就被一股莫名其妙的力量拽到天涯海角去了。今天我要去圣彼得堡，从那里去柏林，然后继续赶路。不管我是爬火山还是看斗牛，我都会在祷告时念叨您，再见啦。

我去神学院给瓦西里萨物色了一个神学生。细皮嫩肉、伶牙俐齿的不少，但没一个愿意去您家。一开始，特别是在我说你们有时候能吃上豌豆和萝卜时，他们还挺感兴趣。但我一不小心说漏了嘴，说您的区长父亲房间里有一张专门用来抽人的床，他们就挠头说得考虑考虑。不过，有一个长麻子的小伙子，名叫格拉西姆·伊万诺维奇，为人特别细腻、机灵，他过两天就去拜访你们。希望瓦西里萨和你们能好好招待他，别错过这门好亲事。你们尽管抽打他，因为他跟我说："我就喜欢刺激。"他在你们那里时，最好把酒柜锁上，把窗户打开，因为从神学院出来的人随时都可能冒出点想法来。

"瓦西里萨可真是福气不浅啊！"

那个傻小子还没来找我。

母鸡在啄公鸡，它们可能在吃斋，要不就是那些自诩贞洁的寡妇不待见新来的追求者。

他们给我带来了一件新大衣，里子的图案是方格的。

好了，愿老天保佑您开开心心、舒舒服服、平平安安的。愿上帝保佑你们，我复活节前后回家。别忘了您的老朋友。

安东·契诃夫

写给妹妹

圣彼得堡，3月16日午夜

我刚看完意大利女演员杜塞演的莎士比亚《安东尼与克莉奥佩特拉》。我听不懂意大利语，但她演得太精彩了，我仿佛听懂了每个字。真是个了不起的演员！我这辈子都没见过这么厉害的。我看着杜塞，想到我们要靠N那样的木头美人来培养品位，就觉得特别憋屈。俄国人称她那样的演员伟大，纯粹是井底之蛙。看了杜塞我才明白为什么俄国戏剧这么没意思。

我今天寄了300卢布，收到了吗？

看完杜塞再读我附上的这段贺词简直是笑话。[1] 我的天，品位和正义感都掉到沟里去了！这些人还是读书人呢——让他们去死吧！不管是索洛夫佐夫还是萨尔维尼，对他们来说都一样，都能"点燃年轻人的热情"，这些家伙都一文不值。

我们明天一点半出发去华沙，跟所有人问好，祝那些没良心的猫鼬也好，我会写信的。

---

1 该信附上了一份报纸剪报，是哈尔科夫技术学院学生给米哈伊尔·马特维耶维奇·索洛夫佐夫的贺词。——俄语原书注

维也纳，1891 年 3 月 20 日

亲爱的家人们：

我在维也纳给你们写信，我是昨天下午 4 点到的，一路上都很顺利。从华沙到维也纳这一路，我都像大小姐似的，坐在"国际卧车公司"的豪华包厢里，床、镜子、大窗户、地毯，无所不有。

哎呀，亲爱的家人们，要是你们知道维也纳有多棒就好了！它跟我见过的任何城市都不是一个档次的，街道又宽又漂亮，到处可见林荫大道和广场，房子都是六七层高。商店——那根本不是商店，简直让人发疯，让人做梦！光是橱窗里的领带就能叫人看花眼！青铜、陶瓷、皮革做的东西，哇哦！教堂又大又气派，但不会使人觉得压抑，看着特别舒服，仿佛是用蕾丝编的。圣斯蒂芬教堂和还愿教堂漂亮极了。它们不像是建筑，更像是精致的茶点。议会大厦、市政厅和大学都太宏伟了，一切都太棒了，我这两天才第一次意识到，建筑真的是门艺术。而且这里的艺术不像我们的那样零零碎碎的，而是铺天盖地的。到处都是纪念碑，每条小街上都有书店。书店橱窗里能看到俄国的书——可惜，不是阿尔博夫、巴兰采维奇和契诃夫的作品，而是各种在国外写作和出版的无名小卒的书。我看到了《勒南》《冬宫的秘密》等。奇怪的是，这里想看啥看啥，想说啥说啥。你们不知道这里的出租马车多新鲜！没有三轮车，全是崭新的由一匹（有时两匹）马拉的漂亮马车。马儿是极佳的。车夫戴着高帽，穿着短上衣坐在车上看报纸，彬彬有礼，随叫随到。

这里的饭菜很棒，没有伏特加。这里的人喝啤酒和品质不错的红酒。但有一点让人不爽，他们连面包都要收钱。结账时他们会问：

"Wie viel brodchen？"就是您吃了几个面包卷，他们连小面包卷的钱都要收。

这里的女人漂亮又优雅。老实讲，这里的一切都透着雍容。我还没忘光德语，能听懂他们讲话，他们也能听懂我讲话。

我们过边境时在下雪。维也纳没雪，但还是冷得要命。

我想家了，想所有人。说实话，又一次把你们甩在家里我也挺内疚的。但是，别在意！我会回来的，在家待上整整一年。代我向大家问好。

希望家里一起都好，别忘了我这个老惹是生非的家伙。拥抱大家，祝你们好。

爱你们的，
安东·契诃夫

遇到我们的人都看出我们是俄国人，他们盯着的不是我的脸，而是我的灰帽子。看我那帽子，他们可能以为我是个很有钱的俄国大老爷。

写给哥哥伊万

威尼斯,1891 年 3 月 24 日

我此刻人在威尼斯,前天刚从维也纳过来。我就一句话:这辈子没见过比得上威尼斯的城市,简直太迷人了,耀眼、宜人、生机勃勃。这里没有大街小巷,处处都是水道;没有出租马车,贡多拉小船随处可见。这里的建筑令人目瞪口呆,随便在哪里都让人感受到历史和人文气息。坐在小船上,能看到总督宫、苔丝狄蒙娜[1]的老家、画家们各式各样的房子,还有教堂。教堂里有雕塑和绘画,那场景在梦里也寻不到。总之一切都摄人心魄。

我每天从早到晚都乘小船在"街上"晃悠,要不就在有名的圣马可广场闲逛。这广场平坦得像是铺了一层镶木地板,还干净得很。这里有总督宫和美得无以言表的圣马可大教堂,以及其他建筑。望着它们就像在听人高歌,任由绝伦的美将自己震撼得晕头转向。

到了晚上!老天!真是美得不像话。坐在小船上……暖烘烘的,静悄悄的,满天尽是星星……威尼斯没有马,所以这里安静得

---

[1] 莎士比亚悲剧《奥赛罗》中的重要角色。

跟乡下一样,只有小船来来往往……挂着灯笼的小船驶过,船上有大提琴、小提琴、吉他、曼陀林和小号,载着两三个女的和几个男的。歌声和伴奏声传来,唱的是歌剧,那嗓子!再往前划一点,又碰到另一艘载有歌手的船,接着又是一艘。直到半夜都可以听到小提琴声和男高音,还有其他各种让人心潮澎湃的声音。

我在这里碰到了梅列日科夫斯基,他兴奋得快疯了。对我们这些可怜巴巴、被压迫的俄国人来说,在这个美得冒泡、有钱又自由的地方很容易就会失去理智。真想永远待在这里,当站在教堂里听风琴演奏的时候,甚至有改信天主教的冲动。

卡诺瓦和提香的坟墓太豪华了,威尼斯像对待帝王一样把伟大的艺术家葬在教堂里。维也纳不像俄国那样看不起艺术,教堂给雕塑和绘画提供摆放的位置,并不顾及刻画的人物衣服穿得少不少。

总督宫里有一幅画,上面画了大概有上万人。

今天是周日,圣马可广场上会有乐队演奏……

如果你有机会来威尼斯,那绝对是你这辈子最棒的经历。你得看看这里的玻璃!跟这里的东西比起来,你那些瓶子丑得让人想吐。[1]

我会再给你写信的,先这样,再见。

---

1 契诃夫的哥哥伊万在一家玻璃厂附属的学校教书。——俄语原书注

写给玛丽亚·弗拉基米罗夫娜·基谢廖娃夫人

威尼斯，3月25日

我在威尼斯，疯狂得可以直接被送进精神病院。小船、圣马可广场、水、星星、意大利女人、小夜曲、曼陀林、法勒尼亚葡萄酒——总之，我沉沦了！

别记恨我啊。

漂亮的苔丝狄蒙娜的鬼魂给区长送去一个飞吻。

跟所有人问好。安东尼奥。

耶稣会的各位向你们致以问候。

写给妹妹

威尼斯,1891 年 3 月 25 日

在蔚蓝的威尼斯向你们问好。哎呀,先生小姐们,威尼斯这地方太妙了!想象一下,整座城市里全是闻所未闻的楼宇和教堂,建筑美得令人沉醉,一切都如同小船那般优雅、轻盈。这样的房子和教堂,只有那些艺术品位极佳,拥有雄狮般秉性之人才设计得来。再想象一下,没有街巷,没有人行道,只有水路,城里连一匹马都没有。没有出租马车的车夫,只有划着精致小船的船夫。那船轻盈如飞鸟,几乎不吃水,遇到小风小浪就会抖。天上地下,处处阳光灿烂。

这里倒是有宽得像涅瓦大街似的道路,也有伸开胳膊就能挡住的小巷。城中心是圣马可广场,还有名声赫赫的圣马可大教堂。那教堂可不得了,特别是外观。教堂旁边是总督官,就是奥赛罗向那帮议员坦白的地方。

总之,哪里都能勾起回忆、触动人心。比如,苔丝狄蒙娜住过的小房子,看了就忘不掉。威尼斯最美的时候是晚上,有星星,还有长长的运河,倒映着灯光与星光。再就是小船,小船,还是小船。

黑夜里，它们看起来仿佛有了生命。还有，到处都是音乐和绝美的歌声，直催人落泪。挂着彩色灯笼的小船划过来，灯光照映着大提琴、吉他、曼陀林、小提琴……接着又来一艘，船上男男女女都在唱歌，唱得太出彩了！跟歌剧似的。

最后，这里很暖和。

总之，不来威尼斯的人是傻子。这里的物价低得很，一周吃住只要18法郎，也就是每人六卢布，一个月25卢布。船夫每小时要一法郎，也就30戈比。进博物馆什么的都不要钱。克里米亚的生活成本比这里贵十倍，两个地方简直判若云泥。

没跟父亲道别，我怕他生气，求他别生气。

这里的玻璃工艺太令人惊艳了！还有那些镜子！我要是富豪就好了！明年咱们在威尼斯弄一处避暑山庄吧。

教堂钟声随处可闻，亲爱的老乡们，咱们都皈依天主教吧。你要是知道教堂的风琴有多好听，这里的雕塑有多传神，跪着祷告的意大利女人又有多迷人就好了！

保重啊，别忘了我这个浪子。

从维也纳到威尼斯有条风景如画的铁路，据说修得可好了，但这趟车程让我挺失望。我在高加索和锡兰看过的群山、峭壁、雪峰，比这里壮观多了。再会了。

威尼斯，1891年3月26日

大雨倾盆，美丽的威尼斯不美了。看到水就觉得闷得慌，只想赶紧溜到有太阳的地方。

下雨天让我想起自己那件皮雨衣，我怕老鼠把它给啃了。要是啃了，赶紧送去补补……

猫鼬兄弟近来安好？我天天担心听到它死了的消息。

昨天的信里说威尼斯物价低，我有点夸张了。都怪梅列日科夫斯基的老婆，她跟我说她和她老公每人每周才花六法郎。其实是每天六法郎，不是每周。不过反正是便宜，这里一法郎顶咱们一卢布。

我们要启程去佛罗伦萨了。

愿圣母保佑你们。

我参观了提香的圣母像，太美了。可惜在这里好东西和垃圾混在一起。那些垃圾能被留下来，纯粹是因为这帮老爷保守得要命，某些画能保存这么久，真是不可思议。

苔丝狄蒙娜住过的房子在出租。

博洛尼亚，1891年3月28日

我在博洛尼亚，这地方有名的就是拱廊、歪脖子塔楼和拉斐尔的画作《圣塞西莉亚》。今天我们要去佛罗伦萨了。

佛罗伦萨，1891年3月29日

我在佛罗伦萨。奔波在博物馆和教堂之间令我累得半死。我看了雕塑《美第奇的维纳斯》，我觉得她要是穿现代衣服一定极丑陋，特别是腰部那里。

天阴沉沉的，没太阳的意大利就像一张戴假面的脸。

附：但丁的纪念碑挺不错。

佛罗伦萨，1891 年 3 月 30 日

我在佛罗伦萨，明天去罗马，这里冷死了。我们觉得挺没劲的。在佛罗伦萨走两步就能看到画廊或雕塑店。

附：把我的表送去修修。

写给玛丽亚·弗拉基米罗夫娜·基谢廖娃夫人

罗马，1891 年 4 月 1 日

  罗马教皇命我祝您命名日快乐，祝您的财富和他的房间一样多，他可是有成千上万个房间呢！我在梵蒂冈逛得快要累死了，回去之后感觉腿跟棉花一样软绵绵的。

  我正在餐厅吃饭，您能想象吗，正对面坐着两个荷兰姑娘，一个像普希金笔下的塔季扬娜，另一个像其妹妹奥尔加。整顿饭我都在盯着她们看，脑子里幻想着一栋带塔楼的小房子，还有香喷喷的黄油、上等荷兰奶酪、荷兰鲱鱼、一个笑眯眯的神父、一个稳重的老师……我觉得自己该娶一个荷兰姑娘，然后跟她一起被画在茶盘上，旁边是那栋小白房子。

  该看的都看了，该去的地方都拖着步子去了，让我闻的我也都闻到了。现在我只觉得累得要死，特别想喝卷心菜汤，吃荞麦粥。威尼斯让我着了魔，失了神，但离开水城后，就只剩下旅游指南和坏天气了。

  先写到这里，再见，玛丽亚·弗拉基米罗夫娜，愿主保佑您。我和另一位教皇向他尊贵的瓦西里萨和伊丽莎白·亚历山德罗夫娜问好。

这里的领带便宜得不像话，这玩意儿要是能吃就好了，一对领带才一法郎。

明天要去那不勒斯，祈祷我能在那里遇到一个漂亮的俄国女人，最好是丧了偶或离过婚的。

旅游指南说在意大利旅游必须来段罗曼史，去他的吧！我豁出去了。非得谈恋爱，那就谈呗。

别忘了我这个浪子。

您衷心的，
安东·契诃夫
代我向小家伙们问好

写给妹妹

罗马，1891 年 4 月 1 日

我到罗马后跑了趟邮局，一封信都没收到，苏沃林倒是收到好几封。我本想报复你们，一个字也不给你们写——但想想还是算了，上帝保佑你们！我不是特别爱写信，但出门在外没什么比不确定更让人糟心的了。避暑山庄的事定了没？我那只猫鼬还活着吗？还有其他的事想问你们。

我去过了圣彼得大教堂、卡比托利欧山、斗兽场、古罗马广场——我甚至去了歌舞厅，但有些失望。天气糟透了，老下雨，穿秋天的大衣太热，穿夏天的又冷。

旅行其实挺便宜的，只要 400 卢布就能逛遍意大利，还能带些东西回去。要是我独自或跟伊万一起旅行，我肯定觉得在意大利旅行比在高加索便宜多了。但是，唉！我跟苏沃林一家在一起……在威尼斯我们像大爷似的，住最豪华的酒店，在罗马我们更是住得跟红衣主教一样，我们租了曾经是孔蒂红衣主教府第的套房。现在我们住进了密涅瓦酒店，这里有两个超大的客厅，还有吊灯、地毯、壁炉，以及一堆没用的玩意儿，一天就要花 40 法郎。

我背疼得要命，脚底板走得发烫，我们走得太猛了！

列维坦不喜欢意大利，这挺奇怪的。意大利迷人得很。如果我是一个独居的人，是一个艺术家，而且有钱的话，我会在这里过冬。你想，意大利风景好，又暖和，除此之外，这里是唯一一个能让人感觉艺术至上的国家，这种感觉会给人勇气。

那不勒斯，1891 年 4 月 4 日

我到那不勒斯了，在邮局收到了五封家里来的信，谢谢大家。做得好，家人！连维苏威火山都感动得熄火了。

维苏威火山高耸入云，只有晚上才能看清山顶。白天阴沉沉的，我们住在海边，什么都看得见：大海、火山、卡普里、索伦托。我们白天乘车去了圣马丁修道院，这里景色一绝，我只在香港坐缆车上山时看到过类似的。

那不勒斯有一条华美的拱廊。还有那些店！让人眼花缭乱。多漂亮呀！玛沙，还有莉卡，要是你们看到准高兴疯了。

那不勒斯有一家神奇的水族馆，连鲨鱼和乌贼都有。乌贼（章鱼）进食可恶心了。

我去理发店看到一个小伙子修胡子，修了整整一个小时，他可能是要结婚了，要不然他就是骗子。理发店的天花板和四面墙摆满镜子，令人感觉不是在理发店，而是在有成千上万个房间的梵蒂冈。他们剪头发的技艺特别高超。

我不给你们带礼物了，因为你们不跟我说避暑山庄和猫鼬的事。玛莎，我给你买了一块表，但我扔了。算了，愿上帝原谅你们吧！

附：我复活节前回来，来车站接我。

那不勒斯，1891 年 4 月 7 日

昨天我去庞贝逛了一圈。你知道，就是那座在公元 79 年被维苏威火山的熔岩和灰烬埋掉的罗马城市。我在街上散步，看了房子、庙宇、剧场、广场……见证了罗马人把简洁、便利和美结合在一起的本事，真是佩服得不行。参观完庞贝，我在餐馆吃了午饭，然后决定去维苏威火山，这一决定跟我喝的那瓶极好的红酒有很大关系。到维苏威火山山脚需要骑马，结果今天我身上某些部位感觉就像被抽了一顿鞭子似的。爬维苏威火山可真要命！到处都是灰烬、熔岩、土堆，以及一股股凝固的矿物质，此外还有各种糟心的东西。每往前走一步就往后滑半步，脚底板疼得要命，累得我喘不过气来……一直走啊走，山顶还远着呢。想回去，但又不好意思，怕被人笑话。我们下午 2 点半开始爬，6 点才到山顶。维苏威火山口直径有数百码[1]，我站在边上往下看，就像看一个杯子。周围的土覆着一层硫黄，腾腾冒烟。火山口喷出白色臭烟，热水涌动，迸出烧红的碎石——撒旦正躲在烟里打呼噜。各种声音混在一起，能听到浪击声、雷声、火车声，还有木板掉落的声音。太可怕了，但我同时有种想跳进火山口的冲动。我现在信地狱了。熔岩温度高得吓人，铜币都能被融化。

下山跟上山一样糟糕，人陷进灰里，火山灰齐膝深，我累得要

---

[1] 1 码约合 0.91 米。

死。回程时骑马路过村子里的房舍，空气香喷喷的，月亮也出来了。我闻着香气，望着月亮，挂念着她——莉卡·莉迪亚。

接下来的整个夏天，各位老爷，我们将没钱用，一想到这里我就反胃。我为了这趟旅行欠了 1 000 卢布的债，要是我一个人的话 300 卢布就够了。现在我唯一的指望就是那些要演我的《蠢货》的业余傻瓜。

你们租到度假的房子了吗，各位？你们对我太不像话，一点消息都不给我，我都不知道家里怎么样了。

向你们所有人问好。保重，可别把我忘得一干二净。

蒙特卡洛，1891 年 4 月 13 日

我在蒙特卡洛给你们写信，就是玩轮盘赌的地方。我跟你们说，这游戏太刺激了。我先赢了 80 法郎，然后输了，又赢了，最后输了 40 法郎，还剩 20 法郎。我要再去试试运气。我从早上就在这里赌，现在已经夜里 12 点了。要是我有闲钱，我似乎能在这里赌一整年，还能在华丽的赌场大厅里转悠。看那些输掉几千法郎的女士也挺有意思，今早有一个年轻女士输了 5 000 法郎。堆着金子的桌子也很吸引人。总之，我没法用言语形容。这迷人的蒙特卡洛特别像是高档的……贼窝。输家自杀已是常事。

苏沃林这小子输了 300 法郎。

我们很快就能见面了，我已经厌倦到处跑了。该收收心了，脚后跟都磨痛了。

写给弟弟米哈伊尔

尼斯，1891年4月，圣周的周一

我们现在尼斯的海边住着，这里阳光明媚，暖和得很，到处都绿油油、香喷喷的，只是会刮微风。大名鼎鼎的摩纳哥距离尼斯只有一小时的车程，那里有个地方叫蒙特卡洛，是专门玩轮盘赌的地方。赌场房间跟贵族家的大厅似的，只是比贵族家的大厅更漂亮、更宏伟、更壮观。里面摆着许多张大桌子，桌上就放着轮盘——等我回去再跟你细说。前天我去那里试了试手，结果输了，赌博太让人上瘾了。输了钱以后，苏沃林那小子跟我琢磨出了一个必赢的招儿，我俩昨天便又去赌了，每人揣了500法郎，我一上手就赢了两枚金币，接着就是赢啊赢，直到我的马甲口袋都被金币撑得鼓鼓的。我手里有1808年的法国钱币，还有比利时、意大利、希腊和奥地利的硬币……我这辈子都没见过这么多金币和银币。我下午5点开始玩，到10点兜里连一个子儿都没剩，就剩下一张回尼斯的车票，还算不赖。反正就这么个事，老弟！你当然会说："太不像话了！家里穷得叮当响，他倒跑去玩轮盘赌。"你说的对，你们要宰了我，那我也认了，我自己挺乐呵，起码以后我可以跟孙子吹牛，说爷爷我也玩过轮盘赌，知道赌博是什么滋味。

除了赌场，还有个坑人的地方——餐馆。他们宰人宰得可狠了，不过饭菜是真好，每道菜都跟艺术品似的，好像你得给它磕头才行，我都不好意思动刀叉了。每一口吃的都搭配了一堆洋蓟、松露，还有夜莺舌头之类的东西。我的天！这日子过得真让人瞧不起和恶心，尽是洋蓟啊，棕榈树啊，还有橙花香！我是喜欢阔气，但这里的阔气，赌场里的阔气，让人想起豪华的厕所。这里的氛围有些流里流气，连海景和月亮都落了俗套。

昨天（周日）我去了这里的俄国教堂。稀奇的是他们用棕榈枝代替柳枝，而且唱诗的不是男孩而是女士，听着跟歌剧似的。人们往盘子里扔外国钱币，教堂里管事和打下手的人说法语，诸如此类……

到现在为止，我去过的地方就数威尼斯最美了，罗马总体上有点像哈尔科夫，那不勒斯则脏得掉渣。大海我也看腻了，其实在去年十一二月就看够了。

我感觉自己好像已经满世界转悠一年了，刚从萨哈林回来就去了圣彼得堡，后来又去了一次圣彼得堡，再跑到意大利……要是我复活节不能回家，你们开斋的时候记得在祷告里提我一嘴，也替我隔空祝贺一下，我保证复活节晚上会想你们的。

写给妹妹

巴黎,1891 年 4 月 21 日

今天就是复活节了。吾主复活!这是我第一次在外面过复活节。

我周五一早到的巴黎,刚到就跑去看展了。传闻不假,埃菲尔铁塔非常非常高。我只在其他展馆外面转了转,因为里面驻扎了骑兵,防止出乱子,他们担心周五会有人闹事。大街上到处都是人,喊叫声、口哨声,挺热闹的。警察一直在驱赶人群。这里驱散一大群人只需要十来个警察,警察一起冲过去,人们便作鸟兽散。我也"有幸"经历了一次——某个警察擒住我的胳膊,把我往前推。

街上特别热闹,人山人海,喧闹不已。人行道上摆满了小桌子,法国人坐在那里,跟在自家门口似的,真是了不起的民族。巴黎实在没法用文字形容,等我回家再跟你详说吧。

我在使馆教堂参加了午夜弥撒……我怕你们没钱了。

米沙,帮我把夹鼻眼镜修好吧,救救我!没眼镜简直生不如死,去看沙龙展览,有一半的画都看不清,因为我近视。对了,俄国画家比法国画家认真多了。跟我昨天在这里看到的风景画家比,列维坦简直就是画圣……

巴黎，4月24日

计划有变，一个住在巴黎的俄国雕塑家接了给苏沃林做半身像的活儿，所以我们得一直待到周六。

……你们没钱怎么过？能撑到周四吧。

你能想象我有多高兴吗，我刚好赶上议会开会。内政部长被叫去解释政府在镇压富尔米骚乱时的违规行为（死伤了不少人）。会议上讨论得很激烈，特别有意思。

对于那些把蟒蛇绑在身上的人、踢腿能踢到天花板的女士、空中飞人、狮子、歌舞厅、大餐、小吃，我都开始腻烦了。是时候回家了，我想念我的工作了。

写给阿列克谢·谢尔盖耶维奇·苏沃林

阿列克辛,1891 年 5 月 7 日

这避暑山庄还可以,有林子,能看到奥卡河。位置挺偏的,暖和得很,夜莺叫个不停,诸如此类。安静是安静,但碰上坏天气准闷得慌。出国溜达一圈回来,住别墅的感觉有些无聊,跟被关进了牢笼似的,不过我还是挺知足的。在莫斯科,戏剧作家协会给了我 300 卢布,比我之前猜的 200 卢布要多,运气不错。

亲爱的先生,即便按您的算法,我也还是至少欠您 800 卢布。等六七月份,我的钱到账了,我就让赞德罗克把我拿到的钱都寄去费奥多西亚给您,您可别拦着。我保证,等我还清债,跟您结清账,就再从您那里借 2 000 卢布。可别以为我是因为欠了您的钱而心里不踏实。我借钱给别人,所以觉得自己也能管别人借,我怕的是惹麻烦,也怕欠债上瘾。您知道我欠你们公司的可不是小数目。

窗外的风景很不错,火车一趟接一趟,奥卡河上跨着一座桥。

阿列克辛，1891 年 5 月 10 日

没错，您说的对，我确实心里需要安慰。我现在很想读点正经东西，不仅仅是关于自己的，还有那些关于大局观的文章。我想读有分量的东西，但近来俄国的评论文章都没什么营养，反倒让人上火。我巴不得读些关于普希金或托尔斯泰的新东西，那对我清闲的脑子无异于良药。

我想念威尼斯和佛罗伦萨，想再爬一次维苏威火山。博洛尼亚在我脑子里的形象渐渐模糊了。至于尼斯和巴黎，一想起来我就"对人生感到绝望"。

《外国文学信使》最新一期刊载了一篇奥维达的作品，是我弟弟米哈伊尔从英语翻译过来的。我怎么就不会外语呢？我觉得翻译是一门很厉害的技术，每次读别人的译本，我自己脑子里就忍不住调整语序，思绪像蕾丝一样轻飘飘的。

从周一到周三，我都在写有关萨哈林的内容，其他日子，除了周日，都在写小说。等到周日，我就写短篇，简直干劲十足。近来天气好得不得了，我家租住的别墅也清清凉凉，周围林木葱郁。奥卡河里鱼和螃蟹都不少。我还能从住处看到火车和汽船。总的来说，若不是家里人太多，我肯定会美得不行。

我不打算结婚。我想变成略微秃顶的老头儿，独自坐在漂亮书房的大桌子后面……

阿列克辛，1891 年 5 月 13 日

我会给您写一篇圣诞节特刊故事。您要是想，让我写两篇也行。我坐在这里写啊写……总算开工了。就是可恶的牙在疼，而且肚子也不舒服。

我这人写得慢，但还算高产。等到我 40 岁的时候，我就能出几百本书了，到时候我可以开一家专卖自己作品的书店。光有一堆书，其他东西却一点也拿不出手，真够丢人的。

老朋友，您家书柜里有没有塔甘采夫的《刑法》？有的话能借给我吗？我倒是想买，但我现在是一个"穷亲戚"——真是一根羊毛都薅不出来。您能不能给自家店里打一通电话，让他们给我寄两本书？我想要《流放法》和《警察监管人员法》。别以为我要当检察官，我是要写关于萨哈林的东西。我最想批评的是无期徒刑，我认为这是一切坏事的根源，还有那些关于流放的法律，老掉牙了不说，还自相矛盾。

写给莉迪亚·斯塔西耶夫娜·米济诺娃

阿列克辛，1891 年 5 月 17 日

金子一样的、掌上明珠般的、身形优美的莉卡！先告诉您，我那只猫鼬前几天溜了，这次是真不回来了，它死了。

我们要搬到 B.K. 家楼上去住了——就是那个给您喝牛奶却忘了拿草莓的家伙。搬家日子定了之后我们会通知您的。来闻闻花香，遛遛弯儿，钓钓鱼，哭个痛快吧。哎呀，莉卡！您哭湿我右肩的时候（我已经用汽油把泪痕擦干净了），您一片接一片地啃我们的面包和肉的时候，我们一家恨不得把您的脸蛋儿和脑瓜儿吃掉。哎，莉卡，莉卡，您这勾人的小妖精！……

您要是跟特罗菲莫夫去阿尔罕布拉，我真希望您能"不小心"用叉子戳瞎他的眼。

写给阿列克谢·谢尔盖耶维奇·苏沃林

阿列克辛，1891 年 5 月 18 日

……我现在每天清晨 5 点起床，看这架势，等我老了怕是得 4 点就醒了。我家世世代代都习惯早起，比鸡还早。我发现那些早起的人都爱瞎操心。所以估计等我老了准是个爱操心、坐不住的老顽固……

博吉莫沃，5 月 20 日

……鲤鱼上钩可凶了。昨天我把所有烦心事都忘了个精光，先是在池塘边钓鲤鱼，后来又跑到老磨坊那里钓鲈鱼。

……最近的两份公告——关于西伯利亚铁路和流放犯的那两份——我可喜欢了。西伯利亚铁路被吹得跟国家大事似的，那语气听着像是马上就能修好。流放犯要是在那里待够了年限，就能回这边了，只是不能定居圣彼得堡或莫斯科——报纸里没提这点。这在咱们俄国可是头一遭，是废除无期徒刑的第一步。大伙儿一直觉得判无期徒刑太不公道、太残忍……

博吉莫沃，5月27日清晨4点

我那只猫鼬跑到林子里去了，到现在还没影儿。天冷得很，而我兜里一分钱都没有。但我还是不羡慕您，现在住在城里，肯定又枯燥又不健康。我希望您能从早上到吃午饭前都在阳台上坐着，喝喝茶，写写文艺作品，比如戏剧等。午饭后到晚上，就钓钓鱼，想想舒心事。您早该过这种日子了，就是让乱七八糟的事耽误了。我觉得自己比您过得安生，有点过意不去，也感觉不太公平。您真打算整个6月都待在城里？这也太遭罪了……

……对了，您得看看格里戈罗维奇给我那个冤家安娜·伊万诺夫娜的信，她可开心了。"契诃夫那帮人显然一转对西方国家的态度，开始惦记起自己的老家了……""对脑子正常的人来说，威尼斯和佛罗伦萨就是无聊的破地方。"谢谢他们，我真不懂这群聪明人。去一趟威尼斯或佛罗伦萨就态度一转了？他们当我是什么人？这么做能有什么好处？我真想知道是哪个多事的，满世界嚷嚷我不喜欢外国。天！我压根儿就没说过。我连博洛尼亚都喜欢。我该怎么样？高兴得满地打滚？砸窗户？拥抱法国人？他们说我什么都没学到，但我觉得自己学到了不少……

咱俩得见一面——准确来说，我得见见您。我已经想您了，虽然今天我钓了252条鲤鱼和一只小龙虾。

博吉莫沃，1891年6月4日

您怎么走得那么快？我可无聊了，好长时间都回不到平常那种状态。倒霉的是,您一走天气就变得暖和得不得了,鱼也开始上钩了。

……我那只猫鼬找着了。一个带狗的猎人在奥卡河这边的采石场逮到了它,要不是采石场有一道缝,那狗早把它撕成碎片了。它在林子里转悠了18天,虽说这天气对它来说糟透了,但它居然长胖了。这大概就是自由的魔力。是啊,朋友,自由可真是个好东西。

我得再劝劝您,请乘伏尔加河的船去费奥多西亚吧。安娜·伊万诺夫娜和您肯定都喜欢,对孩子们来说也新鲜。要是我有空,我就跟你们一起去。现在伏尔加河的船可舒服了,吃得好,船上的人也有意思。

对不起让您在我家吃苦了,等我发达了,就能从威尼斯订家具。我肯定会这么干的,到时候您就不用在我这里挨冻受罪了。

写给莉迪亚·斯塔西耶夫娜·米济诺娃

博吉莫沃,1891 年 6 月 12 日

迷人的莉卡!

您大概是被列维坦那个高加索人给迷住了,完全忘记了自己答应我哥伊万 6 月 1 日来我家的承诺,而且您完全不回我妹妹给您写的信。我从莫斯科写信邀请您,但我的信也石沉大海。虽然您跻身上流社会,但您的教养还真是差劲,我一点也不后悔当年用树枝抽过您。您得明白,天天眼巴巴盼您来,我们一家也很累,而且很费钱。平常家里晚饭只吃前一天的剩汤,但若是来客人,我们还得从邻居那里买煮牛肉。

我们这里有美丽的花园、黑黢黢的小路、舒适的角落,还有河流、磨坊、小船、月光、夜莺、火鸡。池塘和河里有机灵的青蛙。我们一家经常在附近散步。我通常闭着眼睛,右胳膊弯成面包圈的形状,假装您在我身旁。

……替我向列维坦问好,请让他别每封信都写关于您的事情,首先,这太小家子气,其次,我对他的幸福一点也不感兴趣!

祝您幸福,但别忘了我们。我刚收到您的信,满纸都是些可爱的表达:"去死吧""见鬼去吧!""该死的!""狠狠打一顿""渣滓""吃饱了撑的"。您那些说起话来像马夫一样的朋友——比如特罗菲姆——对您别有一番积极的影响。

您当然可以游泳,也可以在晚上散步,别信那些鬼话。虽说我现在总是咳嗽——有时是干咳——但我仍游泳、散步,并活得好好的……

写给莉迪亚·斯塔西耶夫娜·米济诺娃[1]

亲爱的莉达!

干吗这么说!我给您寄我的照片了。明天我们就见面了,别忘了您的彼佳,给您一千个吻!!

我买了契诃夫的小说集,写得太好了!您一定要买。替我向玛莎·契诃夫问好。您真是个宝贝!

还是写给莉迪亚·斯塔西耶夫娜·米济诺娃

我对您的爱意如洪水猛兽,特此向您求婚。

贵族元帅,

戈洛温·尔季什切夫

附:请用肢体语言回答我,您白眼翻得真好。

---

[1] 此信附有一张年轻男子的照片,照片上写着"给莉达,来自彼佳"。这两个名字与下文的"戈洛温·尔季什切夫"均是编造的,以模仿当时热恋中的年轻人和上流社会人士写情书的夸张风格。

写给妹妹

博吉莫沃,1891 年 6 月

玛莎,赶紧回家吧!你不在,家里都要乱套了。没啥吃的,苍蝇烦死人,猫鼬打碎了一罐果酱,还有一堆别的糟心事。

所有来避暑的人都在念叨你,没发生什么新鲜事……那个研究蜘蛛的家伙[1]整天跟蜘蛛较劲。他已经研究完蜘蛛的五条腿,还剩下三条。等他研究完蜘蛛,就要开始研究跳蚤,准备在他姑妈身上抓研究对象。K 一家每天晚上都赖在俱乐部,哪怕我使眼色,他们也不肯动一下。

天气很热,也没蘑菇。苏沃林还没露面……

快点回来吧,家里无聊死了。我们刚抓了一只青蛙喂猫鼬,它吃了。

---

1 指弗拉基米尔·亚历山德罗维奇·瓦格纳,俄国著名的动物学家和昆虫学家。

写给玛丽亚·弗拉基米罗夫娜·基谢廖娃夫人

阿列克辛,1891 年 6 月 20 日

亲爱的玛丽亚·弗拉基米罗夫娜:

看在老天的分上,给我来信说说你们都在忙什么。大家都还好吧?蘑菇和鲫鱼的事有着落了吗?

我们一家目前住在卡卢加省的博吉莫沃……房子很大,有一处不错的庭园,还能看到令人赞不绝口的风景!有一条河和一个池塘,池塘里的鲤鱼跟没吃过鱼食一样,一个劲儿地上钩。这里还有许多病人,空气里弥漫着药味。我们一家人晚上会出门遛弯儿。我在忙着写萨哈林的文章,闲下来的时候,为了不让家里人饿肚子,就写写小说。一切都是老样子,没什么新鲜事。我每天清晨 5 点就起床了,亲自煮咖啡——这说明我已经开始习惯单身汉生活,也认命了。玛莎忙着画画,米沙挺争气,乌纱帽还没丢。父亲总唠叨些主教的事,母亲在家里忙东忙西,伊万则钓鱼。跟我们住一起的还有一个叫瓦格纳的动物学家与其家人,以及几个基谢廖夫家的人——不是咱们认识的那个基谢廖夫,是另外一家。

瓦格纳整天逮瓢虫和蜘蛛。基谢廖夫老爷子天天画画,搞得像个内行一样。我们经常搞表演活动，或是摆姿势拍照，或是一起野餐。这里挺热闹的，但我只要一钓到鱼或找到蘑菇，就会蔫头耷脑的，想起过去，脑子和心里开始唱"各奔东西"。"被遗弃的神像和荒废的庙宇"就在我眼前晃悠，我想"我宁愿用世上所有动物学家和大画家换一个小笨蛋来"[1]。天气一直热得要命，今天才打了雷，总算下雨了。真想跑到别处去——比如美国，或者挪威……祝你们健健康康，开开心心。愿巴布金诺那些好心人保佑你们。

---

1 指基谢廖娃夫人的儿子。——俄语原书注

写给哥哥亚历山大

阿列克辛,1891 年 7 月

多产的摄影师大哥:

我早就收到你的信和谢马什科的照片了,一直没回信是因为我在琢磨怎么回你才合适。家里都挺好的,我们经常提起你,可惜你太高产了,都没法来看我们。要是你回来,家里很欢迎。父亲——我之前说过——已经不在伊凡尼戈尔特奇那边干活儿了,他现在跟我们住。苏沃林来过两回,聊到了你,还钓了鱼。我忙得要死,还要弄萨哈林的文章,又有别的累人的工作。我做梦都想搞到四万卢布,这样就能彻底不写东西了。我已经烦透了,想买一块小地方当隐士,让你和伊万住我附近。我还想送你们每人 15 英亩地,就当接济穷亲戚。总之,我过得挺没劲的,我烦透了为了几个钱写东西,而且自己越来越老了。

你最近写的那个故事,我和苏沃林都觉得不错。你怎么写得那么少?

动物学家弗拉基米尔·亚历山德罗维奇·瓦格纳,是你的大学同级校友,现在跟我们住一起,他在写一篇大部头论文。画家基谢廖夫也住这里,我们晚上一起遛弯儿,聊哲学……

写给阿列克谢·谢尔盖耶维奇·苏沃林

博吉莫沃，1891 年 7 月 24 日

……非常感谢您给的五戈比补助，可惜这无法救我于水火之中。让我像您所说的那样存钱，好摆脱一分钱掰成两半花的紧张感与时不时冒出的恐慌。怕是只有两条野路子——不太道德的那种，即娶个有钱的女人，或者谎称自己是《安娜·卡列尼娜》的作者。但这两条路都走不通，所以我只能绝望地放任自己，顺其自然。

您曾经夸奖过法国作家罗德，还跟我说托尔斯泰也很欣赏他。前几天我刚好读到了他的一部小说，不禁感叹不已，他之于法国就如马特切特之于俄国，只是更伶俐些许。其作品矫揉造作、索然无味，一味标新立异，没有丝毫的艺术气息，就像我们在博吉莫沃煮的那碗稀粥，一点盐都没搁。在序言里，这位罗德先生因自己曾是"自然主义者"而忏悔，欣喜于文学界的新人用"唯心主义"取代了"唯物主义"。这种孩子气般的自负，既粗俗又笨拙……"如果我们没有您，左拉先生，没有您这般才华，那我们就只能倚仗上帝来弥补了。"……

7月29日

终于！感谢上帝！今天我收到书店的通知，说有690卢布6戈比的款项是给我的。我已经回信让他们把其中的500卢布寄到费奥多西亚，另外190卢布寄到我这里，这样我就只欠您170卢布了。真是如释重负，这算是预付款。为了偿还报社的债务，我正在赶一篇极长的故事，我相信自己两三天内就能完成并交稿。这篇故事应该能抵掉300卢布的债务，同时让我自己拿到300卢布的报酬。呼……

8月6日

……用人在家里死了，这感觉真奇特，不是吗？生前他不过是一介家仆，一旦离世，就突然引起所有人的关注。他的死亡成为压在所有家庭成员身上一副沉重的担子，他的生平也成了被人津津乐道的谈资。

……我明天或者后天就能完成这篇故事，今天是写不下去了，因为结尾着实耗费了我太多精力。我如此急于完成它，把自己的神经绷得太紧。这篇故事的结构有些复杂，我曾陷入重重困境，经常删改已写的部分，有那么几天一直对作品不太满意，所以拖到现在才完成。真是太可怕了！我一定要重写！不能放着不管，简直是一团糟。天哪，如果读者对我的作品也像我对别人作品一样不感兴趣，那我真是个大傻瓜！我们写文章的真是在装疯卖傻……

那个出色的天文学家终于来了，我真高兴。她对您很生气，也不知为什么，她叫您"健谈的八卦者"。首先，她未婚且经济独立；其次，她本就对男性印象不佳；再者，据她所说，所有人不是蛮子就是傻子——而您居然跟她说"您爱慕的对象住在某地"云云。听我说，您难道指望天文学家会有凡俗情怀吗？她整天唠叨不休，是个采蘑菇的高手，一直期待前往高加索。她今天就上路了。

8月18日

我终于完成了这篇冗长、乏味的故事[1]。我打算寄到费奥多西亚请您过目。它篇幅过长，不宜在报纸上连载，也不太适合分期发表。总之，您自己看着办吧……

这篇故事用了超过四沓纸，太可怕了。我筋疲力尽，拖拖拉拉地写完了结尾，活像在秋夜的泥泞中缓缓行驶的满载货车，时停时行——所以我延期交稿了……

8月18日

说到尼古拉和他的主治医师，您强调"若没有爱心和自我牺牲精神，即便就细微的便利而言，也是不对的"。您说的没错，这话放在很多人身上都适用，但您要医生怎么办呢？就像老护士所说的那样："肠子都破了。"就算医生愿意为病患献出生命，又能做什么呢？通常情况下，当家人、亲属和仆人都在"竭尽全力"，各自尽己

---

1 指《决斗》。——俄语原书注

所能时，医生反而会坐在那里，傻傻地合拢双手，沮丧、羞愧地想着自己的未来和事业，努力保持外在的平静……

成为医生的路上确实有一些令人生厌的时候，这是我不希望任何人经历的。的确，无知和粗鲁的医生并非少数，但这类货色在作家、工程师等群体中同样存在。不过，我所说的那些令人生厌的时候，只有医生们才会经历，因此，医生理应得到许多宽容……

那个了不起的天文学家如今在巴统，我曾告诉她我也打算去巴统，所以她会把地址写在寄到费奥多西亚的信里。她最近学聪明了。有一天，我无意中听到她和您认识的那个动物学家瓦格纳讨论学术，这个动物学家虽是个博学的教授，但在她面前简直像个学生。天文学家逻辑严密、博学多识，只是缺少方向……于是一直彷徨无依，不知往哪里去……

有一个农妇在运麦子时头朝下从车上摔了下去，伤得很重，出现了脑震荡、颈椎扭伤、犯恶心、身体剧痛等症状。她被送到我这里来，一直呻吟、哀号，不断求死，但她还是嘱咐送她来的人说："小扁豆的事先放一放，基里拉，等会儿再收拾，先把燕麦打完吧。"我跟她说燕麦的事情也可以先放一放，现在有更重要的事要处理。但她却说："他的燕麦长得可好啦！"这是一个善于经营的老妇，为人谨慎，这样的人对生死看得很开……

8月28日

我把米哈伊洛夫斯基那篇关于托尔斯泰的文章寄给您了，读读看吧，这篇文章不错。但有些奇怪的是，哪怕写出成千上万篇这样的文章，现实也不会有所改变，为什么要写这样的文章也是个谜……

我开始写萨哈林的事情了，但感到非常无聊……我实在厌倦了这样的生活。

看来我那篇故事没能让您完全满意，您本应毫不犹豫地退给我。

唉，我真讨厌给人看病！邻居的地主中了风，非要让我去看，硬是把我塞进了那辆颠簸的小马车上。最令人棘手的就是带着婴儿的农妇，那些需要称量的药粉也很烦人。

今年要来一场饥荒，我想一定会有各种疫情暴发，也可能会发生一些小规模的骚乱……

8月28日

您喜欢我那篇故事[1]？太好了！最近我变得非常多疑且焦虑，总觉得自己的裤子难看，或者写出来的东西不尽人意，给病人开的药也有问题……这一定是某种神经质。

如果"拉季耶夫斯基"这个姓不好，您可以给他改个姓，可以叫"拉吉耶夫斯基"，但不要动"冯·科伦"这个名字。在科学界，瓦格纳、布兰茨这样的名字太多，对于一个动物学家来说，用一个俄国名字可能不太合适——尽管也有科瓦列夫斯基这样的例子。话说回来，如今俄国社会的各民族就是如此交融，用任何姓氏都行。

萨哈林的文章还在写，有时我渴望能专心致志地投入三到五年

---

1 指《决斗》。——俄语原书注

时间来完成它。但其他时候,在那些自我怀疑的时候,我也会想,干脆撂挑子算了。要是真能集中三年精力来做这件事,那就太好了。我可能会写一些废话,毕竟我也不是这方面的专家,但也一定会写一些切中要点的内容。萨哈林可是一个好题目,可能在我死后一百年里依然是个好题目,成为文学的源泉,并帮到那些研究监狱组织,或对其感兴趣的人。

尊敬的大人,您说的很对,我今年夏天做了不少事情,再来一个这样的夏天,我或许就能写完一部小说,甚至买下一处房产。我不仅养活了一家子,也还清了 1 000 卢布的债务。

……告诉您儿子,我很羡慕他。我也很羡慕您。倒不是羡慕您老婆不在身边烦人,而是羡慕您可以在海边游泳,住在暖烘烘的房子里。相反,我却在这个谷仓里挨冻。我想要新地毯、壁炉、青铜塑像,以及有营养的对话。唉,我永远也成不了托尔斯泰一样的人物。对于女性,我最欣赏的是美;对于人文历史,我最欣赏的是那些呈现于地毯图案、弹簧马车以及机智言行中的文化。啊!希望我赶紧变老,能坐在一张大桌子前!……

附:如果把《决斗》里的那些有关动物学的讨论删掉,文章会不会更生动些?……

莫斯科,9月8日

我已经回莫斯科了,现在足不出户。家里人忙着找新房子,但我懒得动弹,所以什么也没说。他们想搬去德维奇耶·波列,说是为了省钱。

您推荐的标题——"欺骗",不太合适。欺骗是有意识地谎言,无意的谎言不是欺骗,而是错误。托尔斯泰说我们有钱又吃肉便是在撒谎——这未免太夸张了……

死亡的镰刀缓缓地收割着生命,死神自有打算。这倒是可以写一出戏:一个老化学家发明了长生不老药——喝下十五滴即可永生,但他害怕像自己和妻子一样的老东西也能永生,于是吓得打碎了药瓶。托尔斯泰否认人类的不朽,但是天哪,谁知道这里面有多少个人情绪!前天我读了他的《后记》,简直要了我的命!比我一向不屑的《致省长夫人的信》还要愚蠢、乏味。去他的什么伟人哲学吧!这些所谓的圣人都跟将军一样专横,一样无知,一样粗俗,因为他们知道没人敢指摘他们。第欧根尼之所以往人脸上吐口水,是因为他知道自己不会有事;托尔斯泰骂医生是骗子,在重大问题上一无所知,因为他就是个不怕被关起来或被报纸骂的第欧根尼。所以去他的什么世界伟人哲学吧!他的那些东西,包括狂热的《后记》和《致省长夫人的信》,全加起来也不如他的《霍斯托密尔》中的一匹小母马值钱。

写给叶连娜·米哈伊洛夫娜·沙芙洛娃[1]

莫斯科,9月16日

所以您说我们这些老光棍身上有股狗味儿?那也罢了。但您还说妇科医生骨子里都是花花公子和愤世嫉俗者,这我可不敢苟同。妇科医生面对的是您做梦也想不到的残酷现实,假设您了解的话,发挥出极致的想象力,您大概会发现这些事实比闻起来像狗要糟糕多了。整天泡在海里的人向往陆地,终日沉浸在散文中的人渴望诗歌,而所有妇科医生都是理想主义者。您说的对,您的医生确实爱读诗,补充一下,他还是个坚定的自由主义者,带了些许神秘主义色彩,梦想是娶一个涅克拉索夫笔下那样的俄国女子。有名的斯涅吉列夫一说起"俄国女性"就声音颤抖。我认识的另一个妇科医生爱上了一个神秘的蒙面女子,而他仅仅是远远地见过她一面。还有一个妇科医生总是去看戏剧首演,然后又大肆抨击,说作者应该只塑造理想的女性形象云云。您还忽略了一点:一位优秀的妇科医生不可能是蠢货或庸才。智慧的光芒可比秃顶的反光更耀眼,您却只

---

[1] 当时的年轻作家,曾与契诃夫有过通信往来。契诃夫对她的写作给予了一些指导和建议。

注意到了秃顶，并对此大加着墨，而把其智慧抛到了九霄云外。您还提到了一个胖子，呃！说他浑身油腻，却忽略了他是一个教授的事实。也就是说，此人花了好几年的时间思考、钻研，这使他远超常人，比那些韦罗奇卡和塔甘罗格的希腊女孩高出不知多少，更不是美酒佳肴可以比拟的。诺亚有三个儿子：闪、含和雅弗。含只看到他父亲是个酒鬼，却完全忽视了他是造出方舟并拯救世界的伟人这件事。

请记住，作家切不可成为含。

我不敢奢求您喜欢上妇科医生或教授，但我想提醒您，对一个客观的作家来说，公正比空气还要宝贵。

您笔下的商人家的女儿刻画得很出色，医生谈到对医学缺乏信心那段话也很精彩，但没必要让他每说一句话就喝一口酒……

然后您就从细节叙述转为泛泛而谈了！我得提醒您，这不是一个故事，不是一部小说，也不是一件艺术品，而是一排沉重、阴郁的营房。您当初让我这个卑微的读者如此着迷的行文结构去哪里了？轻盈、新鲜、优雅的感觉又在哪里？仔细读读您自己的故事：一段话用来描述晚餐，接着描述路过的女士和姑娘，然后讲一家公司，接着又是晚餐……如此循环往复。光是描写，只有描写，没有任何情节。您应该直接从商人的女儿写起，围绕她展开故事，把韦罗奇卡、希腊姑娘以及其他人物都删掉，只留下医生和商人一家。

抱歉写了这么长的信。

写给阿列克谢·谢尔盖耶维奇·苏沃林

莫斯科，1891 年 10 月 16 日

您招了一个新厨子，恭喜您！祝您胃口大开！也请为我送上同样的祝福，因为我不日就要登门拜访了——这比原计划提前了不少——到时候我可得吃三人份。我实在需要离家散散心，哪怕只有两周都行。这段日子里，我每天都心烦意乱，感觉像有人在用一把钝刀将我的内心千刀万剐，因此我总是早早就上床睡觉，避免与人交谈。手头的事情都不顺心，我为《文集》开始写一篇故事，写到一半就放弃了，又重新开始写另一篇。为这篇新故事我已经挣扎了一个多星期，却看不到完成的希望，更别提何时能回过头来完成我那有稿酬的第一篇故事了。出于种种原因，我还没能去成下诺夫哥罗德省，也不知道什么时候才能成行。总之现在一切都乱糟糟的——简直不像是在过日子，而是在混日子。此刻我最大的愿望就是能中 20 万大奖……

啊，我脑子里有个绝妙的小说题材！要是心情好些的话，我能在 11 月 1 日动笔，12 月 1 日写完。差不多能写五沓纸。我多么希望能像在博吉莫沃时那样写作——从早到晚，连做梦都在构思行文。

别跟任何人说我要去圣彼得堡,我会低调行事。在信中我只是含糊其词地提到 11 月会去……

需要我再提醒您一次卡什坦卡的事吗,还是就此作罢?如果我们不把她的故事发表出来,会不会耽误了她的青春年华?不过,这一点您比我清楚……

附:如果您见到我哥哥亚历山大,请告诉他我们的姑妈得了肺结核,恐怕时日无多了。她是一位了不起的女性,与圣人无异。

如果您想去看看那些闹饥荒的地方,我们可以在 1 月一起去,那时候去更能引起人们的关注……

莫斯科,1891 年 10 月 19 日

你的来信真是妙不可言!字字珠玑,句句在理。在当下谈论懒惰、酗酒之类的问题,就像对一个正在呕吐或患伤寒的人讲道理一样不合时宜。饱汉不知饿汉饥,这种居高临下的态度总带着几分傲慢。如果说在人家心如刀绞时去安慰会显得唐突,那在这时候说教简直愚蠢至极、令人反感。那些道貌岸然的人以为,一个人要是欠了 15 卢布的税就一定是浪荡子,不该再喝一口酒。殊不知国家欠了多少债,首相欠了多少,那些贵族元帅和主教又欠了多少,近卫军的欠债呢?怕是只有他们的裁缝才说得清楚……

您让他们给我寄了 400 卢布?苏沃林老兄万岁!这样我从你们公司收到的钱就是:400+100+400。我凭借《决斗》赚到了约 1 400 卢布,其中 500 卢布可以用来还债。好嘛,这已经很不错了!到春天我必须还清所有债务,不然我怕是要撑不下去了,因为春天我还

想找各位编辑预支稿费，拿到钱后我就逃到爪哇去……

唉，朋友们，我真是无聊透顶！要说我是一个医生，那应该有病人，有医院；要说我是一个作家，那我应该活在人堆里，而不是跟一只猫鼬窝在小公寓里，离群索居。我至少该有一点社会生活和政治生活吧——但我现在家徒四壁，远离大自然，远离人群，远离社会，远离健康和好胃口。这哪里是在生活？简直就是……算了，不提也罢。

看在您会在扎赖什庄园钓到的鲈鱼和梭子鱼的分上，我恳求你出版那个英国幽默作家伯纳德的作品[1]……

1　可能是指萧伯纳。——英文版编者注

写给林特瓦廖娃夫人

莫斯科,1891 年 10 月 25 日

尊敬的娜塔莉娅·米哈伊洛夫娜:

我原本计划去下诺夫哥罗德省,但如今只能窝在家里写作,还不停地打喷嚏。莫罗佐娃夫人已经见过部长,但部长不光禁止个人参与赈灾,甚至还下逐客令,将她赶了出去。这件事一下子让我失去了所有热情,再加上手头拮据、打喷嚏、工作堆积如山、姑妈病重后于今天去世,还有诸多不确定因素——种种加在一起,让我这个懒人更加无所适从。我只好把出发时间推迟到 12 月 1 日。

没有您在身边,我们都很寂寞,"波斯皇帝"[1]走后更是百无聊赖。我已经下令谢绝一切访客,整天像苍鹭躲在芦苇丛中一样把自己关在房间里,谁也不见。这样也好,要不然门铃非被他们摁坏不可,我的书房也会变成吸烟聊天室。这种生活确实乏味,可我又能怎么办呢?只好等到夏天再放飞自我了。

我想把猫鼬拍卖掉,要是能把 N 和他的诗一起卖了就好了,可

---

1 指亚历山大·伊万诺维奇·斯马金。——俄语原书注

惜没人会开价。他还是老样子，几乎每晚都来烦我，絮絮叨叨地讲他的疑惑、挣扎、爆发的情绪、开裂的鼻孔、阿塔曼[1]、自由生活之类的废话，愿上帝宽恕他。

为筹集赈灾基金，《俄国新闻》正要出版一本文集，如果您不介意的话，我会给您寄一本。

祝您身体健康，平安幸福，向您和您的家人致以诚挚的问候。

地理学家，

安东·契诃夫

附：契诃夫一家向您问好。

我们都很好，只是心里难过。姑妈一直是大家的最爱，在我们眼中，她就是善良、仁慈和正义的化身。虽说人人难逃生老病死，但丧亲之痛总是深刻的。

4月我会去您那里。我希望到了春天能赚一大笔钱。我是这么想的——没钱就是要发财的征兆。

---

[1] 源自哥萨克文化的词汇，主要指哥萨克人的首领。

写给阿列克谢·谢尔盖耶维奇·苏沃林

莫斯科，1891 年 10 月 25 日

《决斗》每周只需刊印一次，不必两次，不然就打破了报社长期以来的惯例，而且会让我看起来在侵占其他撰稿人每周一天的份额。何况对于我的小说而言，每周刊印一次还是两次并无区别。圣彼得堡的文学圈除了议论我动机不纯之外似乎无话可说。我最近听闻自己好事将近，就要跟富有的西比里亚科娃夫人结婚了。总的来说，近来听到了不少这样令人愉快的消息。

我每晚醒来都会看《战争与和平》，阅读时永远兴致盎然、惊叹不已，仿佛此前从未读过一般。这部作品实在好得惊人，只是我不太喜欢拿破仑出场的段落。每当拿破仑登场，就会出现牵强的解释，花样百出，试图证明他比现实中的样子更愚蠢。皮埃尔、安德烈公爵或那个无足轻重的尼古拉·罗斯托夫的言行举止都是优秀、聪明、自然且感人的，而拿破仑的所思所为却显得生硬、愚蠢、浮夸且毫无价值。

等我搬去乡下后（我如今日日夜夜都在盼着这件事），我会一边行医一边阅读小说。

我不打算去圣彼得堡。

要是我在安德烈公爵身边，我定能救他。公爵，一个十足的富人，日日有医生看护，夜夜有娜塔莎和索尼娅悉心照料，但他的伤口却散发出腐臭。每当读到这样的情节，我都感到费解。过去的医疗水平真是糟糕透顶！托尔斯泰在完成这部鸿篇巨制时，恐怕对医学充满了憎恨……

莫斯科，1891 年 11 月 18 日

……您那封关于流感和索洛维约夫的信我已经看过了，我意外地察觉到其中有一丝残酷的意味。"我恨"这种语气实在不适合您，而公开忏悔"我是个罪人，罪过，罪过"的做法反而显得太居高临下，令人不适。曾经，教皇自称"至圣"，东正教会的首领不服气，便称自己为"上帝仆人中的仆人"。您公开谈论自身的罪孽，难道是出于对索洛维约夫的不满？是因为他竟敢称呼自己为正统教徒吗？不过，冠上"正统"、"犹太教"或"天主教"这样的词，难道就代表着某种特殊的个人品质或美德吗？依我看，凡是在旅行文件上标明了宗教信仰之人，都可以称自己为正统教徒。信不信由您，无论是显赫权贵抑或是卑贱罪犯，客观来看，大家都是正统教徒。因此索洛维约夫说他不是犹太人或迦勒底人而是正统信徒，倒也不算什么新奇的自我标榜……

我仍然感到郁闷、失落、愚钝和漠然，仍在不停地打喷嚏和咳嗽。我开始怀疑自己是否还能恢复昔日的健康。不过，这一切都由不得我。接受治疗和对自我生命的焦虑在我心中唤起了一种近乎反胃的感觉。我不想接受治疗，我愿意喝水或服用奎宁，但不想让人给我做检查……

我刚停笔便收到了您的来信，信中说如果我去偏远地区，便会与您完全失联，但作出搬去乡下的决定，恰恰是为了离圣彼得堡更近。如果我在莫斯科没有住处，亲爱的朋友，您要明白，我的11月、12月和1月将在圣彼得堡度过，那时就方便多了。我整个夏天也可以悠闲度日，我会在乡下也为您找一栋房子。您不喜欢小俄罗斯人肯定是因为误会他们了，波尔塔瓦省的小俄罗斯人不是孩子，也不是戏子，而是真实的人，他们开朗快活，生活富足。

您知道我是怎么缓解咳嗽的吗？工作前，在桌子边缘喷洒松节油，然后吸入其蒸气。睡前也会在床头柜和床旁的其他物品上喷。细小的水滴比液体本身蒸发得更快，而且松节油的气味很宜人。此外，我喝矿泉水，避免接触热的东西，很少说话，还会责怪自己抽烟太多。我一再跟自己强调，即便在室内也要穿得暖和些，在剧院里要避免坐在穿堂风的位置。我要像呵护温室花朵一样照顾自己，否则咳嗽就不会好转。要是您也想试试松节油，记得买法国产的，每天服用一次奎宁，不过要注意便秘。自从得了流感，我完全没有喝烈酒的欲望了，酒精令我作呕。由于晚上不饮酒，所以我要花很长时间才能入睡，我在考虑服用乙醚。

我期待读到您的故事，到了夏天咱们一人写一部戏吧。对啊，老天，我们可不该虚度光阴……

写给叶连娜·米哈伊洛夫娜·沙芙洛娃

莫斯科,1891 年 11 月 19 日

尊敬的叶连娜·米哈伊洛夫娜:

无论是初出茅庐、正在创作的新人,还是那些已经成名的作家,我的大门永远为他们打开——这是我的处事原则。再者,即便抛开你我二人同为作家的身份不谈,您的拜访于我而言亦是莫大荣幸。哪怕事实并非如此,哪怕我其实并不希望您来访,我依然会接待您,因为我曾在您家中受到过最热情的款待。我之所以没有接见您,而让弟弟向您解释缘由,是因为在收到您的名片时,我正生病卧床。请原谅我提及这些家常琐事:我当时待在卧室里,而书房里的那些人,其中有几位可能会让您感到不自在。因此我当时实在无法去见您,便让我弟弟去找您。得体、善良如您,我以为您是可以理解我的,但还是让您感到了冒犯,对此,我也无能为力……

不过,您真的只写了 15 篇故事吗?按这个进度,您怕是得等到 50 岁才能学会写作。

我身体不适,已经被迫窝在家里一个月了——不停地患感冒,还咳嗽。

祝您一切安好。

再写 20 篇故事寄来给我看看吧，我乐在其中，而且对您来说，练习是必不可少的。

写给阿列克谢·谢尔盖耶维奇·苏沃林

莫斯科,1891 年 11 月 22 日

我的身体在渐渐好转,咳嗽减轻了,体力也增强了,心情更加愉快,脑中仿佛有阳光照耀。早上醒来时心情愉悦,睡前没有阴郁的想法,吃饭时也不再烦躁,不会对母亲说难听的话。

我不知道什么时候能去见您,我有成堆的工作要做,还得养家糊口。春天之前我必须不断工作,即做些无聊的苦差事。不过,解放的曙光已经出现在地平线上了,自由的气息扑面而来。昨天从波尔塔瓦省来了一封信,信里说他们已经为我找到了一处合适的地方,那是一栋有七个房间的砖房,铁皮屋顶,新建不久,无须修缮,还配有马厩、地窖、冰窖,以及 18 英亩土地和一片适合割草的优质草甸,另有一个位于普肖尔河畔的古老的阴凉花园。河岸也算我的,从那里可以一览壮阔的景色。价格很合理:首付 3 000 卢布,另外 2 000 卢布可以在几年内分期付款,总共 5 000 卢布。若是上天眷顾,这笔交易能成的话,我打算明年 3 月就搬去那里常住,在大自然的怀抱中安静地生活九个月,剩下的时间则在圣彼得堡度过。我已经派妹妹去看那个地方了。

啊！自由，自由！要是我每年只靠 2 000 卢布就能过活——这只有在乡下才能实现——我就能彻底摆脱收支方面的焦虑，从而专心工作与阅读……总之，那样的生活，简直美得跟抹了蜜似的。

莫斯科，1891 年 11 月 30 日

您寄给我的两篇手稿我都寄回去了，其中一篇是印度传说——《莲花》《桂冠》《夏夜》《蜂鸟》——故事背景在印度！开头描写了浮士德式的对青春的渴望，结尾却是托尔斯泰式的"真实生活的幸福"。我删减了其中一些部分，稍作修饰，结果使之变成了一个虽然意义不大，但轻松有趣的传说。另一篇故事透着无知、笨拙，带有女性气息。不过有一定情节，写得也比较生动。如您所见，我把它删减了一半。这两个故事都可以刊印……

我老做梦，梦到 3 月从莫斯科搬到乡下去，然后秋天再去圣彼得堡，住到下一年春天。我希望至少能在圣彼得堡度过一个冬天，但这只有等我在莫斯科再无栖身之所的时候才能实现。我还梦到和您足足花了五个月谈论文学，在《新时报》上写所欲写，在乡下则全身心投入行医中去。

波波里金来看过我了，他最近也老做梦。他跟我说想写一些关于俄国小说演化进程的东西，探讨俄国小说的起源及其自然发展历程。听他讲话总有一种面对狂人的感觉，不过他是一个文学狂人，他把文学看得比生活中其他一切都重要。在莫斯科，我很少见到真正的文人，所以与波波里金交谈仿若天赐甘霖——即便我不觉得小说存在所谓的机制和自然发展历程。我的意思是，自然界里也许会

存在此类机制，但我不认为通过现有的研究方法可以把握它。波波里金完全否定了果戈理，拒绝承认他是屠格涅夫、冈察洛夫和托尔斯泰的先驱……他把果戈理置于俄国小说发展的主流之外。嗯，对此我不敢苟同。如果从自然发展的角度来看，不要说果戈理，哪怕是一条狗的吠叫也不应被置于发展的洪流之外。因为在自然界中，万事万物皆相互影响，就连我刚才打了喷嚏这件事也不可能不对周围的自然事物产生影响……

祝您身体健康！我正在读谢德林的《一个城市的历史》，真是又臭又长啊！可又多么像现实生活！

写给尼古拉·亚历山德罗维奇·莱金

莫斯科，1891 年 12 月 2 日

亲爱的尼古拉·亚历山德罗维奇，我写信来，是想请您帮个大忙。事情是这样的，直到去年，我都用自己的大学文凭作为旅行凭证，无论是陆上还是海上旅行皆是如此。但是每次签证时，警察都警告我说不准用文凭代替旅行文件，必须从"相关部门"取得正式旅行文件。我问遍了所有人，这个"相关部门"是什么意思，却没得到答案。一年前，莫斯科警察局局长给我发了一本护照，条件是我必须在一年内从"相关部门"取得旅行文件。我对此一头雾水！前几天我才得知，由于我从未在政府部门任职，而我经专业教育后成了医生，所以应该被登记为执业公民，某个部门（我想可能是纹章学协会）会给我开具一份可以当作终身护照使用的证明。我记得您最近登记成了执业公民，也取得了相应的证明，因此您肯定向某个部门或某个人申请过。某种意义上，您是过来人。看在上帝的分上，请告诉我应该向哪个部门申请吧。我应该写什么样的申请书，需要贴多少张邮票，还要附上哪些文件？我还有很多这类问题。市政厅有一个护照局，如果您不太清楚的话，这个局是否能告诉我

答案?

实在抱歉打扰您,但我真的不知道该找谁帮忙了,我自己在这方面完全是门外汉……

您的作品《奖章》经常在柯什的剧院上演,而且反响不错。它和梅亚斯尼茨基的《野兔》一起演出,我虽然没看过这两部剧,但朋友们告诉我,这两部剧的差距很明显:与《野兔》相比,《奖章》显得干净,富有艺术性,而且讲究形式和体裁。您瞧!戏剧由不知名的男女老少创作,文学家被赶出了剧院,而报纸和杂志则由商人、政府职员和年轻女士主编。不过呢,都见鬼去吧!……

写给叶夫格拉夫·彼得罗维奇·叶戈罗夫

莫斯科，1891 年 12 月 11 日

尊敬的叶夫格拉夫·彼得罗维奇：

特以此函说明我为何没能如约拜访：我原先并未打算以特派记者的身份前往拜访，我是受了一群想帮助饥荒灾民的人的委托，或者更准确地说，是在与他们达成协议后才来的。问题在于公众不信任官方，因此不愿捐款。关于浪费、肆意挪用等丑闻的传言不计其数，因此人们对教会部门避之不及，对红十字会也愤愤不平。我们共同的朋友，巴布金诺庄园的主人，也就是那里的地方长官，曾直言不讳地对我说："莫斯科的红十字会里都是一帮骗子。"在这种氛围下，政府很难指望得到公众的大力支持。然而，公众确实良心不安，想要伸出援手。9 月，莫斯科的知识分子和富人组成了小组，研究和讨论赈灾的事，并向要人求教。大家都在谈论如何绕过政府，独立组织救助。他们决定派代表前往受灾地，实地了解情况，开设食品供应点等。这些小组中有分量的领导者去请杜尔诺沃批准他们的行动，但遭到了拒绝。杜尔诺沃称救济工作必须由教会部门和红十字会负责。简言之，民间倡议一开始便被扼杀了。大家感到沮丧

和气馁，有人愤怒，有人干脆撒手不管了。只有像托尔斯泰那样有勇气和威望的人，才能不顾一切禁令和大家的普遍情绪，遵循良心行事。

现在说说我自己吧。我完全支持民间个人的倡议，因为每个人都有权以自认为最好的方式行善。但所有关于政府、红十字会等的讨论在我看来都不合时宜，也不切实际。我想，只要保持冷静并沉住气，就能绕过所有可怕和棘手的情况，根本不需要找部长。我去萨哈林时没带一封推荐信，却完成了我想做的一切。为什么我不能去那些闹饥荒的地方呢？我还记得，像您这样的政府代表、基谢廖夫，以及我认识的所有地区官员和税务督察员都是些正直而可靠的人。于是我决定——哪怕只在一个小地区——将官方和民间力量结合起来。我想尽快和您商议，公众信任我，他们也会信任您，我认为有望成功。还记得我给您写的信吗？当时苏沃林来到莫斯科，我向他抱怨，说我不知道您的地址。他给巴拉诺夫发了电报，巴拉诺夫好心地把地址发给了我。苏沃林当时患了流感。往常他来莫斯科时，我们会整天讨论文学，他在这方面知识渊博。这次我们也聊了文学，结果我被他传染了，卧床不起，咳嗽不止。柯罗连科来莫斯科时发现我病了。肺部并发症让我整整一个月动弹不得，只能在家休养。现在我正在康复，尽管仍在咳嗽，身体也很瘦弱。这就是全部经过，若不是因为流感，我们也许能从公众那里筹到两三千卢布，甚至更多。

我完全理解您对新闻界的恼火，那些记者的胡言乱语惹恼了您这样了解实情的人，就像外行人对白喉的无知言论会惹恼我这个医生一样。但有什么办法呢？俄国不是英国，也不是法国，我们的报社并不富裕，人手也很少。派遣彼得罗夫斯基农学院的教授或恩格尔哈特家[1]的人到伏尔加河是昂贵的;派遣一个有才能、懂业务的员工也不可能——他们在报社抽不开身。《泰晤士报》可以自费在饥荒地区组织人口普查,可以往每个地区派一个记者,每天付给这个记者40卢布,从而做些有意义的事。但《俄国新闻》或《新时报》能做什么呢?十万卢布的收入于他们而言都是天文数字。至于通讯员,他们是只从格列布·乌斯宾斯基[2]那里了解乡村的城里人。他们的处境非常尴尬,必须匆匆赶到一个地区,四处打听,写点东西,然后又匆忙赶往下一个地方。俄国通讯员既没有物资,也没有自由,更没有权威。为了每月200卢布的收入,他们不停奔波,祈求人们不要因为他们无可避免的误报而生气。他们也很愧疚——尽管错不在他们,而在于整个国家的愚昧。西方报纸的通讯员有最好的地图、百科全书和统计数据。在西方,他们可以坐在家里写报道,但在我们这里,通讯员只能从道听途说中了解情况。在我们俄国,只有三个地区被调查过:切列波夫地区、坦波夫地区和另一个地区。这就是整个俄国的调查数据。新闻谎报,通讯员是蠢货,但能怎么办?如果我们的新闻界什么都不说,情况会更糟糕,这一点不可否认。

您的来信和从农民那里收购牲畜的计划让我很受触动,我愿意全心全意地追随您的领导,做您认为最合适的事。我已经思考良久,这是我的看法:现在指望富人已经没用了,为时已晚。每个有钱人都掏过了他们不得不掏的几千卢布。如今,我们唯一的希望是那些能捐一卢布、半卢布的中产阶级。那些在9月讨论民间倡议的人现在可能已经在各种董事会和委员会中找到了自己的位置,并投身工作,所以现

---

1 一个显赫的俄国贵族家族。
2 俄国作家,其作品常常关注农民生活、农村社会问题和改革后的农村状况。

在只剩下中产阶级了。让我们开始募捐吧。您可以给编辑写一封信，我会确保它被刊登在《俄国新闻》和《新时报》上。为了方便，这封信我们可以共同署名。如果从官方角度来看这会给您造成不便，您可以用第三人称写，说在下诺夫哥罗德第五区组织了这样或那样的活动，如果上帝保佑一切进展顺利，捐款可以寄给地方官员叶夫格拉夫·彼得罗维奇·叶戈罗夫，或安东·巴甫洛维奇·契诃夫，或某某报纸的编辑。我们只需要多写写，您写得细致些，我再补充一些，事就成了。我们必须要求人们捐款而不是提供贷款，没有人会提供贷款，这很不方便——给出去很难，收回来更难。

我在莫斯科只认识一个富有的熟人——瓦尔瓦拉·阿列克谢耶夫娜·莫罗佐娃[1]，她是一个以慈善闻名的女士。我昨天带着您的信去拜访她，同她交谈并共进晚餐。她现在全心投入教育委员会的工作中，该委员会正在为学童组建救济站，她把一切都奉献了进去。由于教育和马匹是风马牛不相及的事，瓦尔瓦拉·阿列克谢耶夫娜承诺如果我们开设学童食品供应站并提供详细资料，委员会将予以配合。我觉得当场向她要钱很不妥，因为人们总是向她乞讨，像剥狐狸皮一样剥削她。我只是请她在有任何委员会和董事会会议时不要忘记我们，她答应不会忘记……

如果收到钱，哪怕是半卢布，我都会立即转交给您。请尽管差遣我，也请相信，若能为饥荒中的农民和那些帮助他们的人做哪怕一点点事，对我来说都是莫大幸福，因为到目前为止我还什么都没做。

---

[1] 此人出身于莫罗佐夫家族，这是当时俄国最富有和最具影响力的商业家族之一。

写给亚历山大·伊万诺维奇·斯马金

莫斯科,1891 年 12 月 11 日

……朋友,我有件事要告诉你。我现在虽然人还在莫斯科,但我在下诺夫哥罗德省的计划已经轰轰烈烈地展开了!我和一个出色的地方长官朋友正在筹划一个小项目,计划在该省最偏远的地区投入约十万卢布。那里既没有地主,也没有医生,连如今随处可见的受过良好教育的年轻女士都没有。除了各种救灾工作外,我们的主要目标是保住明年的庄稼。农民们正在贱卖他们的马,而这可能导致春耕无法进行,使明年再次发生饥荒。因此,我们打算买下这些马先养着,到了春天再把马匹还给农民。工作已经步入正轨,1 月我要亲自去看看成果。我写信给您就是为了说这件事。如果在哪场热闹的宴会上,您自己或其他人凑巧为赈灾基金筹到哪怕半个卢布,或者哪位财主太太捐了一个卢布,又或者您自己意外得了 100 卢布,请念在我们这些苦命人的分上,施舍一点吧!不用着急,您什么时候方便都行,只是别晚过春天……

写给阿列克谢·谢尔盖耶维奇·苏沃林

莫斯科,1891 年 12 月 11 日

……我一定会去看您的,我并非有意食言。我现在真的一个子儿都没有,等我收到欠款就立马动身。昨天刚到手 150 卢布,很快还会有更多,到时我就马不停蹄地赶过去见您。

1 月我要去下诺夫哥罗德省,我在那里的计划已经开始实施了,真是高兴极了。我打算给安娜·巴甫洛夫娜写封信。

啊,要是您知道我今天头疼得有多厉害就好了!我真想去趟圣彼得堡,哪怕只是在屋里一动不动地躺上两天,只出门吃饭也行。不知怎么回事,我觉得浑身没劲,都怪这该死的流感。

您能养活多少人?又愿养活多少人?托尔斯泰!啊!托尔斯泰!这些日子里他简直不是凡人,而是超人,是众神之王!他在《文集》上发表了一篇关于救济站的文章,里面全是建议和务实的指导,内容专业、简洁又实用。《俄国新闻》的编辑说了,这文章应该登在《政府公报》上,而不是《文集》……

1891年12月13日

现在我明白您为什么晚上睡不好觉了，要是我写出这么个故事，我肯定连着十个晚上都睡不着。最吓人的段落是瓦里娅掐死主人公，然后带他领略死后世界奥秘的那部分。这太可怕了，但又跟灵学挺搭。瓦里娅说的话您一个字都别删，尤其是他们俩骑马那段，别动它。这故事构思不错，情节既离奇又有意思……

不过您怎么说起我们这个"神经质的时代"来了？其实哪有什么神经质时代，人们过去怎么活现在还怎么活，今人的神经也不见得比亚伯拉罕、以撒和雅各的差。既然您已经写好了结尾，我就不把我写的发过去给您添乱了。我一时兴起，便忍不住续写了，您要是想看随时都可以看。写故事这件事妙就妙在，一个人可以握着笔坐在那里，一连好几天不动，浑然不觉时光流逝，还能体会到某种生活的气息。从健康角度来说是如此。那从实用性来看呢？写个不错的故事，给读者带去十来分钟有意思的时光——就像吉利亚罗夫斯基[1]说的，这可不是小事一桩……

今天我又头疼得厉害，都不知道该怎么办才好了。是啊，可能是上了年纪，要不就是有什么更糟的情况。

今天有一个小老头儿给我送来了100卢布用于赈灾。

---

[1] 弗拉基米尔·阿列克谢耶维奇·吉利亚罗夫斯基，出身于贵族家庭，但年轻时便离家出走，体验了各种生活。他以描写莫斯科市井生活而闻名，《莫斯科与莫斯科人》是他最著名的作品。

写给亚历山大·伊万诺维奇·斯马金

莫斯科,1891 年 12 月 16 日

……哎呀!要是今年我搬不到乡下去,要是买房子和地的事黄了,那我可就成了糟蹋自己健康的罪魁祸首了。我觉得自己就像一只旧橱柜,干干巴巴,歪歪扭扭。要是明年我还在莫斯科住,还没完没了地写啊写,那吉利亚罗夫斯基怕是要诵诗送我去那个不能坐,不能站,不能打喷嚏,只能躺着的地方了。您知道为什么您在女人那里不讨好吗?就因为您那手字,啧啧,简直惨不忍睹,粗鄙、颓败,丑陋得不成样子……

写给阿列克谢·尼古拉耶维奇·普列谢夫

莫斯科，1891 年 12 月 25 日

亲爱的阿列克谢·尼古拉耶维奇：

昨天碰巧知道了您的地址，便给您写信了。您要是有空，哪怕寥寥数语，也请跟我说说您的身体怎么样，近来过得如何。

过去六个星期我一直在跟流感较劲，还落下了肺部感染，咳得要命。我打算 3 月南下去波尔塔瓦省，准备在那里待到咳嗽好利索了再说。我妹妹已经先去那里置办房子和园子了。

这里的文学圈倒是蛮平静的，但日子过得忙忙叨叨。大伙儿都在谈论饥荒，也为这些议论忙得不可开交。剧院冷冷清清，天气糟糕透顶，连霜都不降。让·什切格洛夫被托尔斯泰那帮人迷得不行。梅列日科夫斯基还是老样子，整天闷在家里钻研他那些高深莫测的玩意儿，人倒是依旧和气。说起契诃夫，人们说他娶到了西比里亚科夫家的大小姐，拿到了价值 500 万的嫁妆——整个圣彼得堡都在嚼舌根。这种无中生有的闲话到底是冲谁来的，又图什么，弄得我一头雾水。我看到圣彼得堡来的信就反胃。

今年我还没见到奥斯特洛夫斯基……

咱俩怕是一时半会儿见不到了，因为我3月就要走人，11月前不会回到北边。我不在莫斯科租房子了，太奢侈，我可负担不起。我会在圣彼得堡落脚。

给您一个大大的拥抱。顺带说一句，我想私下里跟您解释一件事。记得有一回在巴黎吃饭，您劝我留下，还说要借钱给我，我没接受。我总觉得自己的拒绝让您有些不是滋味，您好像因此不太高兴。我感觉，咱们分手的时候您对我有几分冷淡。兴许是我想多了，但如果真是这样，我向您保证，我的老朋友，我以人格担保，我不是因为不愿欠您人情而拒绝的，我纯粹是为了自制。我在巴黎那会儿玩得正疯呢，多1 000法郎只会更不利于我的健康。您要相信，我如果真有需要，那我找您借钱就和找苏沃林借钱一样痛快。

祝您安好。

1892

富人不是那些拥有大量财富的人,而是那些能生活在早春赋予的富饶中的人。

写给弗拉基米尔·阿列克谢耶维奇·季霍诺夫[1]

莫斯科,1892 年 2 月 22 日

……您搞错了,您在什切格洛夫的命名日聚会上根本没醉,顶多是有些上头而已。大家跳舞的时候您也跟着扭了几下,坐在马车夫座位上的那段舞可把大家乐坏了。至于您的那番评论,八成不怎么刻薄,因为我根本想不起来了。我只记得不知为何,我同韦登斯基听您说话时笑得直不起腰来。

您想听听我的光辉事迹?那我就来给您讲讲。本人于 1860 年呱呱坠地,老家在塔甘罗格。1879 年自塔甘罗格中学毕业。1884 年在莫斯科大学拿到了医学文凭。1888 年将普希金奖捧回了家。1890 年横穿西伯利亚,到萨哈林岛走了一圈,然后坐船回来。1891 年在欧洲逛了一趟,喝了顶级红酒,吃了牡蛎。1892 年和弗拉基米尔·阿列克谢耶维奇·季霍诺夫老兄一起在别人的命名日聚会上疯狂了一把。本人 1879 年开始写作,目前出版的作品有《杂色故事》《灯光》《小说集》《闷罐子们》,还有一本长篇小说《决斗》。我还折腾过戏

---

[1] 19 世纪末至 20 世纪初的俄国作家、记者和出版人。

剧，不过还算收敛。除了某些外语，我的作品被翻译了不少，德国人很早就把我的东西翻译过去了。捷克人和塞尔维亚人挺欣赏我，法国人也不是完全冷眼旁观。我13岁就把爱情这要档子事摸透了。我跟同行们，不管是医生还是文人，都相处得挺好。我还是光棍。希望能领到一些退休金。我还在行医，而且干得挺起劲，夏天有时候还会解剖尸体——虽说这两三年没操过刀了。作家里我最喜欢托尔斯泰，医生中我最欣赏扎哈里尼。

不过这都是闲话，您想怎么写就怎么写，要是没什么真材实料，就来些抒情文字凑数吧。

写给阿列克谢·谢尔盖耶维奇·基谢廖夫

梅利霍沃,莫斯科—库尔斯克铁路线洛帕斯尼亚车站,1892年3月7日

这是我们一家的新地址。在此将详情告知于您。常言道"农妇无事便买猪",我家也"买了头猪"——一处广阔而麻烦的地产。若在德国,其主人必被封为公爵。这处地产占地639英亩,分为两片土地,中间有一部分是别人的。这处地产中有300英亩为幼林,20年后就能长成森林,目前灌木丛生。当地人称之为"杆木林",依我所见,称作"枝条林"更为贴切,因为目前只有其枝条还有些用处。此外,还有果园、园林、参天大树和绵长的椴树林荫道。谷仓和棚舍新建不久,颇为美观。鸡舍依最新的科技成果建造,水井配有铁水泵。整座庄园用栅栏式围墙与外界隔绝,庭院、花园、园林和打谷场亦以相同方式相互分隔。房屋有好有坏,较我们在莫斯科的公寓而言更宽敞,光线充足且温暖舒适,有铁皮屋顶,地理位置优越,有面向花园的阳台、落地窗等。然而,其缺点在于屋顶不够高耸,造型不甚新颖,外观傻里傻气,非常幼稚。屋子里虫蚁横行,恐怕只有付之一炬方能彻底清除。

院内设有花坛，距房屋十五步之遥有一个水池（长35码，宽35英尺），里面养着鲤鱼和丁鲅，我们可在窗口垂钓。院落外有另一个水池，我还没亲自去看过。地产的另一片土地临河，想必状况不佳。两英里外有一条更宽阔的河流，鱼类丰富。我们计划种植燕麦和三叶草，已经买了三叶草的种子，每普特十卢布，不过我们没钱再买燕麦种子。这处地产花了我们13 000卢布，手续费另有750卢布，前前后后花了总共14 000卢布。我们向卖给我们此地产的艺术家支付了4 000卢布的首付，还有5 000卢布按5%的年利率分期付款。余下4 000卢布，等春天我将地产抵押给银行后，卖家就能从银行拿到这笔钱。您看这安排得多妥善。两三年后，我就能有5 000卢布，可以偿清抵押贷款，只剩下4 000卢布的银行债务了。只是这两三年的生计着实令人发愁！问题并非利息——利息金额并不大，每年也就500卢布左右——而是我得时刻牵挂还款期限及负债带来的诸多困扰。况且，朋友，只要我还活着，且每年能赚四五千卢布，那这些债务便微不足道，甚至完全无所谓，毕竟470卢布的利息比起莫斯科的公寓那1 000卢布的租金不过尔尔，此言不虚。但倘若我不幸离世，这处负债累累的"公爵领地"对妹妹和年迈的父母而言，必将成为难以承受之重，他们定会悲恸欲绝。

这次搬家彻底把我的积蓄掏空了。

啊，要是您能前来一叙，那该多好！首先，与您相见肯定愉快而有趣。其次，您的建议能使我们一家免去诸多麻烦。您也知道，我们对房产的事情一无所知。如同拉斯普卢耶夫一般，我对农业的认知仅限于土是黑的，别无他知，还请赐教。三叶草应如何播种？是与黑麦同种，还是与春小麦一起？

写给伊万·列昂季耶维奇·什切格洛夫

梅利霍沃,1892 年 3 月 9 日

……您说的不错,这世道,拉钦斯基[1]这样的人着实罕见。我能理解您的热情,我亲爱的朋友,在令人窒息的人身边待久了——何况世界上到处都是这种人——就会发觉拉钦斯基的思想、品性和修为直让人如沐春风。我愿为拉钦斯基献出生命。但是,我亲爱的朋友——请允许我用"但是"来转折,别见怪——我不会把自己的孩子送到拉钦斯基的学校。要问为什么?我小时候也接受过宗教教育,包括教堂唱诗、在教堂诵读使徒故事和《诗篇》、定期参加晨祷、义务协助祭坛事务和敲钟。您知道吗,每当回想起童年,我便觉得那段时光相当阴郁?我现在已无任何宗教信仰。您知道吗,当我和兄弟们站在教堂中央唱三重唱《愿我的祈祷得以升华》或《大天使之声》时,每个人都带着激动的神情看着我们,羡慕我们的父母?但那时我们感觉自己就像小囚犯。是的,亲爱的孩子!我理解拉钦斯基,但并不了解他培养的孩子情况如何。他们的灵魂对我来说是晦

---

[1] 谢尔盖·亚历山德罗维奇·拉钦斯基,他最为人知的事迹是他在农村教育方面的革新工作。

暗的。如果他们的灵魂中有欢乐，那么他们比我和我的兄弟们更幸福，因为我们的童年是痛苦的。

做一个地主很不错，可以享受宽敞而温馨的居所，没人不停地按门铃，只是很容易从地主的身份降格为门房。先生，我的庄园花了我 13 000 卢布，我目前只付了三分之一，剩下的债务将使我多年身不由己。

让，请和苏沃林一起来看看我，和他一起制订个计划。我这里有漂亮的花园、朴素的庭院，甚至还有鹅呢！请多多来信。

写给阿列克谢·谢尔盖耶维奇·苏沃林

梅利霍沃,1892 年 3 月 17 日

……啊,我亲爱的朋友,要是您能休假该多好啊!乡村生活确实不太方便。如今冰雪消融,到处都是泥巴,令人难以忍受。但自然界正在发生一些奇妙而动人的变化,其诗意和新奇足以弥补生活中的所有不适。每天都有惊喜,一个赛一个喜人。椋鸟已经归来,处处都能听到水流的潺潺声,在积雪融化的地方,草已经变绿了。时光仿佛停滞,一天长得恍若永恒,感觉好像生活在澳大利亚,或者地球的尽头。心情平和,若有所思,像动物一般,不为昨日后悔,也不期盼明朝。自这里远远望去,人们似乎都很善良,这是再正常不过的,因为我们来到乡下,不是为了躲避人群,而是为了逃离自己的虚荣心。这种虚荣心在城市的人群中是颇具偏见的,而且过分活跃。见证着春天的到来,我强烈地渴望这世上真有天堂。老实说,有时我感觉幸福得不得了,以至于迷信地提醒自己想想那些债主,他们终有一天会把我赶出这片来之不易的乐土"澳大利亚"……

写给阿维洛娃夫人

梅利霍沃,1892 年 3 月 19 日

尊敬的利季娅·阿列克谢耶夫娜:

我已经读过了您的《路途中》,如果我是一本插图杂志的编辑,我会欣然刊登这个故事。但作为一个读者,我给您提一条建议:当您描绘悲伤或不幸的人,想要触动读者的心时,试着更冷淡一些——这会给角色的悲伤提供一个背景,使之更加突出。就目前而言,您的主人公在哭泣,而您在叹息。没错,您自身必须保持冷静。

不过不必听我的,我是个糟糕的评论家,没有清晰地提出批评的能力,有时会把事情搞得一团糟……

写给阿列克谢·谢尔盖耶维奇·苏沃林

梅利霍沃,1892 年 3 月

劳动力的开销几乎是零,所以我过得还不错,也逐渐领略到了资本主义的魅力。拆掉仆人房间里的炉子,造一套厨房用炉具,然后拆掉厨房用炉具,换成荷兰式炉子,一顿折腾下来总共只需 20 卢布。雇两个人挖洞,费用是 25 戈比。给冰窖填冰,工人一天的工资是 30 戈比。雇一个不吸烟、不喝酒、会读写的年轻劳工,让他负责耕种、擦靴和照看花园,每月只需五卢布。买地板、做隔断、贴墙纸——这些比蘑菇还便宜,所以我感到很轻松。但如果我为劳动力支付的费用达到我闲暇时收入的四分之一,那不出一个月我就会破产。毕竟对炉匠、木匠等的需求跟循环小数一样无休无止。宽敞的生活空间不能空空如也,得靠宽裕的钱包填补。这些您大概已经听腻了,但我还得告诉您另外一件事:三叶草种子每普特 100 卢布,所需的燕麦种子也要 100 多卢布。想想看!他们说丰收和财富在等着我,但这有什么用呢?我宁可要现在的五戈比,也不要将来的一卢布。我必须坐下来工作,必须至少赚到 500 卢布,好支付这些杂项。我目前已经赚到一半了。雪正在融化,天正在转暖,鸟儿歌唱,日光甚好，春意勃勃。

我正博览群书，读了列斯科夫的《传奇人物》，既辛辣又饱含宗教意味——内容充斥着美德、虔诚与淫荡，但非常有趣。如果您没读过，不妨一读。我又读了皮萨列夫的《普希金评论》，过于天真。这个人把奥涅金和塔季扬娜从神坛上拉了下来，但普希金依然毫发无损。皮萨列夫是当今所有评论家的大哥大，包括布列宁——如出一辙的贬损口吻和琐碎行文，同样冷酷而自负的小聪明，以及同样粗鲁无礼的待人之道。使人麻木的不是皮萨列夫的思想（他毫无思想可言），而是他粗俗的语气。他对塔季扬娜的态度，尤其是对她那封我所深爱的迷人信件的态度，在我看来简直令人作呕。这个评论家散发着一种恶臭，使人联想到无礼、刻薄的检察官。

我们就快完成家具的购置了，只是我的书架还没打好。等拆掉双层窗户后，我们会把一切重新粉刷一遍，这样房子外观会更体面。

花园里有成排的椴树、苹果树、樱桃树、李子树和覆盆子……

梅利霍沃，1892 年 4 月 6 日

今天是复活节。这附近有一座教堂，但里面没有神职人员。我们从整个教区筹了 11 卢布，从达维多夫修道院请来了一位神父，他从周五开始举行礼拜。这座教堂很古老，冷清清的，有格子窗。我们唱了复活节的礼拜歌——"我们"指我的家人和来访的年轻人。现场效果非常好，气氛很和谐，弥撒尤其成功。农民们非常高兴，他们说过去从未有过如此盛大的礼拜。昨天阳光普照，天气温暖。早上我去了田野，那里的雪已经融化。我在那里待了半个小时，心情无比愉悦，真是美妙极了！冬小麦已经发绿，树林里也长出了草。

梅利霍沃不是那种你会一眼爱上的地方，这里的一切都很迷你：不起眼的椴树林荫道、鱼缸大小的池塘、小小的花园和园林、低矮的树木。但当您逛过一两圈后，迷你的感觉就消失了。尽管各村之间如此接近，但仍有很强的间隔感。周围有大片森林，还有很多椋鸟，而椋鸟有权说："我终生向上帝歌唱。"它们整天不停地唱着歌……

梅利霍沃，1892年4月8日

如果沙皮罗把您所说的那张巨大照片送给我，我真不知道该如何处置，这礼物太过笨重。您说我没之前看起来年轻了，可不是，想象一下！虽然听起来很奇怪，但我早已过了而立之年，不惑之年也近在咫尺。我不仅身体衰老了，精神上也是如此，对世界反应迟钝，漠不关心。不知为何，这种漠不关心始于我的海外之旅。晨起或睡前，我都感觉自己对生活的兴趣干涸了。这要么是报纸上所说的神经衰弱，要么是某种难以捉摸的精神活动，我们在小说中称之为"性情大变"。如果是后者，我想这可能是好事。

画家列维坦正在我家小住。昨晚我和他一起去打猎，他射中了一只鹬。那鸟儿被射中了翅膀，掉进了水塘。我把它捡起来：长长的喙，大大的黑眼睛，漂亮的羽毛。它惊恐地看着我。我该怎么办？列维坦皱起眉头，闭上眼睛，声音颤抖着恳求我："亲爱的朋友，用枪托敲它的头。"我说："我做不到。"他继续紧张地耸肩、扭头，恳求我。而那只鹬仍然惊恐地看着我，我不得不听从列维坦的话，杀死了它。又少了一只忠于爱情的美丽生物，而我们两个傻瓜则回家坐下来吃晚餐。

您曾经在让·什切格洛夫的陪伴下度过了一个无聊的晚上，他是各种异端观念的坚定反对者，其中包括女性智慧。然而，如果把他与K放在一起比较，在K面前他就像一个愚蠢的小修士。顺便说一下，如果您见到K，请向她问好，和她说我们在这里等她。她在户外更聪慧，比在城里时更伶俐……

写给阿维洛娃夫人

梅利霍沃,1892 年 4 月 29 日

……是的,这个时节的乡下很不错,不仅是不错,简直令人惊叹。这才是真正的春天,树木萌芽,天气炎热。夜莺在歌唱,青蛙用各种音调呱呱叫。而我不名一文。不过我是这样想的:富人不是那些拥有大量财富的人,而是那些能生活在早春赋予的富饶中的人。昨天我去了莫斯科,但我被无聊和各种灾难折磨得不行。您或许不会相信,我认识的人里有位现年 42 岁的女士,她看出了我的故事《跳来跳去的女人》中 20 岁的女主角是以她为原型的,于是整座城市都指责我诽谤她。她的主要判断依据是二人的外貌特征。这位女士会画画,她的丈夫是医生,而她正与一位艺术家同居。

我正在写另一个故事(《第六病室》),写得非常乏味,因为缺乏女性和爱情元素。我无法忍受这样的故事。其写作仿佛是一场意外,并未经过思考。

没错,我曾写信告诉您,在书写悲伤的故事时必须保持冷静,但您没有理解我的意思。您当然可以为自己的作品哭泣,也可以同您的主人公一同受苦,我的意思是您在这么做的时候不能被读者察觉。您越是客观,效果便越是强烈。

写给阿列克谢·谢尔盖耶维奇·苏沃林

梅利霍沃,1892 年 5 月 15 日

……我已同当地农民、商贩建立联系。一人因喉部出血求医,一人被树木压伤手臂,另一人家中的幼女患病……若是我不在,他们的处境恐怕堪忧。这里的人像德国人对待牧师一般对我毕恭毕敬,我们相处融洽,一切顺利……

1892 年 5 月 28 日

人生苦短,您期待给您回信的契诃夫也希望自己能过上灿烂辉煌的一生。他渴望游览王子岛、君士坦丁堡,再赴印度和萨哈林。然而,他并非自由之身,有一个需要守护的体面家庭。而且他内心颇为怯懦。展望未来,除了怯懦之外我别无他想。我害怕深陷泥潭,而每次旅行都会让财务状况雪上加霜。故此,请勿再做无谓的诱惑,切莫再谈看海的事。

梅利霍沃炎热非常,下雨都暖烘烘的,夜晚令人沉醉。距离这里四分之三英里处有个适合游泳和野餐的地方。可惜我暂时无暇顾及此类休闲。我要么在咬牙切齿地写作，要么在跟木匠和工人讨价还价。米沙因为每周都离开家来看我而遭到上级严斥。如今，除了我之外，家里没别人照料农场，可是，我对务农并无信心。田地规模并不大，说起来更像是绅士雅好，而不是真正的劳作。我买了三个捕鼠器，每天能抓 25 只老鼠，抓到之后便把它们放到小树林去，那林子景致宜人……

庄园的椋鸟，不分老幼，突然飞离，让我们困惑不已，因为现在还不到它们迁徙的时间。不过，前几天忽闻南方有蝗虫过境，飞过莫斯科上空，人们以为闹蝗灾了。真好奇椋鸟是怎么知道当天在距梅利霍沃这么远的地方会有虫群的。谁告诉它们的？真是神奇……

6月16日

……您想让我说说感想。

我的灵魂渴求广阔与高远，但被迫局限于狭隘的生活，为微不足道的卢布和戈比操劳。世间再无比小市民生活更为庸俗的了，市井生活满是铜臭，充斥着吃喝玩乐、琐碎的闲谈以及无用的传统美德。我痛心地意识到，我在为钱而工作，而钱成了我所作所为的中心。这种痛苦的感受，加之正义感，让我鄙视自己的写作。我不尊重自己所写的内容，漠不关心且极不耐烦。我唯一庆幸的是自己尚有医学，至少我行医不是为了赚钱。我应该用硫酸沐浴，剥去旧皮，长出新的外壳……

梅利霍沃，8月1日

我的信虽屡次寄出，却始终未能送达您手中。我多次给您致信，甚至还寄到了圣莫里茨，可从您来信的内容判断，您似乎一封也没收到。莫斯科及其周边地区已暴发霍乱，不日将蔓延至这里。我被任命为霍乱防治医生，负责25个村庄、四家工厂和一座修道院的防疫工作。我正在组织建造临时病房等设施，内心备感孤独，因为所有与霍乱相关的事务都与我本心相悖。做这项工作必须不断奔波，与人交谈，关注细节，这令我筋疲力尽，根本无暇写作。文学创作被搁置已久，我陷入贫困，为了维护形象并保持自主，我拒绝接受区域医生的报酬。我感到无聊，不过要是从超然的角度观察，霍乱中亦有诸多有趣之处。您不在俄国令我感到遗憾，很多值得出书的素材正在流失。不过还是利大于弊，在这一点上，霍乱与咱们冬季目睹的饥荒形成了鲜明对比。现在所有人都在忙碌，而且工作热情高涨。在下诺夫哥罗德的集市上，我的同行创造了奇迹，这或许能让托尔斯泰都不得不尊重医学，认真看待有教养的人对日常生活的干预。那里的霍乱似乎已经得到了控制，病例数和死亡率都有所下降。在偌大的莫斯科，每周新增霍乱病例不超过50例，而在顿河地区是每天1 000例，差异显著。我们这些医生正在做准备，行动计划已然敲定。有理由相信，在我们的辖区内，霍乱的死亡率也会降低。我们没有帮手，所以必须同时担任医生和卫生员的角色。当地人粗鲁、不讲卫生且多疑，但只要想到自己的付出并非徒劳，这些困难便微不足道。在谢尔普霍夫所有的医生里，我的处境最为艰难，我的马车和马匹都不堪用，而且我不熟悉道路，夜间视物困难，囊中羞涩，很容易就疲乏了。最糟糕的是，我时刻惦记着写作，渴望抛开霍乱，坐下来给您写信，也渴望与您交谈。我处于绝对的孤独之中。

家里的农事劳作圆满成功，收成颇丰。谷物售出后，庄园会给家里带来逾千卢布的收益。菜园状况很好，黄瓜堆积如山，白菜的长势亦颇为可观。若非这可恶的霍乱，这可以说是我度过的最愉快的夏天。

尚未听说霍乱引发骚乱的消息，有传言称现在正在抓人，因为有人发表宣言。据说作家A被判了15年苦役。若社会主义者真想利用霍乱谋取私利，我将深感鄙夷。恶行结不出善果。让他们踩在医护人员头上获取好处也就罢了，为何要对农民撒谎？为何要说服他们，称他们的无知是正确的，说他们粗鄙的偏见是神圣的真理？若我是政治家，我绝不会为了未来而玷污现在，哪怕给我千斤重的好处，我也不会为此扯鸿毛般的谎。鉴于我目前处境特殊，请尽可能多给我写信。我现在无法保持愉悦的心情，而您的来信能将我从霍乱的烦恼中暂时解脱出来，让我逃避现实……

8月16日

我发誓不会再给您写信了，我写信到阿巴齐奥和圣莫里茨，至少写了十几封，而您至今为止给我的地址都是错的，因此我的信一封都没有送达，我那些关于霍乱的长篇描述和讲解都白费了。真叫人沮丧。但最令人沮丧的是，在写了一系列关于我们为抗击霍乱而做出的努力的信件之后，您突然从欢乐的比亚里茨写信说羡慕我的闲暇！好吧，愿真主宽恕您！

总之，我还活着，身体健康。今年夏天原本很美好，干燥、温暖，收成也好，但从7月开始，霍乱的暴发玷污了这个季节所有的魅力。当您在信中邀请我先去维也纳，然后再去阿巴齐奥时，我已经成为谢尔普霍夫地方自治局的医生，试图控制霍乱，全力组织防疫工作。早上得看病人，下午则要四处奔波。我驾车，向当地人做报告，给他们提供治疗，冲他们发火。由于地方自治局没有给我一分钱用于组建医疗中心，我不得不向富人乞讨，今天求求这个，明天求求那个。多亏我出色的口才，我成了一名出色的乞丐。现在我的辖区有了两处设施齐全的优秀的医疗营地，还有五处不那么优秀，甚至可说是糟糕的医疗营地。我甚至替地方自治局节省了消毒剂的开支。石灰、硫酸盐和各种难闻的东西，都是由我从25个村庄的制造商那里乞讨来的。说实话，科洛明应该为高中时曾与我同窗感到自豪。我累得魂不守舍，而且无聊透顶。我厌烦自己不再是自己，脑子里除了腹泻啥都想不了。夜里我因狗吠和敲门声惊醒（"是不是来找我的？"），乘坐恶心的马车行驶在陌生的道路上。除了有关霍乱的资料，什么也没读成，每天等着我的也只有霍乱。与此同时，我对霍乱和自己所服务的对象毫无兴趣。这一堆破事，我的朋友，换谁来都受不了。疫情已经蔓延至莫斯科一带，我们必须做好准备。从霍乱在莫斯科的发展情况来看，可以说其势头已经开始减弱，细菌正在失去力量。不得不承认，莫斯科当局和我们采取的措施对遏制疫情有巨大作用，受教育阶层正在积极工作，不惜牺牲自己和自己的钱包。我每天都能看到他们，深受感动。每当想起日泰尔和布列宁曾经是如何对这些受过教育的人发泄他们尖刻的怨恨时，我都感到窒息。在下诺夫哥罗德，医生和受过教育的人做得都十分出色。当读到关于霍乱的报道时，我感到无比振奋。在过去，数以万计的人因感染而死亡，而今眼前的惊人成就简直令人难以置信。可惜您不是医生，无法分享我的喜悦——也就是说，无法充分共情、理解和赏识现在发生的事情，这些事也无法靠三言两语说清楚。

治疗霍乱需要医生的奉献——意思是说，医生要为每个患者投入五到十个小时，甚至更长时间。由于我打算采用康塔尼的治疗方法，即单宁灌肠和皮下注射食盐水溶液，情况变得极其尴尬。在我专注地治疗某个患者时，可能会有十几个人患病甚至死亡。要知道，我是这25个村庄里唯一的医生，除了一个称我为"大人"，不敢在我面前吸烟，没有我就寸步难行的助理医生外，别无他人。如果只有零星的病例，我还能应付自如，但如果每天有五个患者等待我去诊治，我除了感到烦躁、疲惫和自责外，什么也做不了。

可以想见，我没空闲思考文学，我什么都没写。为了保留一定的自主性，我拒绝拿报酬，因此一分收入也没有。我正等着家里的黑麦脱粒，然后拿去卖，在此之前，我只能靠《蠢货》和蘑菇度日。这里的蘑菇数量多得惊人。顺便说一句，我从未像现在这样省钱过，家里什么都自给自足，连面包也是。我相信再过几年，全家的开支每年都不会超过1 000卢布。

等您从报纸上读到霍乱结束的消息，我就会重新开始写作了。在我给地方自治局干活儿的时候，请不要把我当文学家，毕竟一心不可二用。

您写信说我放弃了萨哈林这个题材，我可不会抛下我的掌上明珠。当我被文学创作的无聊所困扰时，会很高兴能做别的事情。至于萨哈林的文章何时写完，何时付印，这个问题对我来说并不重要。只要加尔金-弗拉斯科伊依旧掌管监狱系统，我就极不愿意出版我的书。不过要是受生活所迫，那就是另一回事了。

在我所有书信中，我一直执着地问您一个问题，当然您没有义务回答："您秋天打算去哪儿，是否愿意在9月和10月和我一起在费奥多西亚或克里米亚待一阵？"我迫切地想吃、喝、睡，以及谈论文学——也就是什么都不做，同时又能维持体面。不过，如果我的懒惰让您烦恼，我可以承诺和您一起或在您身边写写戏剧和小说……如何？要是您不愿意，那么，愿上帝保佑您。

那个天文学家来过两次。每次都让我感到无聊，斯沃博金也来过，他身子越来越好了，重病之后得到了精神上的蜕变。

看，我写了这么长的一封信，哪怕我不确定这封信能否送到您手中。想象一下霍乱带给我的无聊、孤独，以及我那被迫停滞的文学事业。请给我多写些信，写得更频繁些。您对法国抱有轻蔑的态度，我也有同感。德国人远胜于他们，尽管不知为何人们常说德国人愚蠢。对于俄法之间的协约，我和托尔斯泰态度一致，在双方友好的关系中有些令人不快的迹象。另一方面，维尔肖来看我们了，我非常高兴。

家里种出了很好的土豆，还有上佳的卷心菜。您是如何在没有卷心菜汤的情况下生活的？我不羡慕您身在海边，不羡慕您的自由，也不羡慕您在国外的愉快心情。俄国的夏天胜过一切。顺便说一句，我并没有很想去国外。在新加坡、锡兰，也许还有我们的阿穆尔之旅后，意大利甚至维苏威火山口都不那么吸引人了。在去过印度和中国之后，我看不出其他欧洲国家与俄国有多大区别。

我们的一个邻居，著名的奥特拉德庄园的主人——X伯爵，现在正在比亚里茨躲避霍乱。他只留了500卢布给自己的医生用于抗击疫情。他的妹妹，即那个女伯爵，住在我负责的区域，当我和她商量给她家的工人搭建医疗营地时，她对待我的态度就好像我正在她家应聘一样，真是奇耻大辱。于是我对她撒了谎，假装自己是富人。我对修道院院长也说了同样的谎言，他拒绝为可能在修道院染病的人提供住处。我问他，如果他的旅舍里有人生病该怎么办，他回答："那些人都是有钱人，会主动付钱给你的。"您明白吗？我勃然大怒，说我不在乎钱，因为我很富有，我只是想要修道院提供保障……有时就是会遇到一些非常愚蠢和屈辱的情况……在伯爵逃难前，我遇到了他的夫人，她耳朵上戴着巨大的钻石，身穿裙撑，站没站相，确实是个富豪。在这样的人面前，人会产生一种愚蠢的学生气，想变得粗鲁无礼。

村里的神父经常来访，每次都待很久。他人很不错，是个鳏夫，有几个私生子。

给我写信，不然会有大麻烦的……

梅利霍沃，1892年10月10日

您那封通知斯沃博金去世的电报，正好在我出门看病人时送到，想想我是什么滋味吧。他今年夏天来过我这里，多么温和可亲的一个人，总是平静而和蔼，跟我感情可好了。我其实察觉到他活不长了，他自己也意识到了，他像老年人一样渴望平静与安宁，已经厌恶舞台和与舞台有关的一切，害怕回到圣彼得堡。当然，我应该去参加葬礼，但首先，您的电报是傍晚时才到的，而葬礼很可能在明天举行，其次，霍乱已经蔓延到20英里之外，我不能离开医疗中心。一个村子里新增了七个病人，其中两人已经死亡，霍乱可能会在我负责的区域暴发。奇怪的是，尽管冬天将至，霍乱却依然在扩散。

我已承诺担任区域医生直到10月15日——那天防疫区将正式关闭。我将遣散我的助理医生，关闭医疗营地，要是霍乱来袭，会显得我相当滑稽。此外，邻近区域的医生正患着胸膜炎，因此如果他的辖区出现霍乱，出于同僚情谊，我将不得不接管。

到目前为止，我还没有遇到一例霍乱，但处理了伤寒、白喉、猩红热等疾病。夏初工作繁重，入秋后逐渐减少。

由于霍乱的缘故，今年夏天我的文学产出几乎为零，我写得很少，对文学的思考更少。不过，我写了两个短篇故事——一个还算可以，另一个很差。

这个夏天过得很艰难，但仔细回想一下，我似乎从未度过如此美好的夏天。尽管霍乱带来了一定混乱，还有困扰我整个夏天的贫困，我却乐得这样的生活，并希望就这样过下去。我种了多少树啊！多亏了我们的耕作方式，梅利霍沃焕然一新，现在看起来格外美丽宜人，尽管可能不会带来什么实际收益。习惯和所有权的力量真是强大，不用付房租的感觉真是妙不可言。结识了新朋友，建立了新的关系。曾经对农民的恐惧，现在想来很可笑。我在地方自治局任职，主持卫生委员会，访问工厂，我喜欢这一切。他们现在把我当作自己人，路过梅利霍沃时会在我这里过夜。此外，我们买了一辆新的舒适的有篷马车，还修了一条新路，因此现在不用再穿过村子了。我们正在挖一个池塘……还有什么？事实上，到目前为止，一切都是新鲜而有趣的，但以后会怎么样，我不好说。现在已经下雪了，天气很冷，但我不想回莫斯科。到目前为止，我还没有感到无聊。

当地受过教育的人非常迷人、有趣。最重要的是，他们很诚实。只有警察不讨人喜欢。

我们养了七匹马，一头宽脸小牛，还有两条分别叫缪尔和梅里利斯的小狗……

1892年11月22日

白天下着雪，夜里月亮尽情地释放光芒，显得华丽而迷人，甚为壮观。然而，我仍然惊叹于那些在乡间过冬的地主的毅力。这里可做的事情太少了，如果不从事某种脑力劳动，人将不可避免地染上贪吃或嗜酒的毛病，抑或成为屠格涅夫笔下的皮加索夫那样的人。单调的雪堆、光秃秃的树木、漫长的夜晚、月光、死一般寂静的昼夜，还有农妇和老太太们——所有这些都让人趋于懒惰、冷漠，甚至患上脂肪肝……

1892年11月25日

理解您的信并不难，您无须为词不达意道歉。您的酒量很大，而我却以甜柠檬水款待您。您只是在恰如其分地评价了柠檬水后，公正地指出其中缺乏烈性。能使人陶醉和臣服的酒精，这正是我们的作品所欠缺的，您把这一点阐述得很好。怎么就不好了？撇开《第六病室》和我不谈，来讨论一下更广的话题，这话题有意思得多。要是您不嫌烦，就让我谈谈整体原因，我们可以讨论整个时代。请如实告诉我，我的同代人——也就是30岁至45岁之间的人——谁给这个世界提供了哪怕一点酒精？难道柯罗连科、纳德松和当今所有剧作家奉上的不都是柠檬水吗？列宾或希什金的画作让您神魂颠倒了吗？您对魅力和才气颇具热情，但偶尔也想抽抽烟。科学和技术知识正在经历一个伟大的时期，但对我们这类人来说，这是一个软弱、陈腐、乏味的时代，我们本身也陈腐、乏味，我们只能生出橡胶般的孩子[1]。唯一看不透这一点的是斯塔索夫，大自然赐予了他一种罕见的天赋，让他能够沉醉于污水。造成这种情况的原因不在于我们的愚蠢、无能或傲慢，而是如布列宁所设想的那样，在于一种对艺术家来说比梅毒或性衰竭更坏的疾病。我们确实缺少"某些东西"，也就是说，掀开缪斯的头纱，您会发现头纱下空无一物。要知道，那些永恒的，或者说不错的，能让人陶醉的作家，有一个非常重要的共同特征：他们在朝着某个方向前进，并号召读者也朝那个方向走。读者不仅在脑中可以察觉到，在整个生命中都可以察觉到，他们有着某种目标，那目标如同哈姆雷特父亲的鬼魂，不是无缘无故地找上门来的。有些作家的目标很明确——废除农奴制、解放祖国、政治、美，或者只是伏特加，就像丹尼斯·达维多夫那样；其他作家则有着更抽象的目标——神祇、来世、人类幸福等等。此类作家中最优秀的是现实主义者，他们如实描绘生活，而

---

[1] 典自格里戈罗维奇的短篇小说《橡皮男孩》。——俄语原书注

且，由于其作品的字里行间都浸润了他们的目标意识，所以读者除了能体会到真实的生活，还能感受到应有的生活，这也是一种魅力。而我们呢？我们！我们只是描述生活的本来面目，除此之外空无一物……鞭笞我们吧，因为我们无能为力。我们既没有具体的目标，也没有抽象的追求，我们的灵魂深处只有一个巨大的空洞。我们不心系政治，不相信革命，不敬畏鬼神，我本人甚至不惧怕死亡和失明。一个没有追求、不抱希望、无所畏惧的人不可能成为艺术家。无论这种情况算不算病了——这不重要，我们都应该认识到，我们的处境比官员还糟糕。我不知道十年或二十年后我们会怎样，那时情况可能会有所不同，但目前，指望当代作家创造出真正有价值的东西是没道理的，这与我们是否有才能无关。我们只是机械地写作，仅仅是遵循长期以来的安排，有些人根据这种安排进入政府部门，有些人经商，另一些人则写作……格里戈罗维奇和您都认为我很聪明。算是吧，至少聪明到不向自己隐瞒病情，不自欺欺人，不拿其他事物当作自己的遮羞布，比如用19世纪60年代的思想来掩盖自己的空虚。我不会像迦尔洵那样跳楼，但我也不会用未来美好的希望来麻痹自己。这种病不是我的错，治愈它也不是我的责任，我们必须假设，这种疾病带有某种隐藏的目的，它不是凭空降临的……

1893

应该把诗人和文人都赶到乡下去……城市生活无法为穷人提供丰富的养分。

写给阿列克谢·谢尔盖耶维奇·苏沃林

1893 年 2 月

天哪!《父与子》真是太伟大了!简直令人生畏,其中对巴扎罗夫病情的描写入木三分,甚至令我也感到不适,好像自己被这个人物传染了一般。看到巴扎罗夫的结局,还有对那些老人、库克什娜的描述,我的感受难以言表。我只能说,这是一部天才之作。《前夜》全文我都不喜欢,只喜欢叶连娜的父亲和充满悲剧色彩的结局。《狗》写得很好,辞藻出色,要是您忘记看了,请记得看看……《阿霞》很迷人,《宁静的港湾》内容太简短,不尽如人意。《烟》这部作品我一点也不喜欢。《贵族之家》比《父与子》差些,但结尾也如同神迹。除了《父与子》当中描绘的老妇人(巴扎罗夫的母亲)以及其他当了妈妈的角色,尤其是那些社交界的女士(比如丽莎的母亲和叶连娜的母亲),还有拉夫列茨基曾经当过农奴的母亲,以及那位卑贱的农妇,屠格涅夫刻画的其他女性都令人无法忍受,太做作,太——请允许我这么讲——虚假。丽莎和叶连娜不是俄国女孩,倒像是皮提亚的女祭司,过分矫情。《烟》中的伊琳娜、《父与子》中的奥金佐娃夫人,所有女强人角色都火辣、诱人,且永不知足,总是野心勃勃,这太荒谬了。比起托尔斯泰的《安娜·卡列尼娜》,屠格涅夫笔下的年轻女士,连带着她们诱人的肩膀,都黯然失色了。屠格涅夫倒是将那些负面女性形象描绘得很精妙,或略带夸张(库克什娜),或别具风趣(对舞会的描写),写得非常成功,让人无可挑剔。

自然风貌的描写挺好⋯⋯但我感觉当代作家已经把这些写透了,是时候来点新花样了⋯⋯

1893 年 4 月 26 日

⋯⋯我正在看皮萨列夫斯基的作品,他确实是一个不可多得的天才!他最出色的作品是《木匠行会》。他书中的细节有些令人疲惫,但他具备当下的时代特征,有对当代批评家和自由主义者的讽刺,也有伶俐、新颖、犀利的观察,字里行间皆是深刻的反思——从我们当代人的角度看来,是多么浅薄而幼稚啊!事实上,一个小说家,一个艺术家,应当摒弃一切只在当下具备价值的东西。皮萨列夫斯基笔下的人物栩栩如生,充满力量。斯卡比切夫斯基曾在自己的历史著作中指责皮萨列夫斯基蒙昧与背信弃义。但是⋯⋯天哪!在所有当代作家中,我不知道有谁比皮萨列夫斯基更热情、更真诚地拥护自由主义。他笔下的神父、官员和将军都是十足的无赖。没有人像他那样严厉地抨击旧的法律和军事体制。

顺带一提,我还读了布尔热的《都市》。罗马、教皇、科雷乔、米开朗琪罗、提香、总督、五旬美人、俄国人和波兰人,种种要素都出现在布尔热的作品中,但与我们粗犷、朴实的皮萨列夫斯基相比，他的写作是多么浮浅、牵强、矫情和虚假啊！……

远离城市真是再明智不过的决定！告诉所有靠文学为生的福法诺夫、切尔姆尼之流，在乡村生活比在城市便宜得多。我现在每天都深有体会，我现在不花家里一分钱，因为住处、面包、蔬菜、牛奶、黄油、马匹全靠自给自足。这里事务繁多，让人忙不过来。在整个契诃夫家族中，只有我能躺或坐，其他人则要从早忙到晚。应该把诗人和文人都赶到乡下去，为何要忍饥挨饿，靠乞讨度日？就诗歌和艺术的素材而言，城市生活无法为穷人提供丰富的养分。他们只能栖居在四墙之内，仅在编辑部和餐馆里与人接触……

1894

没什么新鲜事,天气好极了,一只夜莺正在房子附近的树上筑巢。

写给阿列克谢·谢尔盖耶维奇·苏沃林

梅利霍沃，1894 年 1 月 25 日

我确信自己心理状态正常。诚然，我对生活不抱很大的渴望，但目前为止还未演变为病态，这可能只是暂时的、人皆有之的状态。作者描写某人精神失常，并不意味着他自己就精神失常，我创作《黑衣修士》时并没有任何忧郁的想法，而是在冷静的思考下动笔的，我只是想描绘一下狂妄与自大。在乡村游荡的修士来自一场梦，我醒来后分享给了米沙。所以您可以告诉安娜·伊万诺夫娜，可怜的安东·巴甫洛维奇——谢天谢地——还没有失去理智，他只是晚上吃得太饱，所以才会梦见修士。

我总是忘记提醒您：记得看看《俄国思想》上埃尔特尔的《先知》，它以老式童话的风格表现了一种诗意和某些令人恐惧的东西，这是莫斯科近来最出色的新作品之一……

雅尔塔，1894 年 3 月 27 日

总的来说，我身体健康，只是有些地方不太舒服。比如咳嗽、

心悸、痔疮。我连续六天心悸不断,那种感觉总令人不快。彻底戒烟以后,我摆脱了阴郁和焦虑的情绪。也许是因为不再抽烟,托尔斯泰的道德观不再能打动我。在内心深处,我甚至感到排斥,这当然是不对的,我的血管里流淌着农民的血,但农民的美德却不会让我惊讶。从小我就信奉进步,也不得不如此,因为我经历了从挨打到不再挨打,这种变化是巨大的……但托尔斯泰的哲学曾深深地触动我,主宰了我的思想长达六七年之久。影响我的不是他那些我早已烂熟于心的普世观点,而是他的表达方式,他的理性,此外可能还有某种催眠术般的魔力。而现在,我内心有些东西在抗议,理性和公正告诉我,在对人类的爱与热忱中,有比禁欲和素食更伟大的东西。战争是邪恶的,法律之公正也没好到哪里去,但这并不意味着我就该穿树皮鞋,和工人一起睡在炉子上,诸如此类。不过这不是重点,这不是赞成还是反对的问题。关键在于,不管怎样,托尔斯泰对我来说已经是过去式了,他不再占据我的内心,他不再能影响我,离开时对我说:"我要离开你这空虚之地。"我感到空虚,厌倦各种理论,对马克斯·诺尔道[1]这样的骗子,我读起来简直反胃。发烧的病人不想吃东西,但他们确实想要些什么,他们把这种模糊的渴望表达为"想吃一点酸的东西"。我也想要一点酸的东西,这不仅仅是一种偶然的感觉,因为我注意到身边其他人也有同样的情绪,就好像恋爱后失恋了,需要寻找新的消遣。俄国很可能会再次经历一个对自然科学狂热的时期,唯物主义思潮可能会成为风尚。自然

---

[1] 德国作家,在其作品《退化论》中,他批评了19世纪末许多艺术和文学运动,认为它们是社会退化的表现。

科学正在创造奇迹,它可能会像马麦[1]一样影响人们,以其发展规模和宏伟效果支配所有人。然而,这一切都掌握在上帝手中,过多的理论思考会让人头晕目眩。

---

1 14世纪蒙古金帐汗国的著名军事领袖。他在1380年的库里科沃战役中被莫斯科大公打败,这场战役被视为俄国摆脱蒙古统治的开始。在俄国历史和文化中,马麦常常被用作一个强大的入侵者的象征。

写给莉迪亚·斯塔西耶夫娜·米济诺娃

雅尔塔,1894 年 3 月 27 日

亲爱的莉卡:

感谢来信,尽管您在信中吓唬我说您快要死了,还挖苦我拒绝了您,但我依然感谢您的来信。我很清楚您死不了,我也没有拒绝您。

我如今在雅尔塔,非常非常无聊。这边所谓的上流社会正在排演《浮士德》,我去看了排练,欣赏了一片由黑色、红色、亚麻色和棕色头发组成的花海,一边听着歌声,一边吃着东西。在当地高中校长的家里,我品尝过奇布列克[1],吃了羊脊肉配煮熟的谷物。在一些德高望重者的家里,我喝到了蔬菜汤。我在糖果店里吃东西,在旅馆里吃东西。我晚上 10 点睡觉,早上 10 点起床,午饭后躺下休息,但依然感到无聊。亲爱的莉卡,我感到无聊不是因为"我的女士们"不在身边,而是因为雅尔塔的春天比不了北方的,还因为"必须写作,应该动笔"的想法久久不散——我就该不停地写啊

---

[1] 一种半月形的油炸馅饼,传统的馅料是羊肉末,但也常用牛肉或猪肉。

写啊！在我看来，幸福只有通过劳逸结合方可实现。我理想的生活是无所事事，然后爱上一个丰满的姑娘。我最大的幸福是走路或坐着什么都不做，我最喜欢的活动是收集无人要的东西（树叶、稻草等），再做些无用的事。然而，我是一个文人，不得不在雅尔塔这个地方写作。亲爱的莉卡，苟富贵，无相忘，当您成为一个伟大的歌唱家，请善待我，嫁给我，养着我，让我可以自由自在地无所事事。如果您真的要死了，这个任务还可以转交给瓦里娅·埃伯利。您知道的，我爱她。我被不得不做、无法避免的工作折磨得心力交瘁，最近一周一直被心悸所困。这种感觉真是糟糕。

我把我的狐皮大衣以 20 卢布的价钱卖了！它原本值 60 卢布，但因为掉了 40 卢布的毛，20 卢布的价格并不算低。这里的醋栗还没成熟，但天气温暖而明媚，树木抽了芽。朝海面望去，仿佛到了夏天。年轻女士们追寻着感官刺激。但俄国的北方还是比南方好，至少在春天是这样。我们北方的自然更忧郁，更抒情，更像列维坦笔下的画。这里既不是这样也不是那样，就像优美、响亮但冰冷的诗句。由于心悸，我一周没喝酒了，周围的环境因而看起来更加匮乏……

M 在雅尔塔举办了一场音乐会，净赚 150 卢布，他号得跟一头鲸鱼似的，但取得了巨大成功。没有学过唱歌，我感到非常遗憾。我也会号，嗓音颇具沙哑的特色，他们说我有真正的八度音阶。我本可以凭此赚钱，成为女士们的宠儿……

写给哥哥亚历山大

梅利霍沃，1894 年 4 月 15 日

……我已从炽热的塔夫里达回家,现在正坐在家里清凉的池塘边。不过这里也很暖和,温度计显示 26 度……

我正在田野里忙活呢:开辟小径,种植花卉,砍伐枯树,赶走花园里的鸡和狗。文学扮演着埃拉基特的角色,总是充当背景板。我不想写作,说实话,一个人很难同时兼顾生活的欲望和写作的欲望……

写给阿列克谢·谢尔盖耶维奇·苏沃林

梅利霍沃，1894 年 4 月 21 日

乡下确实很美好，对那些在乡村出生并度过童年的人来说更是如此。俄国这个国家在晴朗的日子里是极其美丽迷人的。但您永远不会给自己买一座庄园，因为您不知道自己想要什么。要喜欢上一座庄园，就必须下定决心去买它，只要它不是自己的，就会显得不对劲，乃至满是缺点。我的咳嗽好多了，皮肤晒黑了，他们说我长了一点肉。但前几天我差点摔倒，一度以为自己要死了。当时我正和我家的邻居——王子殿下沿着林荫道散步聊天。突然感到胸口有什么东西断开了，接着一阵温热和窒息的感觉袭来，耳朵里嗡嗡作响。我想起自己已经心悸很久，便心想"这儿指定有问题"，然后快步走向阳台，那里坐着客人。我心里只有一个念头：在陌生人面前倒下死去会很尴尬。不过等我走进卧室喝了些水后，就恢复了……

所以，并不是只有您一个人遭受眩晕之苦！

我正准备搭建一幢漂亮的小屋……

5月9日

没什么新鲜事,天气好极了,一只夜莺正在房子附近的树上筑巢。离我家约 12 英里处有一座叫波克罗夫斯科耶－梅谢尔斯科耶的村庄,那里的老庄园如今是本省的精神病院。5月4日,来自莫斯科全省的约 75 名地方医生在那里聚会,我也是其中之一。那里有很多病人,而且是精神病专家会觉得有意思,但心理学家不感兴趣的病例。有一个病人是神秘主义者,宣扬圣三一以基辅大主教约安尼基的形象降临人间。"我们只有十年的期限,已经过去了八年,只剩两年了。如果我们不想让俄国像所多玛一样毁灭,全国都必须举着十字架游行到基辅,就像莫斯科人去特罗伊察[1]那样,在那里向以高贵的大主教约安尼基形象出现的神圣殉道者祈祷。"这个古怪的家伙确信精神病院的医生正在毒害他,而以大主教约安尼基形象现身的基督奇迹般地干预了院内的医生,正在拯救他。他不断朝着东方祈祷和唱歌,在对上帝说话时,总是加上"以高贵的大主教约安尼基之名"这段话,表情甚是可爱……

我深夜乘马车从精神病院回家,其中三分之二的路程都是在月光照耀下的森林中穿行,这让我产生了一种很久没有过的奇妙感觉,仿佛刚幽会归来。我认为大自然与闲暇时光是幸福的基本要素,没了它们,幸福是不可能实现的……

---

[1] 特罗伊察指特罗伊察修道院,也称圣三一修道院,是俄国最重要的修道院之一。在重要时刻,莫斯科的居民会组织大规模的朝圣活动,前往特罗伊察修道院祈祷。

写给阿维洛娃夫人

梅利霍沃，1894 年 6 月

太多人来拜访了，我忙得没法回复您的上一封信。我本想详细写写，但一想到随时可能有人进来打扰，便停笔了。事实上，就在我写"打扰"这个词的时候，一个女孩进来通知说有病人到了，我必须去看看……我已经开始厌恶写作，不知如何是好。虽然我很乐意重操旧业，看病救人，也接受任何职位，但我的体力大不如前。如今当我在写作或认为自己应该写作时，那种嫌恶的感觉无异于喝汤时从里面捞出一只虫——请原谅我用这个比喻。我讨厌的不是写作本身，而是无法逃避的文学氛围，就像地球的大气层一样，无处不在……

写给阿列克谢·谢尔盖耶维奇·苏沃林

梅利霍沃，1894 年 8 月 15 日

我们的伏尔加河之行最后变得有些荒唐，我和波塔片科本打算从雅罗斯拉夫尔乘船到察里津，再到卡拉奇，然后沿顿河到塔甘罗格。从雅罗斯拉夫尔到下诺夫哥罗德的航程风光虽美，但我早已见识过。船舱里很闷热，站在甲板上风刮得脸生疼，乘客也尽是些没教养的家伙，令人心烦。到了下诺夫哥罗德，托尔斯泰的朋友 N 来迎接我。炎热的天气、干燥的风、集市的喧嚣和 N 的闲谈突然令我喘不过气来，浑身不适，恶心得很。我只好拎起行李，狼狈地逃到火车站……波塔片科紧跟着我，我们买了去莫斯科的车票，但又觉得这样空手而归太过窝囊，于是决定随便去个地方，哪怕是拉普兰也行。若不是因为他妻子，我们本想去费奥多西亚，可惜……唉！谁让他妻子住在费奥多西亚呢？[1] 经过一番权衡和讨论，并考虑了预算问题后，我们选择了普索尔河畔的苏马，这您也知道……说实

---

1 在 19 世纪末的俄国上流社会，已婚男性有时会选择不与妻子一起旅行，以保持一定的个人自由。此外，两个已婚男性一起旅行到其中一人妻子所在的地方，可能会被认为不合适或引起闲言碎语。

话,普索尔河确实美极了,沿岸温暖,水域广袤,绿树成荫,居民也很可爱。我们在那里度过了六天,吃喝玩乐,无所事事。您要知道,这正是我理想中的幸福生活。如今我又回到了梅利霍沃,这里冷雨绵绵,天色阴沉,到处泥泞不堪。

有时候,路过三等车厢的餐厅,看到一条早就做好的冷鱼,不禁想,谁会吃那种没滋没味的东西。但毫无疑问,总有人要吃,而且会觉得这道菜挺好。N 的作品也是如此。他就是一个为没见识的三等车厢乘客写作的小市民作家。对那些读者来说,托尔斯泰和屠格涅夫太高雅了,像是另一个世界的东西,难以消化。有些人就爱吃咸牛肉配辣根酱,对洋蓟和芦笋却不屑一顾。设身处地想象一下,那灰暗单调的院落、貌若厨娘的所谓知识女性、煤油的气味,以及乏味的生活——您便能理解 N 和他的读者了。他的作品乏善可陈,因为他描述的生活本就如此。其虚妄源于小市民作家的本质,他是庸俗作家中的登峰造极者。庸俗作家与他的读者沉瀣一气,而小市民作家则虚伪地奉承其读者们狭隘的道德观。

1895

我受不了日复一日、朝朝暮暮的幸福。每天都听人用同样的腔调说同样的话,我会发疯的。

写给阿列克谢·谢尔盖耶维奇·苏沃林

梅利霍沃，1895 年 2 月 25 日

……我真希望能在火车或轮船上碰到像尼采这样的哲学家，整晚与他畅聊。不过，我觉得他的哲学恐怕难以长存，因为其哲学更多是在哗众取宠，不能令人信服……

梅利霍沃，1895 年 3 月 16 日

上帝派了 N 来看我，而不是您，他带着 E 和 Z 来看我。这两个年轻的呆子一字不落地听着我们讲话，却让全家人都陷入了无聊的深渊。N 看起来松松垮垮的，没什么精神，他瘦了，但变得更温和、亲切了，看样子是快不行了。我母亲向屠夫订肉时说，得给我们些好肉，因为有位从圣彼得堡来的 N 在我们这里。

"哪个 N？"屠夫惊讶地问，"那个写书的？"然后他就给我们送来了上等肉。看来屠夫不知道我也写书，因为他给我拿的向来都是些带筋的肉……

您那封关于学生体育活动的短笺很有见地，希望您能继续探讨

这个话题。运动的确不可或缺。它不仅有益身心健康，还能促进自由和平等，因为没什么比公共运动更能消除阶级隔阂了。运动能让孤独的年轻人交到朋友，增加恋爱的机会。但如今俄国的学生还饿着肚子，谈论这些为时尚早。饿着肚子的学生无论是去滑冰还是打槌球，都不可能快乐或自信起来。

梅利霍沃，1895 年 3 月 23 日

我告诉过您，波塔片科是个活力四射的人，您却不信。每个小俄罗斯人心里都藏着宝藏。我有预感，等我们这代人老了，波塔片科会是我们当中最开朗、最快活的老头儿。

如果您希望如此的话，我倒是也可以结婚。但有个条件：一切必须保持现状。也就是说，她住莫斯科，我住乡下，我偶尔去看她。我受不了日复一日、朝朝暮暮的幸福。每天都听人用同样的腔调说同样的话，我会发疯的。比如说，和 S 在一起时我就会烦躁，因为他很像个女人（"一个聪明、善解人意的女人"），而且在他面前，我会联想到我的妻子可能也是这样。我保证我会是个好丈夫，但请给我一个像月亮一样不会天天出现在我眼前的妻子。结了婚，我的写作也不会有进步……

马明－西比里亚克是个不错的人，也是个出色的作家。他最新的小说《面包》备受赞誉，列斯科夫对它尤其推崇。他的作品确实有许多亮点，在他写得最成功的故事里，对农民的刻画丝毫不亚于《主人与仆人》。

我在梅利霍沃已经住了四年。当初的小牛犊如今已经产奶，小树林至少长高了一米。我的继承人将来一定会靠这些树木大赚一笔，然后骂我是个傻瓜，因为继承人永远不会满足。

梅利霍沃，1895 年 3 月 30 日

……我这里虽说已经入春，但积雪仍然如山，不知何时才能融化。太阳一躲进云里，雪就开始散发寒气，令人不适。玛莎已经在花坛和花带忙活了，她总是累得不行，脾气也不好，所以根本不需要看什么斯米尔诺娃夫人的文章。那篇文章的建议倒是不错，年轻女士们读了可能会有所裨益。但是有一点我不明白，如果庄园远离城镇，她们怎么处理苹果和卷心菜呢？如果黑麦卖不出去，一分钱也没有，她们又拿什么做衣服呢？靠自己的双手在自己的土地上生活，唯一的途径就是不分阶级和性别，像农民一样工作。现在已经不能使用奴隶了，所以必须自己拿起镰刀和斧头，如果做不到这点，即便花园再大也无济于事。在俄国，农业上最小的成功也要付出与大自然斗争的残酷代价，光有愿景是不够的，还需付出体力和毅力，并注重传统——年轻女士们有这些品质吗？建议年轻女士们去从事农业，就跟建议她们去当熊，去制作牛轭一样莫名其妙……

我虽然没钱，但住在乡下，这里没有餐馆，也没有马车夫，感觉不太花钱。

梅利霍沃，1895 年 4 月 13 日

我厌倦了显克维奇的《波罗涅茨基家族》。这本书就是加了藏红花的波兰复活节蛋糕。把波塔片科跟保罗·布尔热结合，再洒上华沙古龙水，然后一分为二，就是显克维奇。《波罗涅茨基家族》明显受到了布尔热的《都市》、罗马城与婚姻的启发（显克维奇最近刚结婚）。读者仿佛置身地下墓穴，听一个奇怪的老教授感叹理想主义，观瞻教皇利奥十三世那张圣徒中超凡脱俗的面孔，并听取教皇有关回归祈祷书的建议，还有对那个因吸食吗啡而亡的颓废者的诽谤——他在忏悔并领圣餐后死去，也就是说，他以教会的名义对自己的错误表示了悔改。书中充斥着大量关于家庭幸福和爱情的讨论，主角的妻子对丈夫过分忠诚，又过分敏锐地"用心"理解上帝和生活的奥秘，最后让人感到恶心和不舒服，就像一个黏腻的吻。显克维奇显然没读过托尔斯泰，也不了解尼采，他对催眠的描述就像个门外汉。另一方面，书中写满了鲁本斯、博尔盖塞、科雷乔、波提切利——这是为了向小市民读者炫耀作者有文化，同时暗地里嘲讽唯物主义。这部小说的目的是让小市民在美梦中安然入睡。对妻子忠诚，和她一起祈祷、存钱、锻炼身体，如此这般，人在现世和来世便能万事如意。小市民非常喜欢所谓的实用型人物和大团圆的小说，因为这些能带给他们安慰，让他们以为积累资本的同时还能保持纯真，既能当禽兽又能享福……

祝您万事如意。

那个农妇的烦恼似乎还不够多，她又买了头猪。我觉得俄国会因为这个不结冰的港口惹不少麻烦，代价可能比我们决定对日本开战还要昂贵。[1] 不过，未来掌握在神的手中。

---

[1] 预言了日俄战争和围绕旅顺港的斗争。——俄语原书注

梅利霍沃，1895 年 10 月 21 日

感谢您的来信，还有您温暖的话语和邀请。我会来的，但很可能要等到 11 月底，因为我有太多事要做。首先，春天时我要在村子里建一所新学校，我会担任学校的学监，因此开工前得制订计划和预算，还要东奔西跑。其次——您能想象吗——我正在写一部戏，可能要到 11 月底才能完成。写得还算愉快，虽然我对舞台的条条框框咒骂不止。这次写的是一部喜剧[1]，有三个女角色和六个男角色，共四幕，有风景（湖景），以及大量关于文学的对话，动作很少，满满的爱情元素。您说《奥泽罗娃》失败了，我很遗憾，因为没有什么比失败更令人痛苦……您还提到《黑暗的力量》在你们那里的剧院成功上演……8 月我在托尔斯泰家时，他洗完手后擦手时告诉我，他不会修改自己的戏。现在想起来，我觉得他当时就知道他的戏能过审。我在他家待了两天一夜，他给人的印象很好，我感觉很自在，就像在自己家一样，谈话也很轻松……

莫斯科，1895 年 10 月 26 日

托尔斯泰的女儿们很不错，她们崇拜自己的父亲，对他有种狂热的信仰，这意味着托尔斯泰确实有一种强大的道德力量。若他不真诚或有瑕疵，女儿们会率先怀疑他，因为女儿就像麻雀，不能用谷糠哄骗她们。一个男人可以随意欺骗他的未婚妻或情人，因为在

---

1 即《海鸥》。——俄语原书注

他心爱的女人眼里，一头驴也可能成为哲学家，但在女儿眼里就不一样了……

梅利霍沃，1895 年 11 月 21 日

好吧，我这部戏写完了。以"强音"开场，以"弱音"收尾——这违背了戏剧艺术的所有规则，使之变成了一部小说。我对它的不满多于满意。读着自己的新剧本，比以往任何时候都更确信自己不是个剧作家。每一幕都很短小，共有四幕。虽然目前只是框架，在春天到来之前还会改动无数次，我还是让人印了两份，之后会寄给您一份，不过请您别让任何人读……

1896

让世界继续推进其命定的无情进程,我们只能寄希望于更美好的未来了。

写给弟弟米哈伊尔

圣彼得堡，1896 年 10 月 15 日

……我的《海鸥》将于 10 月 17 日上映，科米萨尔热夫斯卡娅夫人的演技令人惊叹。我这里没什么新鲜事，一切安好。我大约 25 日或月底回梅利霍沃，29 日有地方自治会议，要讨论修路的事，我必须出席……

写给阿列克谢·谢尔盖耶维奇·苏沃林

圣彼得堡,1896 年 10 月 18 日

我即将动身回到梅利霍沃。祝一切顺利。请停止印刷剧本。昨晚的事我永生难忘,不过睡得很好,现在心情还算不错。

给我写信吧……您的信我收到了。我这部戏不会在莫斯科上演,从此我既不写剧本,也不找人演出。

写给妹妹

圣彼得堡,1896 年 10 月 18 日

我要回到梅利霍沃了,明天下午一两点到。昨天的事并未让我太过惊讶或失望,因为排练时我就有心理准备了——我现在感觉还好。

来梅利霍沃时,把莉卡也带上。

写给弟弟米哈伊尔

圣彼得堡,1896 年 10 月 18 日

这部戏彻底砸了,惨不忍睹。剧院里弥漫着耻辱和茫然的气氛。演员们的表演愚蠢得要命。要问我学到了什么,那便是:人不该写戏。

写给阿列克谢·谢尔盖耶维奇·苏沃林

梅利霍沃,1896 年 10 月 22 日

您上一封信(10 月 18 日)里三番五次说我像个娘们儿,说我怕了。何必这样冤枉我呢?演出后我在罗曼诺夫家吃了晚饭,然后安然入睡。我以自己的人格担保,第二天回家时,我嘴里一句怨言都没有。要是我真怕了,我早就跑去求编辑和演员通融,紧张兮兮地将剧本乱改一通,在圣彼得堡忙活两三周,又是兴奋又是冒冷汗,还要哭哭啼啼……演出那晚您在我那里时,您说我最好离开,第二天早上我就收到了您的告别信。我哪里表现出害怕了?我很冷静,也很理智,就像求婚被拒绝后只好离开的人一样。没错,我的自尊是受到了一点打击,但您知道这并非晴天霹雳。我早料到会失败,也为此做好了准备,就像我事先如实跟您讲过的。

回家后,我喝了一点蓖麻油,冲了冷水澡,现在我又能写新剧本了,不再感到疲惫、烦躁,也不怕达维多夫和让来找我谈戏。我同意您的修改意见,十分感谢。只是请别为自己没参加排练感到遗憾,您也知道,我们其实只排练了一次,而且什么问题都没能看出来。演得太差劲了,根本看不出这部戏该是什么样子的。

我收到了波塔片科的电报——"大获成功"。还收到了一位不认识的维瑟利茨基小姐（米库利奇）的来信。她以一种好像我家里死了人的口吻表示同情。这实在不恰当，简直是无稽之谈。

我妹妹对您和安娜·伊万诺夫娜赞不绝口，我高兴得无以言表，因为我爱你们一家如同手足。她从圣彼得堡急匆匆赶过来，大概以为我会上吊自杀……

写给叶连娜·米哈伊洛夫娜·沙芙洛娃

梅利霍沃,1896 年 11 月

尊敬的"某位观众",如果您说的是首演,那么恕我直言——请允许我对您的真诚表示怀疑。您急着给作者的伤口抹点药膏,认为在这种情况下,安慰比说实话更有必要,也更好。您真是太善良了,此举充分体现了您的好心。首演时我没看完全场,但我看到的部分尽是灰暗、阴郁和僵硬。我没有分配角色,也没有提供新布景。我们只排练了两次,演员连他们的角色都不熟悉——结果就是一片混乱,人人沮丧。就连科米萨尔热夫斯卡娅夫人的表演也差强人意,尽管在某次排练中她演得绝佳,让前排观众看得垂头落泪。

无论如何,我由衷感激,也深受感动。我所有的剧本都在印刷中,一印好就给您寄一本……

写给阿纳托利·费奥多罗维奇·科尼

梅利霍沃,1896 年 11 月 11 日

您的来信让我喜出望外。我只看了前两幕,后面整场都坐在后台,我一直认为《海鸥》是彻头彻尾的失败。演出当晚及第二天,大家都说我写出了一群傻子,说我的戏从舞台角度来看笨拙至极,既不高明,又晦涩难懂,甚至毫无意义,诸如此类。您可以想象我的处境——始料未及的惨败!我又羞又恼,离开圣彼得堡时心里满是疑惑。我想,如果我写的戏明显漏洞百出,还能搬上舞台,那我一定是失去了所有的灵感,创作能力肯定彻底崩溃了。到家后,我收到了圣彼得堡的来信,信里说第二场和第三场演出很成功。还收到了其他几封信,有署名的,也有匿名的,都在夸赞这部戏并抨击评论家。读完这些信,我心里好受了一些,但仍又恼又羞。我不禁想,如果好心人觉得有必要安慰我,那我的处境一定糟糕透顶。然而您的信给了我最大的鼓舞,我们相识已久,我对您敬重有加,对您的信任超越对其他任何评论家的总和——您写信时一定也感受到了,所以您的信才如此精彩,如此有信服力。现在我心里踏实多了,回想这部戏和演出时的场面总算不再感到厌恶了。科米萨尔热夫斯卡娅夫人是出色的演员。某次排练中,许多人观看了她的演出,并感动得落泪,说她是当今俄国首屈一指的女演员。但首演时,大多数观众对《海鸥》的敌意对她产生了影响,她似乎被吓到了,失了声。报刊对她态度冷淡,没有公允地评价她的才能,我为她感到惋惜。请允许我衷心感谢您的来信。相信我,我珍视促使您来信的那份情谊,其程度远超我能用言语表达的范畴。您在信末说那是"不必要"的同情,但无论将来如何,我永远不会忘记这次通信。

写给弗拉基米尔·伊万诺维奇·涅米洛维奇-丹钦科

梅利霍沃,1896 年 11 月 26 日

亲爱的朋友:

首先来回答您信中的首要问题——为何人们很少谈及严肃话题。人们保持沉默,无非是因为无话可说,或者感到不自在。这般情况下,还有什么可谈的呢?人们没有政治生活,也没有社交生活,甚至没有俱乐部生活,连街头生活也没有。俄国公民的生活贫穷、单调、沉闷、乏味——人与人之间的交流就跟与 L 通信一样无聊。您说我们身为文人,本身便会使自己的生活丰富多彩。但果真如此吗?文人囿于自己的职业身份,渐渐与外界隔绝开来,结果是我们几乎没有闲暇,口袋空空,买不起书,所以看的书少之又少,也很不乐意去看。我们听到的很少,去的地方很少。我们应该讨论文学吗?……但我们已经在讨论文学了。年复一年,都是老一套,话题无非是谁写得好,谁写得差。从来没人对更为宏观、普遍的话题感兴趣,当周围全是冻土和因纽特人时,那些宏大的想法与现实格格不入,很快就会显得空洞,像对永恒幸福的幻想一样飘走。那谈谈个人生活呢?没错,有时候可能会很有意思,也许可以聊聊,但关于此话题，我们难免束手束脚，保守且不真诚：我们被自我保护的本能所约束，我们害怕，害怕个人生活被某个不喜欢自己且自己也不喜欢的"没教养的因纽特人"偷听了去。我本人就害怕那个才气逼人的朋友 N，他会在旅途中和聚会时高谈阔论，探讨我为何会在与 X 如此亲密的同时让 Z 也爱上我。我害怕道德观念，害怕那些女士……总之，对于沉默，对于我们谈话的肤浅与乏味，不要责怪你我，要怪就怪评论家所说的"这个时代"，责怪气候，责怪道阻且长，随您怎么说吧。让世界继续推进其命定的无情进程，我们只能寄希望于更美好的未来了。

1897

我也没有说闲暇是我的理想,只是说它是个人幸福必不可少的条件之一。

写给阿列克谢·谢尔盖耶维奇·苏沃林

梅利霍沃,1897 年 1 月 11 日

我们正在搞人口普查。给普查员发的墨水瓶烂得要命,还有那些丑陋、笨重的徽章,活像啤酒厂的标签,再加上装不下普查表的文件夹——仿佛入不了鞘的剑。真丢人。我天不亮就挨家挨户地跑,被那些矮得要命的门框撞得昏头昏脑,更倒霉的是我还犯了偏头痛,得了流感。有一个 9 岁小姑娘,原本在孤儿院,现在寄养在一户人家里,她哭得伤心欲绝,就因为屋里其他小女孩都姓米哈伊洛夫娜,而她却随教父姓里沃夫娜。我就对她说,你也跟着姓米哈伊洛夫娜得了,一家人乐开了花,连声道谢。这大概就是所谓的"投其所好,讨人欢心"吧。

《外科杂志》总算过了审,马上就要出版了。帮个忙吧,把随信附上的广告登在您家报纸的头版,费用算我的。这本杂志肯定不错,打广告只会带来实实在在的好处。您也知道,给人截肢可是件大好事。

说到医学,治疗癌症的法子找到了。近一年来,多亏了俄国大夫杰尼先科,他和别人一直在试验白屈菜汁,据说效果好得惊人。

癌症是一种要命且折磨人的病，死起来痛苦万分。试想一下，对于懂点医术的人来说，看到这样的结果得有多高兴……

莫斯科，1897年2月8日

人口普查总算完事了，这活儿可把我累坏了，又要数数又要写字写到手抽筋，还得给其他15个普查员讲课。普查员们倒是尽心尽力，甚至一丝不苟到有点可笑。反倒是负责乡村普查的地方长官，表现得叫人大为光火。他们什么都不干，懂的也不多，到了关键时候还请病假。他们那伙人里最像样的是个酒鬼，爱吹牛皮，跟赫列斯塔科夫有一拼，但至少从喜剧角度来看，他这人还算有意思。其他人简直平淡到了极致，跟他们打交道真是烦死人。

我现在住在莫斯科大酒店，就待十天，然后回家。整个大斋期加上4月又得跟木匠们打交道了，要建学校。农民们派人来求我，我实在不好意思推辞。当局出了1 000卢布，农民们又凑了300卢布，就这些了，可建学校怎么也得3 000卢布。所以今年夏天我又得整天想着钱的事，到处张罗。总的来说，在乡下过日子就是不停忙，不停操心……

警察对大名鼎鼎的托尔斯泰信徒切尔特科夫发动了突袭，把托尔斯泰派收集的关于杜霍波尔派和其他派别的材料都搜走了。就这样，仿佛变魔术似的，所有针对波别多诺斯采夫和他那帮人的证据全没了。戈列梅金登门拜访了切尔特科夫的母亲，说："你儿子必须二选一，要么去波罗的海省，希尔科夫亲王正在那里流放着，要么就滚出国。"切尔特科夫选择出走伦敦。

他 2 月 13 日就出发，列夫·托尔斯泰特地跑到圣彼得堡给他送行。昨天他们还把他的冬大衣寄过去了。送行的人多着呢，连瑟京也会去，我真遗憾自己去不了。虽说我对切尔特科夫没什么好感，但眼见他受到这种待遇，我不禁气得牙痒痒……

莫斯科，1897 年 4 月 1 日

大夫说我的肺上部感染了结核病，要我改变生活习惯。我懂他们的诊断，可不明白他们开的方子，因为根本没法照做。他们让我住在乡下，可您得知道，长期住在乡下就意味着天天跟农民、牲口、各种自然灾害打交道。想在乡下摆脱烦恼比在地狱里不被烧伤还难。不过我还是会尽量改变自己的生活方式，我已经托玛莎通知大家，我以后不在乡下行医了。这对我来说既是解脱，也是巨大损失。我会辞去在当地的所有公职，买一件睡袍，晒晒太阳，好好吃饭。他们让我一天吃六顿，还嫌我吃得太少。他们不让我说太多话，不许游泳，诸如此类。

除了肺，其他器官都挺好。我以前以为自己喝酒喝得刚刚好，不伤身，检查后却发现喝过的比能喝的还少，真可惜！

《第六病室》的作者从 16 号病房挪到了 14 号病房。地方挺大，有两扇窗户，波塔片科式的灯光，三张桌子。本来吐的血已经没那么多了，那天晚上托尔斯泰来看过我（我们聊了很久）之后，凌晨 4 点我又吐了不少血。

梅利霍沃是一个有益健康的地方，正好位于分水岭上，地势高，从来没有人发过烧或得了白喉。他们商量来商量去，最后决定让我哪儿也别去，就继续住在梅利霍沃。我只需要把房子弄得舒服一点……

莫斯科，1897 年 4 月 7 日

……您说我的理想生活是懒散。不，不是懒散，我瞧不起懒散，就像鄙视软弱与精神和道德力量的欠缺一样。我说的不是懒散而是闲暇，我也没有说闲暇是我的理想，只是说它是个人幸福必不可少的条件之一。

要是科赫那边新的血清化验结果不错，我肯定去柏林，多餐对我一点用也没有，这两周他们一个劲儿地给我喂饭，但都是白费劲，我一点肉都没长。

我大概该结婚了，或许娶个爱唠叨的老婆能将来我这里的人至少赶走一半。昨天一整天访客络绎不绝，烦死我了。他们两人两人地来，每个人都让我别说话，可又问东问西的……

写给亚历山大·伊万诺维奇·埃尔特尔

梅利霍沃，1897 年 4 月 17 日

亲爱的朋友亚历山大·伊万诺维奇：

我眼下在家里。复活节前两周，我一直躺在奥斯特罗乌莫夫诊所里吐血。医生诊断我肺部染上了结核。现在感觉很好，哪儿也不疼，身体也没什么不适，但医生禁止我饮酒、活动和交谈，让我多吃东西，还不让我工作——这让我有些郁闷。

我没听到什么关于人民剧院的消息。在代表大会上，人们提起它时态度冷淡，没表现出什么兴趣。那个承诺写章程并开展工作的小组显然也有些兴致恹恹，我猜是因为春天的缘故。我只见到了戈尔采夫，但还没来得及和他谈剧院的事。

没什么新鲜事，文坛一片死寂。编辑部里的人都在喝茶和便宜的酒。他们一边百无聊赖地走来走去，一边喝着，显然无所事事。托尔斯泰在写一本关于艺术的小书。他来诊所看过我，说他把《复活》这部小说扔到一边了，因为他不喜欢，他现在只写有关艺术的东西，已经读了 60 本关于艺术的书。他的想法并不新鲜，历代所有聪明的老者都在用不同的调子唱着同一首曲子。老人总是易于看到世界末日，总是宣称道德已经堕落到了极点，艺术变得浅薄又单调，人们变得越来越软弱，诸如此类。

列夫·尼古拉耶维奇试图在他的小书里说服读者，当前的艺术已经步入最后阶段，陷入无路可走的死胡同（除了倒退）。

我什么也没干，每天就是用大麻籽喂麻雀，修剪玫瑰树。经我修剪后，玫瑰开得特别漂亮，不过我没有管农活。

保重，亲爱的亚历山大·伊万诺维奇，谢谢您的来信和问候。看在我身体不好的分上多给我写信吧，也别太责怪我回信敷衍。

以后我会试着一读到您的信就回复。向您致以最诚挚的问候。

写给苏沃林

梅利霍沃,1897 年 7 月 12 日

……我最近在读梅特林克,已经读完了《盲人》《不速之客》,正在读《阿格拉凡和赛莉塞特》。这些都是奇特而精彩的作品,读罢给我留下了深刻的印象,要是我开了一家剧院,定会将《盲人》搬上舞台。顺便说一句,书里描写了一个壮观的场景,远处有海和灯塔,定会产生绝妙的舞台效果。虽说观众的确半傻半痴,但可以通过在节目单上简明扼要地写清剧情来避免演出失败,就说这部剧是比利时颓废派作家梅特林克的作品,讲述的是一个带领一群盲人的老人无声地死去,而这群不知情的盲人们还坐在那里等他回来……

写给阿维洛娃夫人

尼斯，1897 年 10 月 6 日

……您抱怨，称我的主人公很阴郁。唉！这可不是我的错。这绝非我的本意，当我创作这名角色时，并不觉得自己写得阴郁。无论如何，写作时我总是心情愉悦。有人观察到，忧郁、悲伤的人下笔总是写得欢快，享受生活的人却把抑郁写进作品里。而我是个享受生活的人，头 30 年可以说是在愉悦和满足中度过的……

写给费奥多尔·德米特里耶维奇·巴秋什科夫[1]

尼斯，1897 年 12 月 15 日

……在您的其中一封信中，您说希望我能写一个国际化的故事，以在尼斯的生活为题材。这样的故事我只能在俄国凭借回忆写。我只能根据回忆写作，不曾根据自然写作。我让记忆筛选主题，就像过滤器一样，只留下重要或典型的东西……

---

[1] 此人曾担任许多文学杂志的编辑，包括《北方使者》，以文学评论家的身份闻名，对俄国和欧洲文学都有深入研究。

1898

在这里，人们除了左拉和德雷福斯的事什么都不谈。

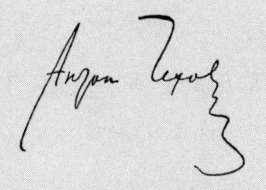

写给阿列克谢·谢尔盖耶维奇·苏沃林

尼斯，1898 年 1 月 4 日

……从《新时报》刊登的摘录来看，托尔斯泰那篇关于艺术的新文章没什么新意，净是些老生常谈。他说艺术已经衰老了，走进了死胡同，不是它本该拥有的样子，诸如此类。这就像说吃喝的欲望已经过时了，不合时宜了，不是它应有的样子。当然，饥饿是老话题了，在吃的欲望上我们确实走进了死胡同，但吃仍然是必需的，任那些哲学家和愤怒的老人如何说教，饭还是得吃……

写给费奥多尔·德米特里耶维奇·巴秋什科夫

尼斯，1898 年 1 月 28 日

……在这里，人们除了左拉和德雷福斯的事什么都不谈。绝大多数有教养的人都站在左拉一边，相信德雷福斯是无辜的。左拉在公众心中的声望大大提高了，他的抗议信读罢让人如沐春风，每个法国人都感到：感谢上帝，这世上还有正义！如果一个无辜的人被定罪，仍有人会为他挺身而出。法国报纸的内容极其有趣，而俄国报纸则一文不值。《新时报》简直令人作呕……

写给阿列克谢·谢尔盖耶维奇·苏沃林

尼斯，1898 年 2 月 6 日

……您写信称自己对左拉不满，看来尼斯的人们对左拉的印象与您截然相反，他们看到了重获新生的、更好的左拉。这次审判就像是松节油，将他身上的污点都洗掉了，现在他以真实的光芒在法国人面前大放异彩。人们发现他身上有着一种此前从未被发现的纯洁与高尚。您应该将这场风波从头到尾了解清楚。德雷福斯被降级，此事无论公平与否，都让人们（我记得包括您也如此）感到痛心和沮丧。明眼人都知道，宣判时德雷福斯的表现就是一个正直、守纪的军官，而在场的人，尤其是记者，却对他大喊"闭嘴，叛徒"——真是粗鲁无礼。每个人离开法庭时都心怀不满，良心不安。德雷福斯的辩护律师德芒热是个正直的人，他在审判初期就觉得幕后有猫腻，特别不满。然后是那些专家，为了证明自己没错，成天叨叨德雷福斯有罪，还在巴黎到处晃悠！

这些所谓的专家之中，有一个后来被证明是个疯子，他提出了一个荒谬绝伦的计划。另有两个人则行为诡异。

人们不禁议论起战争部的情报处（那个专门搞间谍活动和偷看

别人信件的机构)。有人说该部门的头目桑登患了进行性瘫痪;帕蒂·德·克莱姆[1]的所作所为像极了柏林的陶施[2];皮卡尔[3]神秘失踪,引起诸多猜测。接二连三的重大司法失误浮出水面。渐渐地,人们确信德雷福斯是因为一份秘密文件被定罪的,这份文件既没给被告看,也没给辩护律师看,正直守法的人都认为这是对司法的践踏。就算这份文件不是威廉[4]写的,而是从太阳系中心发来的,也应该让德芒热看看。关于这封信的内容,各种阴谋论满天飞,哪怕最离谱的说法都有人听。德雷福斯是军官,军方便成了众矢之的;德雷福斯是犹太人,犹太人便成了众矢之的。人们开始大谈军国主义,大谈犹太人。像德鲁蒙[5]这样臭名昭著的人也趁机冒头,循序渐进地在反犹主义的基础上挑起一场骚动——一场散发着屠宰场腥臭味的骚动。人们一遇到问题就喜欢推诿,而且总能轻易找到替罪羊。"都怪法国人卑鄙,都怪犹太人,都怪威廉。"资本、硫黄、共济会、辛迪加、耶稣会——这些都是替罪羊,但它们很能消除人们的不安啊!虽说它们当然是坏兆头。法国人开始大谈犹太人,大谈辛迪加,说明他们心里不踏实,仿佛有蚂蚁在爬,他们需要这些替罪羊来安抚

---

[1] 他负责对德雷福斯的初步调查,并使用了一些有争议的方法。他被指控在案件中表现出强烈的反犹主义倾向。
[2] 德国的一名警官,因参与了一些政治丑闻而闻名。
[3] 彼时法国陆军情报部门的负责人,接替生病的桑登。皮卡尔发现了指向埃斯特哈齐(后注)而不是德雷福斯的新证据,但他的发现被上级压制。他后来被调离职位并被派往非洲,即信中提到的"神秘失踪"。
[4] 即德国皇帝威廉二世。当时法德关系非常紧张,人们试图将德雷福斯案的问题归咎于德国的阴谋。契诃夫在这里讽刺了试图将所有问题归咎于外部因素的人。
[5] 法国记者、作家和政治人物。以其强烈的反犹太主义观点而闻名。

自己过度活跃的良心。

然后是埃斯特哈齐[1]这个人,决斗高手,就像屠格涅夫笔下的那种,一个目中无人的流氓,长期受人质疑,他的同事们都看不起他。他的笔迹和那份边境文件的笔迹相似得惊人。还有乌兰骑兵的信,他发出的威胁不知为何不曾兑现。最后是莫名其妙的判决,他们诡异地认定边境文件虽然是埃斯特哈齐的笔迹,却不是他亲笔所写!……气氛越来越紧张,压抑得让人喘不过气来。法庭上的争吵纯粹是神经过敏的表现,不过是紧张情绪的歇斯底里与发泄,而左拉的信和对他的审判也是这种性质的。没办法啊,最优秀的人总是走在大众前面,注定要率先掀起风波——事实也确实如此。第一个发声的是舍雷尔-凯斯特纳尔[2],了解他的法国人(据科瓦列夫斯基说)形容他为"利剑",纯洁无瑕。第二个是左拉,现在他正在受审。

没错,左拉不是伏尔泰,谁也不是伏尔泰,但在生活中,有些时候指责我们不是伏尔泰是最不恰当的。想想柯罗连科,他为穆尔塔诺夫斯基的土著辩护,让他们免于苦役。哈斯医生也不是伏尔泰,但他那精彩的一生直到最后一刻都过得很有意义。

我通过速记报告将这桩案子摸透了,这跟报纸上的报道大相径庭,而我对左拉有清晰的认识。最关键的是,他是真诚的。也就是说,他的判断只基于亲眼所见,而不像其他人那样凭空想象。诚实的人也可能犯错,这是肯定的,但这种错误比蓄意作假、先入为主

---

[1] 在德雷福斯案中,埃斯特哈齐被认为是真正向德国泄露军事机密的人,而这些罪行最初被归咎于德雷福斯。

[2] 时任法国参议院副议长,是最早公开为德雷福斯辩护的高级政治人物之一。

或一味考量政治利弊所造成的危害要小得多。就算德雷福斯真有罪，左拉也没错，因为作家的职责不是指责，不是起诉，而是为那些已经被定罪并正在受罚的人辩护，即使他们有罪。有人会问："政治立场何在？国家利益何在？"但伟大的作家和艺术家参与政治的程度，应该仅限于保护自己不受政治影响。就算没他们，也已经有够多的指控者、检察官和宪兵去操心这些东西。无论如何，保罗的角色比扫罗更适合作家。[1] 不管判决如何，左拉在审判后都会感到一种强烈的快慰，他的晚年将是美好的，他将带着平静的，或至少是大为慰藉的良心离世。法国人被恶心得不行，他们抓住每一句安慰的话，每一条来自外部的诚恳建议。这就是为什么伯恩斯坦的信和俄国的扎克列夫斯基的文章（刊登在这里的《新闻报》上）能在法国引起轰动，也是为什么法国人对那些他们所鄙视的小报每天对左拉的辱骂感到厌恶。无论左拉有多么神经过敏，他仍然受良知的驱使，出现在法国的法庭上，法国人因此爱戴他，为他骄傲。虽然他们也为那些将军鼓掌，但这些将军不过是先用军队荣誉吓唬民众，再用战争威胁他们……

---

[1] 典自《圣经》。扫罗为保罗的希伯来名字，他最初是迫害耶稣的，后来他在去大马士革的路上经历神迹，皈依了基督教，改用拉丁名字保罗，成为传播基督教的使徒。扫罗代表迫害者、指控者的角色，保罗代表传播者、辩护者的角色。

写给哥哥亚历山大

尼斯，1898 年 2 月 23 日

……《新时报》在左拉案中的表现卑鄙至极。苏沃林老头儿和我就这件事交换了几封信（不过语气都很克制），后来我们都不再提这个话题了。

我不想给他写信，也不想收到他的信。他在信里一个劲儿地为他的报纸的无礼行径辩解，说他热爱军队。我不想看这些，因为我早就对这一切厌烦透了。我也热爱军队，但如果我有一家报纸，我就不会让那帮蠢货在副刊里免费刊登左拉的小说，同时又在报纸上把这个左拉贬得一文不值——为什么要这么做？为了那帮蠢货从未有过的东西——高尚的冲动和道德的纯洁。况且，在左拉受审期间辱骂他，这有辱文学的礼节……

写给弟弟米哈伊尔

雅尔塔，1898 年 10 月 26 日

……我计划在雅尔塔买一块地，用来盖房子，这样冬天就有地方住了。一想到要不停地四处漂泊，住酒店房间，应付酒店服务员，吃到的饭菜好坏全凭运气等等，我就不寒而栗。母亲会和我一起过冬，雅尔塔没有冬天，如今已经是 10 月底了，但玫瑰和其他花朵还在肆意绽放，树木葱郁，天气温暖。

这里水源充足。除了房子本身，不需要任何其他附属建筑，一切都在同一屋顶下。煤、木柴和所有东西都存放在地下室。母鸡全年下蛋，也不用给它们专门盖鸡舍，有围栏就够了。附近有面包店和市集，对母亲来说会很舒适，也很方便。顺便说一句，此地整个秋天都能采到鸡油菌和牛肝菌，可供母亲消遣。我自己不掺和盖房子的事，都是建筑师在处理。房子到 4 月就能入住。对城里的房子来说，地方算不小了，之后还会有庭园、花坛和菜园。明年铁路就会通到雅尔塔……

至于你一直催我结婚的事——我能说什么呢？只有为了爱情的婚姻才是有意思的，仅仅因为一个姑娘不错就娶她，就像在市集上单凭质量好就买下不想要的东西一样。

家庭生活中最重要的螺丝钉是爱情,夫妻性子相契,两个人合为一体,其他一切都是枯燥而乏味的,再怎么精打细算也靠不住。所以关键不在于姑娘好不好,而在于你是否爱她,所以你看,拖一拖也无所谓……

我的《万尼亚舅舅》在全省各地上演,所到之处反响很好。所以说,永远不知道在哪儿会尝到甜头,在哪儿会吃亏,我原本根本没指望这部戏能成事……

写给高尔基

雅尔塔，1898 年 12 月 3 日

您最近的来信让我非常高兴，我由衷感谢。《万尼亚舅舅》其实是很久很久以前写的，我从未见过它在舞台上的样子。近来它经常在地方剧院上演，我对自己的剧作向来态度平淡，可以说是早就放弃了，现在也没有为舞台创作的欲望。

您问我对您的故事有什么看法。要说看法的话，您的才能毋庸置疑，而且是真正的、伟大的才能。比如，在《草原上》这个故事里，文字异常有力，我甚至忌妒得发痛，恨不得这个故事是我写的。您是一个艺术家，一个聪明人，感觉极其敏锐，潜力不俗。也就是说，当您描写一件事时，能通过文字看到它，用手触摸它。这就是真正的艺术，这便是我的看法，很高兴能向您传达。我再重复一遍，我很高兴，如果我们能见面聊上一两个小时，您便会相信我的高度评价，以及我对您的天赋所寄予的厚望。

现在我该说说缺点吗？但缺点可不好找。谈论某种才能的缺点，就像谈论花园里一棵大树的缺点一样困难。您看，问题主要不在于树本身，而在于看树者的品位，不是吗？

我想说的是，在我看来，您太恣意，就像一个在剧院里过于激动的观众，表达兴奋的方式毫无节制，妨碍了自己和他人听戏。这种恣意在您用来打断对话的自然描写中尤为明显。读到这些描写时，读者希望它们更紧凑，更简短，用两三行就能概括出来。频繁提到温柔、低语、柔软等等，使这些描写显得过分讲究辞藻，而且单调，读来令人感到冷淡，甚至筋疲力尽。这种恣意在您对女性（《马尔瓦》《在木筏上》）和爱情场景的描写中也能感觉到。这不是力量，不是笔触的宽广，不过是缺乏克制。再就是您在这类故事中经常使用不太合适的词，如"伴奏""圆盘""和谐"，这样的词破坏了文字的效果。您还经常提到波浪。在描述有教养的人时，让人感觉有些勉强和谨慎，倒不是因为您对有教养的人观察得不够细致，您很了解他们，只是似乎不知道从哪个角度去描写他们。

您现年多大了？我不认识您，不知道您从哪里来，也不知道您具体是谁。但我感觉，趁还年轻，您应该离开下诺夫哥罗德，花两三年时间与文学和文学界人士打交道。不是去学像我们其他人一样吹嘘和磨炼自己的机智，而是为了彻底投身文学，爱上它。此外，在省城容易让人变老。柯罗连科、波塔片科、马明、埃尔特尔都是一流的文人，您一开始可能会觉得他们有些无聊，但一两年后您就会习惯他们，欣赏他们。他们的社交圈会让您觉得生活在首都的其他不快和不便都是值得的……

1899

您认识列夫·托尔斯泰吗？您的庄园离他家远吗？
要是离得近，我可要忌妒了……

写给高尔基

雅尔塔，1899 年 1 月 3 日

……看来您有些误会我的意思了。我不是说您文风粗糙，只是因为使用非俄语的外来词或一些生僻词会让文章有些不协调。在其他作家那里，像"宿命般地"这样的词可能不会引人注意，但您的作品如同乐曲一般和谐，任何坑洼之处都会让人不适。当然，这是个人口味问题，也许只是我在吹毛求疵，或者是某个早已形成固定习惯的人的保守主义罢了。我能接受在行文中出现"六级文官"和"二级上尉"等词语，但在文章中出现"调情"和"冠军"这样的词却让我反感。

您是自学成才的吗？从您的故事来看，您简直是个艺术家，同时又是个真正的"有教养的"人。

粗糙是最不能用在您身上的词汇了，您聪明、细腻，感情丰富，最好的作品是《草原上》和《在木筏上》——我之前写信告诉过您吗？它们是出色的作品，是杰作，显示出经过良好训练的艺术家的创作水平。我不认为自己判断错了。您唯一的缺点是缺乏克制，不太优雅。当一个人用最少的步骤完成某个特定动作时，那便是优雅，而在您的表达中，读者总觉得有些繁复。

自然描写是艺术家的工作，而您是真正的风景画家。只是频繁的拟人化（人格化），如海洋在呼吸，天空在凝视，草原在吠叫，大自然在低语、说话、哀悼，诸如此类的比喻使描述有些单调，时而甜腻，时而令人不明所以。自然的美和表现力只有通过至简才能达到，比如"太阳落山了""天黑了""开始下雨了"这样简短的话语。而这种至简是您最大的特点，也许比任何其他作家都更甚……

写给阿列克谢·谢尔盖耶维奇·苏沃林

雅尔塔,1899 年 1 月 17 日

……我最近在读托尔斯泰儿子的故事《村社的愚蠢》,结构很差,其实直接写成一篇文章会更好,但其背后的思想处理得公正且富有激情。我本人也反对公社制度,当面对频繁入侵的外敌和野兽时,公社还有一点意义,但现在它只是一群被人为捆绑在一起的群众,就像一帮囚犯。人们会说俄国是个农业国家,没错,但公社与此无关,至少现在是这样。公社靠农业维持,但一旦农业开始向科学化发展,公社就会从各个方面开始崩溃,因为公社和文化是互不兼容的概念。顺便说一下,我国酗酒成风和深度无知的现象,也是公社制度的罪过……

写给弟弟米哈伊尔

雅尔塔,1899 年 2 月 6 日

……因为无聊,我在读波尔菲里主教的《我的人生之书》。里面有这样一段关于战争的话语:

"和平时期的常备军就像蝗虫,吞噬人民的粮食,在社会中溃烂、生臭,而战时则是人造的战争机器,当其壮大时,自由、安全和民族荣耀就会消失!……常备军是不法者的卫士,维护的是不义和偏颇的法律,维护的是特权和暴政。"

这本书是 19 世纪 40 年代写的……

写给伊万·伊万诺维奇·奥尔洛夫[1]

雅尔塔,1899 年 2 月 22 日

……您在信中引用了《圣经》。对于您关于家庭教师和各种失败的抱怨,我用另一段经文回应:"不要倚靠君王,不要依靠世人。"我还想起另一句关于世人的表述,特别是那些让您烦恼的人:他们是他们那个时代的产物。

这不是家庭教师的错,而是整个受教育阶层的错,亲爱的先生。当年轻人还是学生时,他们是一群好人,诚实可靠,是大家的希望,是俄国的未来。但这些学生一踏入社会独立生活,成为成年人,大家的希望和俄国的未来就烟消云散了,过后剩下的只有拥有房产的医生、野心勃勃的政府文员和贪污的工程师。请记住,卡特科夫、波别多诺斯采夫、维什涅格拉茨基都是大学培养出来的,他们曾是我们的教授——不是军事独裁者,而是教授,是学界的明星。我不信任我国的知识阶层,他们伪善、虚假、歇斯底里、缺乏教养而且懒惰。即使当他们在受苦和抱怨时,我也不相信他们,因为对他们

---

1 一个乡村教师和作家。

的压迫来自他们自己的阵营。我相信独立的个人，我看到救赎分散在俄国各地的个别人身上——无论是受过教育的人还是农民。他们人数虽少，但颇有力量。没有哪位先知会在其祖国受到尊敬，而我说的这些个人在社会中扮演着不起眼的角色。他们不专横跋扈，但他们的成就肉眼可见。无论如何，科学在进步，社会的自我意识在增强，道德问题开始令人不安，如此等等。所有这些都是在有检察官、工程师、家庭教师，乃至整个知识阶层和这一切的情况下发生的……

写给阿维洛娃夫人

雅尔塔，1899年3月9日

作家大会我是去不了了。秋天我要么在克里米亚，要么在国外——前提是我还活着且有空。我打算整个夏天都待在谢尔普霍夫地区的自家庄园[1]里。

对了，您是在图拉省哪个地方买的庄园？买了之后头两年内会挺辛苦的，有时候简直糟透了，不过慢慢习惯了也就舒服了。我买了之后又抵押了，头几年很难熬（饥荒、霍乱）。不过后来一切都好起来了，现在想起在奥卡河附近有个自己的小窝，心里还挺美。我和当地的农民处得不错，他们从不偷我的东西，走村过巷时老太太们还会笑着朝我画十字呢。除了孩子们，我对谁都用敬语，从不大呼小叫，不过最能搞好关系的方式还是给他们看病。您在庄园里一定会过得不错，就是千万别听信别人的建议，也别怕别人唱衰，刚开始别灰心，别急着对农民下定论。农民对新来的人都爱摆臭脸，在图拉省情况尤其如此。还真有句俗话说："图拉人也有好人。"

---

[1] 指在梅利霍沃的庄园。——俄语原书注

瞧，我给您上了一堂课。夫人，可还满意？

您认识列夫·托尔斯泰吗？您的庄园离他家远吗？要是离得近，我可要忌妒了，我很喜欢托尔斯泰。

说到新作家，您把梅尔申和某些人混为一谈了，这可不对，梅尔申是另一档子事。他是个被低估的大作家，有头脑，有力量。虽说他可能写不出更好的东西了。库普林的作品我一本都没读过。高尔基的话我喜欢，不过他最近写的都是些垃圾，恶心的垃圾，我估计我很快就不读他的作品了。《温顺的人》不错，就是布赫沃斯托夫这个角色可以不要，他在书里显得刻意，惹人烦，甚至有些假。柯罗连科是个讨人喜欢的作家，人们爱他是有道理的。除此之外，他还特别清醒、纯粹。

您问我可怜苏沃林不？当然可怜，他为自己的错误付出了沉重代价。不过我一点也不可怜那些围在他身边的人……

写给高尔基

莫斯科，1899 年 4 月 25 日

……前天我去了一趟列夫·托尔斯泰家，他对您赞不绝口，说您是"杰出的作家"。他喜欢您的《集市》和《草原上》，不喜欢《马尔瓦》。他说："其他内容可以随便编排，但心理编不了，高尔基的作品里就有这种编出来的心理描写。他写了自己从未感受过的东西。"托尔斯泰给您的评价就这样！我说您下次来莫斯科，咱俩一起去拜访他。

您什么时候来莫斯科？周四有场《海鸥》的私人演出——是特地为我安排的。您要是来了，我会给您留个座儿……

从圣彼得堡来的信[1]看着让人难受，像是从地狱寄来的。我挺难受的，因为不知道该怎么回，又该怎么办。是啊，现实生活不是心理上的虚构，所以生活是件难事……

---

1 指苏沃林的信。——俄语原书注

写给奥尔加·列奥纳多夫娜·克尼佩尔

雅尔塔,1899 年 9 月 30 日

您一问,我便赶紧回信,您问的是阿斯特罗夫和叶莲娜最后那场戏。

您说在那场戏里,阿斯特罗夫像个热恋中的人一样,对叶莲娜说话,"像抓住救命稻草一样抓住自己的感情"。

这可不对,完全不对!阿斯特罗夫的确喜欢叶莲娜,被她的美貌吸引,但到最后一幕,他已经知道什么也不会发生了,他跟叶莲娜说话的语气就跟聊非洲的天气似的,亲吻也不过是随便打发时间。要是阿斯特罗夫演得太激动,第四幕那种安静、沮丧的氛围就全没了……

写给格里高利·伊万诺维奇·罗索利莫

雅尔塔,1899 年 10 月 11 日

……自传?我有个怕写自传的毛病,读到任何关于自己的细节(更别说是为了出版而写的),对我来说都是折磨。我写了一些简单的事,但实在写不出更多了……

我,安东·巴甫洛维奇·契诃夫,1860 年 1 月 17 日生于塔甘罗格,先在沙皇康斯坦丁教堂旁的希腊学校上学,后来进入塔甘罗格中学。1879 年,我考进莫斯科大学医学院,当时我对各个学院都不太了解,选医学院的原因已经记不清了,不过后来未曾后悔这个选择。我在大一时开始在周刊和报纸上发表作品。到了 19 世纪 80 年代初,写作已经成了我的一份正经工作。1888 年我拿了普希金奖。1890 年我去了一趟萨哈林岛,之后写了一本关于萨哈林流放地和监狱的书。不算评论、专栏、短评,还有天天给报纸写的东西(现在找都找不全了),在 20 年的写作生涯里,我总共出版了 300 多部署名出版物,其中有短篇,也有长篇。此外我还写了些戏剧。

毫无疑问,学医对我的写作生涯影响很大。医学大大开阔了我的眼界,让我学到很多东西,这些东西对成为一个作家有多重要,只有当过医生的人才能明白。医学还起了一定引导作用,可能正是因为跟医学打交道比较多,我才得以少走弯路。

熟悉自然科学与科学方法让我一直保持警惕,写作时总是尽量让内容与科学事实对得上号,要是对不上,我宁可不写。顺便说一句,艺术创作的条件不可能总是和科学事实保持完全一致,比如在舞台上不可能完全按现实世界来演一个中毒而死的场景。但即便如此,也得让读者感觉到故事场景与科学事实的和谐——也就是说,读者或观众必须明白这种不协调只是因为艺术性的限制,而故事背后的创作者是懂行的。

我不是那种对科学持怀疑态度的文人,至于那种只凭想象就乱写一气的人,我更不愿意与之同流合污……

写给奥尔加·列奥纳多夫娜·克尼佩尔

雅尔塔，1899 年 10 月 30 日

……您问我兴奋不兴奋，可我直到 27 日收到您的信后才知道《万尼亚舅舅》于 26 日上演。电报是 27 日晚上送来的，那会儿我已经躺下了。他们打电话给我发电报，我每次都光着脚跑去接，冻得够呛。刚睡着，铃声又响了，一次又一次，这还是我头一回因出名而睡不着觉。第二天晚上睡觉，我把拖鞋和睡袍放床边，结果却再没来电报。

电报里净是谢幕次数和大获成功的消息，但我有种说不清道不明的感觉，觉得你们似乎都不太高兴，今天收到的报纸证实了我的猜测。

没错，亲爱的女演员，对你们这些艺术家来说，一般的成功已经不能让你们满足了，你们想要轰动，渴望重量级、爆炸性的。你们完全被宠坏了，被周遭不绝于耳的有关成功、满座和不满座的议论震聋了耳朵。你们已经被毒害了，再过两三年你们就什么也不是了！你们就是这样！

您怎么样？感觉如何？我还没挪窝，还是老样子：写作、种树。

有客人来了,我不能继续写了。客人已经坐了一个多小时。他们要喝茶,让人去拿茶炊。哦,太无聊了!

别忘了我,别让咱们之间的友谊消失,如此,今年夏天还能一起去某个地方。暂且别过,咱俩在 4 月前很可能不会见面,如果你们都能在春天来雅尔塔演出和休息——那就太艺术了。我的一位客人会把这封信捎走,投进邮箱……

附:亲爱的女演员,看在上帝的分上,给我写信吧,我太无聊、太沮丧了。我像是在坐牢,满腔怒火……

雅尔塔,1899 年 11 月 1 日

我理解您的心情,演员小姐,非常理解。但如果我是您,我不会这般绝望。不管是安娜这个角色[1],还是这部戏本身,都不值得耗费这么多感情和精力。第一,这是一部老戏,已经过时了,而且有不少毛病。要是一半以上的演员都没找对调子,那自然是剧本的错,这是一点。第二,您必须不再为成功或失败而烦恼,别让这些事困扰自己。演员的本分是日复一日、踏踏实实地工作,做好犯错的准备——犯错是难免的——做好失败的准备。简单来说,就是做好演员的本职,让别人去数幕布前的谢幕次数。在写作或表演的时候意识到自己犯错是很常见的,对新人来说还挺有好处!

最后,导演来电报说第二场演出棒极了,每个人都表演得很出色,他非常满意……

---

1 豪普特曼《孤独的人》中的角色。——俄语原书注

1900

莉卡,我在雅尔塔无聊死了。我的生命不再是奔跑,也不是流淌,而是爬行。

写给高尔基

雅尔塔，1900 年 1 月 2 日

亲爱的阿列克谢·马克西莫维奇[1]：

新年快乐！近来可好？感觉如何？什么时候来雅尔塔？写详细些。照片收到了，拍得真不错，多谢了。

也谢谢您替我们协助病人看病的委员会操心。如果有钱就寄给我，或者直接寄给慈善协会，寄给哪一边都成。

我那部小说（《在峡谷里》）已经寄给《生活》杂志了。我有告诉过您，我特别喜欢您的《孤儿》吗？我把它寄给莫斯科的某个一流读者了。莫斯科大学医学院有个福赫特教授，他对斯列普佐夫别有一番见解，我还没见过比他更厉害的读者，所以我把您的《孤儿》寄给他了。我有提过自己有多喜欢您第三卷的《我的旅伴》吗？它是像《草原上》一样有力的作品。如果我是您，我就从您那三本书里挑出精华，重新出一本定价一卢布的书。那绝对会是一本充满力量、文采斐然的杰作。但是，现在三本书的内容看起来乱糟糟的，

1　高尔基的原名。

倒不是说差,只是给人一种不是出自同一人之笔的感觉,像是由七个人的笔墨凑出来的。

给我回个话。

写给奥尔加·列奥纳多夫娜·克尼佩尔

雅尔塔，1900 年 1 月 2 日

您好呀，亲爱的演员！这么长时间没给您写信，您是不是生气了？其实我常写，但您没收到，因为咱们那个朋友在邮局把信截住了。

新年快乐，我真心祝您幸福，甚至想给您的小脚丫鞠躬。祝您幸福、发财、身体健康、开开心心。

我们这边挺好的，吃得多，聊得欢，笑个不停，常提起您。等玛莎回莫斯科后，她会告诉您我们家是怎么过圣诞的。

我还没祝贺您《孤独的人》大获成功呢。我还在做梦，梦见大家都来雅尔塔，我就能亲眼看到《孤独的人》在台上演出。真心实意地祝贺您。我给梅耶尔霍德[1]写信了，劝他演神经质的人时别太过火。您知道，人们多少都有一点神经质，因为大多数人都在受罪，而少数人是特别痛苦的。但您在大街上或房子里见过谁疯跑乱跳，抓耳挠腮吗？痛苦应该有生活化的表现——不是靠手脚，而是靠语

---

[1] 艺术剧院的演员，在豪普特曼《孤独的人》中扮演约翰内斯。——俄语原书注

气和表情,不是做出夸张的动作,而是依然保持优雅与克制。有教养者的那种微妙情感,其外在表现也该是微妙的。您可能会说舞台上条件不同,但再怎样也不能太假。

我妹妹说您把安娜演活了。啊,要是艺术剧院的人能来雅尔塔该多好!《新时报》可是狠狠地夸了你们的剧团呢。《新时报》那边的风向变了,看来他们打算连在斋戒期内都要夸你们。我写了一个挺怪的故事,要在《生活》杂志2月号上刊登,里面人物不少,还有风景,有新月,有麻鸦在远方哞哞叫——就跟关在棚里的牛似的。这故事里什么都有。

列维坦在我这里,他在我的壁炉上头画了一幅草地月夜图,有干草堆,远处是森林,月亮高高在上映照一切。

好了,祝您身体健康,亲爱的、了不起的演员。我可想您了。

您什么时候给我寄照片?太不够意思了!

写给阿列克谢·谢尔盖耶维奇·苏沃林

雅尔塔，1900 年 1 月 8 日

……我身体不算坏，比去年感觉好些，但医生还是不让我离开雅尔塔。我对这座迷人的小镇感到又腻又烦，像娶了一个烦人的老婆。雅尔塔缓解了我的肺结核，却让我老了十岁。即便能去尼斯，也要等到 2 月以后了。我写了一点东西，不久前给《生活》杂志寄了一部长篇作品。现在手头紧，从马克斯那里拿到的剧本稿费都花光了……

要是光看巴里亚金斯基王子的报纸，我得承认自己冤枉他了，我完全想错他了。他的报纸肯定是保不住的，但其好记者的名声会流传良久。您想知道《北方信使报》为什么会成功？因为咱们的社会被累垮了，仇恨像沼泽里的烂草一样疯狂生长，大家都渴望新鲜、自由、轻松的东西——但这是病急乱投医。

我常在这里碰到康达科夫院士，我们聊到普希金文学部。因为康达科夫要参与新院士选举，我就试着哄劝他，建议他选巴兰采维奇和米哈伊洛夫斯基。前者虽已江郎才尽，但毫无疑问是个文人，且晚年穷得叮当响……有一份稳定收入，能歇歇，对那个人来说再好不过。后者——米哈伊洛夫斯基——能为新部门打好基础，选他能让大部分文人同僚满意。但是我的劝说没能成功，白费劲了。那些补充条款就跟托尔斯泰的《克莱采奏鸣曲》的后记似的。院士们想尽办法躲着文人，文人圈子让他们不自在，就像俄国院士让德国人不自在一样。文人只能当名誉院士，那根本不算啥——就跟当维亚济马或切列波韦茨的名誉市民一样，没工资也没表决权。真会钻空子！教授们会当上真正的院士，而那些不住圣彼得堡的作家就会被选成名誉院士，这样他们既不能参加会议，也不能骂那些教授了。

我听到清真寺的喇叭响个不停，土耳其人很虔诚。现在是斋月，他们一整天都不吃东西。他们当中没有宗教神婆，就是那种如沉沙使伏尔加河变浅一般，把宗教搞得过分浅薄的人。

您将那些被黑心铁路承包商避开的俄国城镇的苦难史刊印了出来，做得对，这是大作家契诃夫在他的小说《我的一生》里写的内容。[1] 铁路承包商可记仇了，要是拒绝他们一点小事，他们能记恨你一辈子——这是他们的老传统。

谢谢您的来信，也谢谢您的包容。

---

1 信中附有一份印刷的剪报。——俄语原书注

写给彼得·伊万诺维奇·库尔金[1]

雅尔塔，1900年1月18日

亲爱的彼得·伊万诺维奇：

多谢来信，我一直想给您写信，可是公事和官方信件太多，一直抽不开身。昨天是1月17日——我的命名日，也是我当选院士的日子。电报收了一大堆！还有很多信要来！得一封一封回复，不然后人该说我不懂规矩了。

有新鲜事可说，但现在没工夫，改天再聊。我身体不太舒服，昨天一整天都感觉不对劲。我衷心祝您好，多保重。

---

[1] 著名的医生和公共卫生专家，在俄国医学统计学和卫生学领域做出了重要贡献。

写给瓦西里·米哈伊洛维奇·索博列夫斯基

雅尔塔，1900 年 1 月 19 日

亲爱的瓦西里·米哈伊洛维奇：

我 11 月里写了一个故事[1]，本想寄给《俄国新闻》，谁知超过了 16 页，只好另寻出路。后来我和埃尔帕季耶夫斯基打算元旦前夕给您发电报，可那会儿太乱了，错过了时机，现在只好补上迟到的新年祝福。请原谅我的种种过失。您知道我多么敬重你，要是我们通信间隔拉长了，那纯粹是外部原因造成的。

我还活着，身体还算过得去，老是生病，但好得也快。这个冬天我从没因病卧床，虽说病着但还能到处走动。空气比去年干燥得多，日子也更无聊。不在俄国内地真难受，各方面都是如此……这里的常青树看着像锡做的，让人完全提不起兴致。也看不到有意思的事物，我对这里的生活提不起兴趣。

埃尔帕季耶夫斯基和康达科夫都在这里，前者给自己盖了一栋大房子，比雅尔塔所有建筑都高，后者要去圣彼得堡当院士，他自

---

1 指《在峡谷里》。——俄语原书注

己对此很高兴。埃尔帕季耶夫斯基整天乐呵呵的，兴致勃勃，穿着夏季外套，不管什么天气都往外跑；康达科夫爱挖苦人，穿着皮大衣到处走。他俩常来看我，我们经常聊起您。

V.A. 说她在图阿普谢买了一块地。哎呀！那地方可真够闷的，还有车臣人和蝎子，最糟的是没路，而且短期内也修不起来。说起俄国所有暖和的地方，不管怎么吹捧高加索的美景，也要属克里米亚南岸最好，这没的说。我前阵子去了古尔祖夫，就在普希金写诗的那块石头附近，尽管下着雨，我还是看了看风景，不过都看腻了。克里米亚更舒服，离俄国腹地也更近。让 V.A. 把她在图阿普谢的地产卖了或者送人吧，我在克里米亚给她找个靠海的地方，有海滩，有海湾。

您若是在沃兹德维任卡，替我向瓦尔瓦拉·阿列克谢耶夫娜、瓦里娅、娜塔莎和格列布问好。我能想象格列布和娜塔莎长大了多少。要是你们复活节都能来这里，那我就能见到你们所有人了。别忘了我，也别生我的气。为你们献上最诚挚的祝福，衷心祝福您，给您一个拥抱。

写给格里高利·伊万诺维奇·罗索利莫

雅尔塔，1900 年 1 月 21 日

亲爱的格里高利·伊万诺维奇：

……我用挂号包裹给您寄了一些看起来适合孩子读的东西——两篇关于狗的故事，我想自己没有别的这类东西了。我不知道怎么为孩子们写作，十年才写一次，对于所谓的儿童读物，我不喜欢也不相信。孩子们应该只看那些大人也看的东西：安徒生、《巴拉达号三桅战舰》、果戈理。这些孩子能读，大人也能读。不该专门为孩子写书，而应该知道如何从为大人写的书中挑出适合孩子的书——也就是从真正的艺术作品中挑选。能够在药物中选择，并以适当的剂量使用，比试图为患病的孩子发明特殊药物更直接，也更合理。请原谅我用医学作比喻。可能是因为符合我当前的情况，这四天我一直忙着医学的事情，给我母亲和我自己看病——无非是流感、发烧和头痛。

如果我写了什么，我会及时告诉您，但我写的任何东西只能由一个人出版——马克斯！让其他人出版我得为每部署名作品付 5 000 卢布的罚款……

写给奥尔加·列奥纳多夫娜·克尼佩尔

雅尔塔,1900 年 1 月 22 日

我亲爱的女演员:

1 月 17 日我收到了您母亲、您哥哥、您叔叔亚历山大·伊万诺维奇(签名是萨沙叔叔)还有 N. N. 索科洛夫斯基的电报,请代我向他们表示衷心的感谢和诚挚的谢意。

您怎么不写信?发生什么事了?还是您已经被迷住了?好吧,没办法。愿上帝保佑您!

有人告诉我您 5 月会来雅尔塔,如果已经敲定了,您为什么不提前打听一下剧院的事?这里的剧院是租赁制的,要是不跟租户——演员诺维科夫谈判就搞不定。如果您拜托我,我兴许可以跟他聊聊。

17 日是我的命名日和当选院士的日子,过得平淡而阴郁,因为身体不舒服。现在我好些了,但母亲又病了。这些小麻烦完全夺走了我对命名日或当选院士的兴致,也妨碍了我及时给您写信和回电报。

母亲现在好些了。

我偶尔会见斯列金一家，他们会来看我，虽然我很少去看他们，但还是会去……

所以，您不给我写信，也不打算很快写？X得为这一切负责。我理解您！

我为您的小手献上一吻。

写给费奥多尔·德米特里耶维奇·巴秋什科夫

雅尔塔,1900 年 1 月 24 日

尊敬的费奥多尔·德米特里耶维奇:

罗什要我把《农民》中被审查员删掉的部分稿件寄给他,但其实没有这样的稿件。有一章没在杂志上刊登,也没在书里出现,是一段农民们关于宗教和政府的对话。没必要把那章寄到巴黎去,其实根本没必要把《农民》翻译成法语。

非常感谢您寄来的照片,能有列宾为我的作品画插图是我做梦都不敢承受的殊荣,要是能有他的原作的话,我会很愉快。告诉伊利亚·叶菲莫维奇[1],我迫切地想要拿到手,他现在不能改变主意了,因为我已经决定把原作遗赠给塔甘罗格。顺便说一下,那是我的出生地。

您在信中提到了高尔基,您觉得他怎么样?我不喜欢他所写的事物,但我非常非常喜欢他的某些特质。在我看来,高尔基毫无疑问是成为艺术家的料子,货真价实。他是个好人,聪明、有思想、

---

[1] 即列宾,他应法国译者罗什的要求为契诃夫的《农民》法语版画插图。——俄语原书注

善于思考。但他的身上和内心有许多不必要的累赘——比如其出身的局限性……

非常感谢您的来信，感谢您还记得我。在这里待着很无聊，我很厌烦，感觉好像被扔到了船外。天气不好，我也不舒服，还在咳嗽。祝一切顺利。

写给米哈伊尔·奥西波维奇·缅希科夫

雅尔塔,1900 年 1 月 28 日

……我不清楚托尔斯泰到底得了什么病,切里诺夫没回复我,光凭报纸上看到的和您写给我的内容,我也得不出结论。胃和肠道的溃疡症状不同,要么没有溃疡,要么是胆结石在通过时划破了内壁,造成了几处伤口出血。也不会是癌症,如果是癌症,首先会影响食欲和身体的整体状况,最重要的是面部会显现患癌的迹象。最有可能的是,列夫·尼古拉耶维奇·托尔斯泰身体好得很(除了患有胆结石),还能再活 20 年。听说他病了,我吓了一跳,我真怕他不在了,如果他不在了,我的生命会出现一大块空白。首先,我从没有像爱他那样爱过任何人。我不搞信仰那一套,但在我所相信的事物中,我觉得自己同他的追求最接近,也最亲近。其次,只要托尔斯泰还在文坛,做个文人便是件轻松愉快的事情,即便承认自己一无所成且以后亦无建树,也并不那么可怕。因为托尔斯泰会为我们做足够多的贡献,填补那些空白。他的作品是人们对文学所寄予的热情和期望的证明。另外,托尔斯泰立场坚定,威信极高,只要他还活着,文学中的坏品位、各种庸俗的事物、无礼和多愁善感的要素，以及那些怒气冲冲、激动不已的虚荣心都会被压下去，待在阴影里。只有他的道德权威能在所谓的文学氛围和趋势中保持一定的高度。没有他，这些人就会成为一群没有牧羊人的羊，或者一锅大杂烩，丧失分辨的能力。

聊完托尔斯泰，我还要说说《复活》，这本书我不是零零碎碎地读，而是一口气读完的。真是部了不起的艺术作品。最没意思的部分是对涅赫柳多夫与卡秋莎关系的描写；最有趣的是那些王公、将军、姑妈、农民、囚犯和狱卒。彼得保罗要塞总司令家里的招魂场景我读得心跳加速，写得太好了！还有安乐椅上的科尔恰金公爵夫人，还有那个农民，费多霞的丈夫！农民管他奶奶叫"狡猾鬼"。托尔斯泰的文笔就是这样——狡猾。这部小说没法完结，不能管最后的段落叫结尾。写着写着，最后全压在福音书的一段经文上，完全是神学风格。用福音书的经文来解决所有问题，就像把囚犯笼统地分成五类一样武断，为什么是五类而不是十类？托尔斯泰让读者必须相信福音书，相信它是真理，然后用经文来解决一切。

……他们评价托尔斯泰的文章，就像老太太们谈论疯癫的圣人，净是些油腔滑调的废话，托尔斯泰就不该理他们……

托尔斯泰当选了（名誉院士）。虽然选举人不情愿，按他们的观念，托尔斯泰是个虚无主义者。反正，某位太太——某位现任枢密顾问的妻子——是这么叫他的，为此，我由衷地向他表示祝贺……

写给莉迪亚·斯塔西耶夫娜·米济诺娃

雅尔塔,1900 年 1 月 29 日

亲爱的莉卡:

人们写信告诉我您变得很胖很有派头了,我还以为您不会记得我,也不会给我写信了呢。但事实恰恰相反——非常感谢您,亲爱的。您没怎么聊自己的健康状况,看来您身体不错,我很高兴。希望您母亲身体也好,一切都顺利。我身体差不多好了,虽然时不时会生病,但不算经常,这只是因为我老了,跟细菌没关系。现在当我看到一个漂亮女人时,我会像老年人一样微笑,下唇微微下垂——仅此而已。

莉卡,我在雅尔塔无聊死了。我的生命不再是奔跑,也不是流淌,而是爬行。别忘了我,时不时给我写写信,随便写写就行。您的来信恰如您在生活中所表现的,从中可以看出您是一位很有趣的女人。衷心祝您好。

写给高尔基

雅尔塔，1900 年 2 月 3 日

亲爱的阿列克谢·马克西莫维奇：

感谢您的来信，也感谢您提及托尔斯泰和《万尼亚舅舅》（我还没看过舞台版），总之谢谢您没忘记我。在雅尔塔这个鬼地方，没有信都快活不下去了。我整天无所事事，傻乎乎的冬天，气温老是在零度以上，有意思的女人一个都没有，海边全是猪头脸——这一切很快就能让一个人废掉。我烦透了，感觉这个冬天度日如年。

您患了胸膜炎，既然如此，为什么还赖在下诺夫哥罗德？为什么？到底看上那地方什么了？什么东西把您粘在那里了？您不是说喜欢莫斯科吗，那为何不住在莫斯科呢？莫斯科什么都有，比如剧院之类的。最重要的是，去国外方便。住在下诺夫哥罗德的话，就只能在那附近打转，顶多去一去瓦西里苏尔斯克。您应该多见世面，多长见识，要开阔眼界。您想象力丰富，理解事物也快，但就像一个没几块煤的大烤炉。您总体上让人感觉如此，您的文章更是如此：两三个人物，但人物孤零零的，跟大众脱节。能看出这些人物在您的构思里是活的，但只有寥寥几个——您没抓住群众。我批评的对象不包括您所写的有关克里米亚的内容（比如《我的旅伴》），其中的人物及其出身都写得很好，有氛围，有背景，总之应有尽有。瞧我给您训了一通，就为让您别继续窝在下诺夫哥罗德。您年轻力壮，换成我，我就去印度或哪里到处逛逛。我会攻读两个甚至更多专业的学位——真的，我会的！您就笑话我吧，但我真心觉得自己太倒霉了，已经40岁了，还患有哮喘，背负着各种烦心事，不能自在地活着。算了，做个好人和好同志，别因为我像个老头子似的对您唠叨就生气。

给我写信，我等着看《福马·高尔杰耶夫》，我还没好好读过。

没什么新鲜事。保重，祝一切都好。

写给奥尔加·列奥纳多夫娜·克尼佩尔

雅尔塔，1900 年 2 月 10 日

我亲爱的女演员：

冬天里冷得要命，我身体不舒服，快一个月没人给我写信了——我甚至觉得只有出国一条路了，国外没这么沉闷。但现在开始暖和起来了，感觉好多了，我打算夏天结束后再出国，去看看展览。

话说回您，您怎么垂头丧气的？有什么可沮丧的？还活着，有工作，有希望，能喝酒，您叔叔念书的时候您还能笑——还想要什么？我就不一样了，像是被连根拔起，生活不完整，虽然爱喝酒却不能喝，喜欢热闹却被沉默包围。总之，就像一棵被移栽的树，不知道是该扎根还是该就此认命而枯萎。要是我偶尔抱怨无聊，还算有点理由——但您呢？连梅耶尔霍德也说生活无聊，唉，唉！

说到梅耶尔霍德，他应该整个夏天都待在克里米亚。他出于对自身健康的考虑，必须整个夏天都待在那里。

行了，现在我又没事了。我什么都没干，因为我刚打算开始干活儿。我在花园里刨土。您写道，你们这些小人物对未来毫不确定。

我前不久收到你们老大涅米罗维奇的信。他说剧团要去塞瓦斯托波尔，然后5月初到雅尔塔，在雅尔塔演五场，到了晚上就排练。只有重要演员留下排练，其他人爱去哪儿度假就去哪儿。我猜您是重要的那一类。对导演来说您很重要，对作者来说您简直无价——逗您玩的。要是您不给我寄照片，我就再也不给您写信了。

谢谢您对我婚姻的祝福，我跟我未婚妻说你打算来雅尔塔抢人。[1]她说要是"那个讨厌的女人"来雅尔塔，她会把我抱得死死的。我说大热天抱这么久不卫生，她气坏了，想了半天，好像在猜我是从哪儿学会这样说话的，过了会儿她说剧院是个祸害，我不写剧本的主意太棒了，然后让我亲她。我说我现在是院士了，不能随便亲人。她哭了，我就溜了。

春天时剧团也会去哈尔科夫，到时候我会去见您，这件事别跟别人说啊。娜杰日达·伊万诺夫娜去莫斯科了。

---

1 这实际上是一个玩笑，契诃夫并没有真的订婚。

写给阿列克谢·谢尔盖耶维奇·苏沃林

雅尔塔,1900 年 2 月 12 日

为了您这部戏的第四幕,我想得脑袋都快炸了。除了不要用虚无主义者收尾外,我没什么想法。否则这部戏太闹腾了,一个安静、抒情、催人泪下的结局更合适一些。试想一下,女主角已经开始衰老,什么也没得到,也从没给自己拿过主意,发现所有人都把她抛弃了,觉得自己这个人既没意思又多余,最后终于发现周围的人都是些懒鬼、废物、坏蛋,连她爸也不例外,而她把自己的日子也过废了——这不比虚无主义者更吓人吗?

您信中写的《水妖》和有关柯什的内容真不错,基调很好,笔力遒劲。但康诺瓦洛夫和陪审团那段,我劝您别写,虽然这一场景挺诱人。谁爱写都行,但您可别掺和,这不是您该管的。这种事要言之有物地谈,得由一个一根筋的人来做。您倒好,写到一半就跑偏了——就像您所做的那样——突然说人都有想杀人的时候,都盼着邻居去死。比如,某个儿媳烦她那个病秧子婆婆,婆婆是个刻薄老太婆,儿媳妇想到老太婆快死了,便会感到轻松些,但她并不是真的盼着婆婆死,只是累了,烦了,想清静了。要是让这儿媳去宰那老太婆,她八成宁可自己跳楼——无论她心里曾经是怎么想的。

行吧,陪审团可能会判错,但那又怎么了?有时候确实会搞错,该帮饿肚子的却帮了吃饱的。但不管您怎么写这事,都是白搭,除了坑害了饿肚子的,什么用也没有。咱们觉得陪审团对不对另说,得承认他们为了每件案子都是动了脑的,也想凭良心办事。要是船长认认真真开船,老是盯着海图和罗盘看,船还是沉了,那不该怪船长,应该想想是不是别的问题。比如说,可能是海图太旧了,或者海底地形变了。对,陪审团得考虑下面三件事。

一、除了刑法、法典和那些条条框框,还有道德这一套,它总比成文法快一步,当咱们想凭良心办事时,它就来指手画脚了。比如说,按法律,女儿该分七分之一的遗产。但您作决定纯粹出于道德考虑,不管法律如何,仍判给女儿跟儿子一样的份额,因为您觉得不这么干就过不去自己的良心关。陪审团有时也会碰到这种情况,他们觉得按法律判不踏实。在一些案子里,有些细枝末节是法律覆盖不到的,明摆着得有点"别的东西",他们才能把案子断个明白。没有那所谓的"别的东西",他们就得硬着头皮审理,总觉得哪儿不对劲。二、陪审团明白无罪不等于原谅,无罪释放并不能让犯人逃过良心和舆论的审判,陪审团只管法律的事,至于杀孩子是对是错,让别人操心去吧。三、犯人被送到法庭时已经被关得够呛了,审判时也很煎熬,所以就算无罪释放,出了法庭也不会有什么好滋味。

行了,不管怎么说,我这封信也快写完了,不过好像什么也没说。雅尔塔这里已经入春了,也没什么新鲜事……

《复活》是本好书,我很喜欢,但得一口气读完。结尾没什么意思,还很假——技术上的假。

写给奥尔加·列奥纳多夫娜·克尼佩尔

雅尔塔,1900 年 2 月 14 日

我亲爱的女演员:

这些照片真不错,特别是您靠在椅背上一脸沮丧的那一张,那副表情让您看起来既忧郁又温柔,还藏着几分小调皮。另一张也行,就是有点像犹太姑娘,那种特别爱音乐的念音乐学院的犹太姑娘,暗地里还学牙医作为退路,跟莫吉廖夫的小伙子订了婚,未婚夫长得像 M——您生气啦? 真生气啦? 这是我对您不在照片上签名的报复。

我秋天种的 70 株玫瑰只有三株没生根发芽,百合、鸢尾、郁金香、晚香玉、风信子都冒头了。柳树绿了,小凳子跟前的角落的草长疯了,杏树也开花了。我在花园里到处都放了小凳子,不是那种铁腿的高档货,而是木制的,我给刷成了绿色。我在小溪上搭了三座桥,此外还在种棕榈树。总之,新鲜玩意儿不少,您可能都认不出这里的房子、花园和街道了。只有这里的主人没变,他还是那个闷葫芦,依旧崇拜住在尼基茨基门[1]的天才们。我从秋天起就没听过

---

[1] 彼时奥尔加·列奥纳多夫娜·克尼佩尔的所在地。——俄语原书注

别人演奏或唱歌，也没见过什么有意思的女子，能不郁闷吗？

我本来打算不给您写信的，但既然您寄了照片，我就解除了禁令，您看我这不是在写嘛。我甚至会去塞瓦斯托波尔，但我再说一遍，别告诉任何人，尤其别告诉维什涅夫斯基[1]。我会乔装打扮，在酒店登记簿上写"黑脸伯爵"。

我说您的照片像犹太姑娘是开玩笑的，可别生气啊，宝贝。好啦，我亲亲您的小手，我永远是您的。

---

[1] 维什涅夫斯基是莫斯科艺术剧院的创始成员之一。

写给高尔基

雅尔塔,1900 年 2 月 15 日

亲爱的阿列克谢·马克西莫维奇:

您那篇发表在《下诺夫哥罗德报》上的文章真是让人舒坦。您这个不可多得的人才啊!我就会写小说,而您还能写新闻。起初我以为我喜欢这篇文章是因为您在里面夸了我,后来发现斯列金一家和亚尔采夫都读得很起劲。所以接着写新闻吧。上帝保佑您!

他们怎么不给我寄《福马·高尔杰耶夫》?我就看了一点皮毛,应该一口气读完,就像我前不久啃完《复活》那样。除了涅赫柳多夫和卡秋莎的关系有点虚头巴脑外,小说里的一切都给人一种强劲、丰富、开阔的感觉,从中还可以感受到一个既怕死又嘴硬、抱着经文和《圣经》不撒手的人的虚伪。

写信让他们赶紧把《福马·高尔杰耶夫》寄来。

《二十六男和一女》是个好故事,氛围感十足,读罢仿佛闻到了热乎乎的面包卷的味道。

刚收到您的信,您说不想去印度了?真可惜。等印度成为过去,长途海航也结束了,您失眠的时候就有东西可想了。出国旅行花不了多少时间，不会耽误您在国内遛弯儿。

我挺无聊的，不是那种厌世感，也不是觉得活着没意思，就是单纯缺人聊天，缺喜欢的音乐，缺女人，这些在雅尔塔都没有。我馋鱼子酱和腌白菜了。

您似乎不打算来雅尔塔了，真遗憾。莫斯科艺术剧院的人5月会来，他们会演五场，然后留下来排练。所以您还是来吧，排练时好好研究舞台，然后用五到八天时间写一部剧本，我肯定全心全意期待着。

是啊，我现在可以理直气壮地说我40岁了，不再年轻了。我曾经是最嫩的作家，但您横空出世后，我立马成老资格了，现在没人称我是最年轻的了。

写给弗拉基米尔·亚历山德罗维奇·波塞

雅尔塔,1900 年 2 月 15 日

尊敬的弗拉基米尔·亚历山德罗维奇:

承蒙惠赠《福马·高尔杰耶夫》一书,装帧精美,实为珍贵之礼,令人感动。谨致万分谢意!此前仅零星拜读,今当细细品味。高尔基的作品不宜分篇发表,或请其精简文字,或如《欧洲通报》刊登波波里金作品般全文刊载。顺便一提,《福马·高尔杰耶夫》大获成功,尤受知识分子及青年读者欢迎,我偶然听闻花园中一位来自圣彼得堡的女士与其女儿谈论此书,母亲批评,女儿赞美,可见一斑……

雅尔塔,1900 年 2 月 29 日

《福马·高尔杰耶夫》通篇语调一致,颇似论文。人物言行、思维趋同,说话不自然,过分刻意,看似各怀心事,欲言又止,实则空无一物,不过是其言谈方式唬人而已。

但其中不乏精彩段落,若高尔基勤勉不懈,必成一代文豪。

写给阿列克谢·谢尔盖耶维奇·苏沃林

雅尔塔，1900 年 3 月 10 日

这个冬天格外漫长，简直前所未有，时间蹉跎，又仿佛静止一般。现在想想，离开莫斯科真是愚蠢的决定，既疏离了北方，又没能融入南方。事已至此，我除了出国想不到别的出路。雅尔塔除了春天就是冬天，春天一过，雪、雨、寒、泥纷至沓来，令人生厌。

莫斯科艺术剧院的人 4 月要来雅尔塔演出，会带布景装饰。那四天的演出门票虽已提价，但依然一天之内即告售罄。演出剧目包括豪普特曼的《孤独的人》，堪称佳作。虽说我并不喜欢戏剧，但拜读之后，亦觉畅快。我听说莫斯科艺术剧院的演出精彩绝伦。

没什么新鲜事，除了一件大事：N 的《苏格拉底》刊登在了《涅瓦河》的副刊。我读完了，但读的过程十分吃力，其内容讲的不是苏格拉底，而是一介愚钝、固执之徒，他们这种人最大的智慧与兴趣就是玩弄文字游戏。这部戏毫无才华可言，但或许能成功上演，因为里面有"双耳瓶"这样的词，而且卡尔波夫也说这部戏很容易搬到舞台上。

雅尔塔到底有多少肺病患者！他们贫困交加，令我忧心！酒店

寄宿点拒绝接待重症患者，可想而知，这里惨状频现。患者们因身心的疲惫、恶劣的环境和照料上的缺失而亡，这一切竟然发生于美好的塔夫里达！

我已经丧失了对阳光与海滩的兴趣……

写给奥尔加·列奥纳多夫娜·克尼佩尔

雅尔塔，1900 年 3 月 26 日

您的信里充溢着忧郁之情，我亲爱的女演员。您现在情绪低落，心情不佳，但不日之后，我能想象得到，您很快就会坐在车厢里，享受自己的餐食，胃口大开。您和玛莎会比其他人先到，这太好了，我们至少可以先聊聊，一起散散步、看看景、喝喝茶、吃吃饭，不过请您别把……带来。

我没写新剧作，这纯属报纸谣传。报纸所言，向来与事实相左。若有新作，一定会及时告诉您。

雅尔塔春风料峭，这春天开启得不算好，不过已经可以不穿套鞋了，皮帽也可以摘下来了。郁金香含苞待放，我的园子很精致，但有些杂乱，苔藓丛生——我是个业余园丁。

高尔基在我这里，他对您和您的剧团赞赏有加，我会介绍你们认识。

呀！有客人来了，先写到这里，后会有期！

写给妹妹

雅尔塔，1900 年 3 月 26 日

亲爱的玛莎：

　　……没什么新鲜事，水管里也没水了。我已经受够了这些来访者。昨天，3 月 25 日，客人络绎不绝。医生们不断把病人从莫斯科打发到这里，写信让我帮他们寻找住处，"做些安排"，搞得我跟房屋中介一样！母亲安好，希望你也保重，早日到家。

写给奥尔加·列奥纳多夫娜·克尼佩尔

雅尔塔，1900 年 5 月 20 日

您好，迷人的女演员！近来可好？身体如何？在返回雅尔塔途中，我身体欠佳。[1] 离开莫斯科前，我头痛欲裂，而且发了烧，之前没告诉您，实在有愧，不过现在已无大碍。

列维坦近来如何？一无所知令我感到焦虑，要是您有什么消息，请写信告诉我。

祝您安康喜乐，听说玛莎要给您写信，我才匆匆写下这几行字。

---

1 此前契诃夫同莫斯科艺术剧院的人一起从雅尔塔抵达莫斯科。——俄语原书注

写给妹妹

雅尔塔，1900 年 9 月 9 日

亲爱的玛莎：

关于母亲的事情，我认为秋天她便可以启程返回莫斯科，不必等到 12 月之后。你也知道，母亲在莫斯科待上一个月便会厌倦，想回雅尔塔。如果秋天动身，她圣诞节前便可以回到雅尔塔。这只是我的看法，不过也可能是我搞错了。不论如何，你要考虑到圣诞前的雅尔塔远比圣诞后的更为寂寥，这点需要着重考虑。

我大概率 9 月 20 日之后才到莫斯科，届时再定夺。之后我将踏上旅程，可能去巴黎，再去尼斯，之后从尼斯前往非洲。开春前我将设法留在国外，4 月或 5 月再返回莫斯科。

没什么新鲜事，雅尔塔也不下雨，万物都要干死了。家里平静祥和，一切安好，自然也略显单调。

《三姊妹》很难写，比之前写过的剧作都难。罢了，这也不是什么大事，也许到时候自然而然就写成了，如果本季度出不来，等到来年也无所谓。在雅尔塔写作实属不易，总被打扰，而且没什么好素材可写，昨天写下的内容，今天就看不上了……

行了，你也保重。

替我向奥尔加·列奥纳多夫娜、维什涅夫斯基以及其他诸位致以最诚挚的问候。

若高尔基在莫斯科，请告诉他我已给他去信至下诺夫哥罗德。

写给高尔基

雅尔塔，1900 年 10 月 16 日

亲爱的阿列克谢·马克西莫维奇：

……这月 21 日我要去莫斯科，然后出国。您猜怎么着，我写了一部剧本，不过不是现在上演，要等到下一个季度。我还没誊清，就先那样放着吧。写完《三姊妹》可真不容易；三个女主角，您想，她们各有特色，都是将军的闺女。故事发生在某座省城，比如彼尔姆，周围都是军人、大炮。

雅尔塔天气好极了，清新宜人，我的身体也在好转，都不想去莫斯科了。工作顺心，摆脱了整个夏天的烦恼，舒服得很。我不咳嗽了，连肉都能吃了。我一个人住，这回是彻底一个人。我母亲在莫斯科。

谢谢您的来信，朋友，真的很感谢。我把它们读了两遍，向您妻子和马克西姆问好。那么，莫斯科见。希望您别失约，咱们能好好见上一面。

愿上帝保佑您。

1901

这种角色该零零散散地在其他人中间露脸,反正这种人在生活和舞台上都是走走过场。

写给高尔基

莫斯科，1901年10月22日

距离我读完您的剧本（《小市民》）已经五天了，一直没给您写信是因为我拿不到第四幕剧本，一直在等。我到现在还没拿到，所以只读了三幕，不过我觉得我已经可以评判这部剧了。正如我预料的，很不错，典型的高尔基风格，有创意，挺有意思。先说缺点吧，我只看出一个缺点，但是这个缺点跟与生俱来的发色一样，很难改变——形式上有点老套。您让新人物唱新曲，却配上听来像二手货的伴奏。四幕戏，人物一直在说教，每次长篇大论前我都提心吊胆，诸如此类。但这些都不是大事，说白了都被剧本的亮点盖过去了。毕尔契兴——多活灵活现啊！他女儿迷人极了，塔季雅娜和彼得也不赖，他们的母亲是个了不起的老太太。主角尼尔，刻画得很有力，特别有意思！总之，这部剧本从头到尾都很抓人。就是千万别让阿尔乔姆以外的人演毕尔契兴，尼尔非得让阿列克谢耶夫－斯坦尼斯拉夫斯基演不可，这两个人肯定能演到位，彼得就让梅耶尔霍德来。只是尼尔这角色，真不错，戏份得再加一两倍，您该以他收尾，让他当主角，别让他跟彼得、塔季雅娜对着干，他是他，他们是他们，都是独当一面的好角色。尼尔要是显摆自己比彼得和塔季雅娜强,说自己多厉害的话,体面工人那种谦虚劲儿就没了。他吹牛、争论,但其实不用这样也能看出他是怎样的人。不如让他一直乐呵呵的,四幕戏里都搞点恶作剧,干完活儿多吃一点,这就足够让观众喜欢他了。我再说一遍,彼得挺好,您可能都没发现他有多棒。塔季雅娜也是一个成熟的角色,只是首先,她真应该被设定为小学老师,教教孩子,放学回家,为学生和作业本而忙活;其次,在第一幕或第二幕时提示一下她曾自杀未遂,如此,第三幕的自杀就不会那么突兀,会显得更合理。捷捷列夫话太多,这种角色该零零散散地在其他人中间露脸,反正这种人在生活和舞台上都是走走过场。让叶莲娜第一幕就跟大伙儿一起吃饭,让她坐那里开玩笑,不然她戏份太少,不够鲜明。她对彼得的表白太突然,在台上会显得刺眼。把她塑造成一个热情的女人,就算不容易恋爱,也至少容易动心……

1902

当代文化不过是为伟大未来奠基的开端,其后的事业可能会持续数万年,以使人类在遥远的将来能够认知真理。

写给高尔基

1902 年 7 月 29 日

我看过了您的剧本[1],挺新鲜,确实不错。第二幕最棒,是精华,我读到那里,特别是结尾,差点高兴得跳起舞来。基调阴沉、压抑,不习惯这种题材的观众可能会走出剧院,而您那乐观主义者的名声怕是保不住了。我妻子可以演瓦西丽莎,那个不要脸又恶毒的女人。维什涅夫斯基在家里走来走去,觉得自己就是那个鞑靼人,他认定这个角色非他莫属。可惜啊!卢卡不能由阿尔乔姆演,他会将这个角色演成自己,演不出新意,但他演警察肯定一流,那才是他的角色。演员这个角色,您写得真不错(是个好角色),得找一个有经验的演员,也许是斯坦尼斯拉夫斯基。卡恰洛夫可以演男爵。

您在第四幕把最有意思的角色都删了(除了演员),得当心别因此搞砸了。这幂可能会显得无聊而多余,特别是最厉害、最有意思的演员一走,就只剩些平庸角色了。演员的死太吓人了,您像是突然无缘无故地给了观众一耳光,他们毫无防备。男爵是怎么进收容

---

1 指《在底层》。——俄语原书注

所的,以及他为什么是男爵,这些事情也说得不够清楚。

安德烈耶夫的《思想》有点装腔作势,难懂,看着不太行,但行文有才。安德烈耶夫不够朴实,他的才华让人想起虚假的夜莺。虽说斯基塔列茨现在是一只麻雀,但他是一只活生生的真麻雀……

写给谢尔盖·巴甫洛维奇·迪亚吉列夫[1]

雅尔塔，1902 年 12 月 30 日

……您写到我们曾谈及俄国严肃的宗教运动，实际上我们讨论的是知识分子阶层的运动，而非全体俄国人民。对于俄国，我不予置评。当今的知识分子不过是在玩弄宗教，因为他们无所事事。就我国公众中有教养的阶层而言，可以说宗教已是遥远的东西，而且在愈行愈远。无论人们如何评说，无论成立多少哲学和宗教社团，都无法改变这一事实。此事是好是坏，我不敢妄断，只能说，您所说的宗教运动是一回事，而当代文化的整体趋势又是另一回事，二者之间不存在因果关系。当代文化不过是为伟大未来奠基的开端，其后的事业可能会持续数万年，以使人类在遥远的将来能够认知真理。我推断，这并不是通过研读陀思妥耶夫斯基实现的，而是通过明晰的认知，如同掌握乘法那般。当代文化是这项事业的伊始，而我们所讨论的宗教运动是一种残存，几乎是已然或正在消亡之物的末端。但这个话题应该展开讲，难以尽述于一封信中……

---

[1] 艺术批评家、芭蕾舞团经理人和艺术策展人。他最著名的成就是创立了俄罗斯芭蕾舞团，对现代舞蹈产生了深远影响。

1903

我们不应该将果戈理拉低到人民的水平,应该将人民提升到果戈理的高度……

写给阿列克谢·谢尔盖耶维奇·苏沃林

莫斯科,1903 年 6 月 29 日

……高尔基那封讲述基希讷乌犹太人遭屠杀[1]的信件,如同他的所有作品一般,自然引起人们的热切同情。然而,此信仿佛是拼凑而成的,既无年轻人的朝气,亦缺少托尔斯泰式的自信。

1903 年 7 月 1 日

既然您正在阅读文学作品,不妨读读维列萨耶夫的小说。可从第二卷中名为《利扎尔》的短篇开始,想必您会十分欣赏。维列萨耶夫是一位医生,我最近与他结识,他给我的印象很好……

---

[1] 1903 年发生在俄国基希讷乌(现摩尔多瓦首都基希讷乌)的一次严重反犹暴力事件。当时沙皇政府被指责对暴力事件反应迟缓,甚至有人认为政府默许了这次屠杀。

写给谢尔盖·巴甫洛维奇·迪亚吉列夫

雅尔塔，1903 年 7 月 12 日

……我仔细考虑过您的来信，尽管信中的建议与邀请令人心动，但我最终不得不给出咱们都不愿看到的回答。

我无法担任《艺术世界》的编辑，因为我不能定居圣彼得堡……这是其一。其二，正如一幅画应由一个画家完成，一篇演讲应由一个演说家发表，一本杂志也应由一个人编辑。当然，我并非评论家，恐怕也难以胜任评论工作。另一方面，我如何能与梅列日科夫斯基同舟共济呢？他拥有坚定的、教条般的信仰，而我多年前就已失去信仰，对任何"知识分子"的信仰都只感到困惑。我尊重梅列日科夫斯基，无论是对他的为人还是他的文采，我都评价甚高，但我们并非同道中人……

亲爱的谢尔盖·巴甫洛维奇，请勿见怪。我觉得，若您再主编这本杂志五年，您或许会认同我的观点。一本杂志，如同一幅画或一首诗，必须带有某人的烙印，让人能感受到某种意志。《艺术世界》迄今为止一直如此，这是件好事，应当继续保持这一传统……

写给康斯坦丁·谢尔盖耶维奇·斯坦尼斯拉夫斯基

雅尔塔,1903 年 7 月 28 日

……我的剧作《樱桃园》尚未完成,进展缓慢,我将其归因于懒惰、好天气和选题困难……

我认为您的表演[1]应该不错,不过我不敢妄下定论,因为仅凭阅读很难评判一出戏……

---

[1] 斯坦尼斯拉夫斯基饰演洛巴兴。——英文版编者注

写给斯坦尼斯拉夫斯基夫人

雅尔塔,1903 年 9 月 15 日

……别信他们说的话,目前还没人读过我的剧本,我为您写的角色并非"伪善者",而是一个非常可爱的姑娘,希望您能满意。剧本就快写完了,不过我八九天前生病了,一直咳嗽,身体虚弱。其实是去年的老毛病又犯了。今天天气转暖,我感觉好些了,但还是写不了东西,因为头疼。奥尔加不会带剧本,等我能全天工作后,我会将四幕剧本一并寄出。这次的作品不是正剧,而是喜剧,某些部分甚至是闹剧。我担心弗拉基米尔·伊万诺维奇(涅米洛维奇-丹钦科)会责怪我……

我无法参加你们的开季演出,因为我得在雅尔塔待到 11 月。奥尔加夏天里长胖了,也变壮了。她周日可能会去莫斯科。我将独自留在雅尔塔,也当然会好好利用这段时间。作为一个作家,我必须观察女性,研究她们,所以很遗憾,我无法做一个忠诚的丈夫。鉴于我主要是为了创作而观察女性,我认为艺术剧院应该提高我妻子的工资或给她一笔退休金!……

写给康斯坦丁·谢尔盖耶维奇·斯坦尼斯拉夫斯基

雅尔塔，1903 年 10 月 30 日

……感谢您的来信和电报。信件如今于我而言难能可贵。首先，我在这里孤身一人，其次，我三周前就寄出了剧本，但直到昨天才收到您的来信。若不是我妻子，我可能对一切都一无所知，甚至会胡思乱想。在创作洛巴兴这个角色时，我是考虑让您来演的。如果出于某些原因，您不喜欢这个角色，那您可以扮演加耶夫。洛巴兴固然是个商人，但从各方面来说都是个非常体面的人。他必须举止得体，像个有教养的人，没有任何琐碎的习惯或花招。在我看来，这部戏的核心角色会得到您出色的诠释……在挑选出演这个角色的演员时，您要记住，瓦莉雅是个严肃且虔诚的女孩，她爱上了洛巴兴，她是不会爱上一个只知道追逐钱财的人的。

写给弗拉基米尔·伊万诺维奇·涅米洛维奇-丹钦科

雅尔塔，1903 年 11 月 2 日

……关于这部戏：

一、安尼雅可以由任何人来扮演，哪怕是完全不知名的女演员，只要她年轻，看起来像个少女，说话时有年轻人那种歌唱般的声音就行。安尼雅不是重要的角色。

二、瓦莉雅是一个更为严肃的角色，是一个穿黑裙子的人物，有点像修女，她愚蠢，爱哭。

……高尔基比咱们都年轻，他的路还长……至于下诺夫哥罗德剧院，不过是一段小插曲。高尔基会尝试一下，必定"浅尝辄止"。说到这里，整个"人民"剧院和"人民"文学的想法都是愚蠢的，是给人民的糖衣炮弹。我们不应该将果戈理拉低到人民的水平，应该将人民提升到果戈理的高度……

写给亚历山大·列昂尼多维奇·维什涅夫斯基

雅尔塔,1903 年 11 月 7 日

……我很快就到莫斯科,请给我留一张《社会支柱》的票,我也想看看这部挪威杰作呀。我会付钱的,您也知道易卜生是我最喜欢的作家……

写给康斯坦丁·谢尔盖耶维奇·斯坦尼斯拉夫斯基

雅尔塔,1903 年 11 月 10 日

亲爱的康斯坦丁·谢尔盖耶维奇:

当然,第三幕和第四幕的布景可以是相同的,大厅和楼梯的场景都行。关于布景,请随意安排,任您处置。剧院的一切都让我惊叹,我常常目瞪口呆。毫无疑问,无论您做什么,成果都会很出色,比我能想到的任何东西都要好上百倍……

1904

最重要的是，保持好心情，不要把生活太当回事，
生活本身很可能要简单得多。

写给费奥多尔·德米特里耶维奇·巴秋什科夫

莫斯科，1904 年 1 月 19 日

……《樱桃园》1 月 17 日首演时，人们给我准备了一场盛大的欢迎会，如此慷慨、热情，实在出乎我的意料，我到现在都难以平静……

写给阿维洛娃夫人

莫斯科,1904 年 2 月 14 日

……祝一切顺利。最重要的是,保持好心情,不要把生活太当回事,生活本身很可能要简单得多。生活——我们对它一无所知——是否值得我们俄国人如此煞费苦心地思考,这本身就是个问题。

写给谢尔盖·什楚金神父

莫斯科，1904 年 5 月 27 日

亲爱的谢尔盖神父：

昨天我就您感兴趣的案件与一位名律师交谈过，我来告诉您他的见解。让 N 先生立即准备好所有必要的文件，让他的未婚妻也这样做，然后去另一个省，比如赫尔松，在那里结婚。叫他们结婚后回家安静地生活，不要提起此事。没有血缘关系并不构成犯罪，只是违反了由来已久的传统。如果在两三年后有人告发他们，或发现他们已经结婚并进行干涉，即便案子被带到法庭上，孩子们的身份也是合法的。当有诉讼（反正是微不足道的）时，他们可以向君主请愿。君主不会批准法律禁止的事情（所以请愿批准婚姻是没用的），但君主享有最大的赦免特权，通常会赦免那些不可避免的事情。

我不知道自己表述得是否恰当，请原谅。我从 5 月 2 日起就一直卧病在床，这段时间没能起来一次，无法完成您交代的其他事情……

写给妹妹

柏林，1904 年 6 月 6 日

……这封信是在柏林写给你的，距离我到达已经过了一天。你离开莫斯科后，天气骤然变冷，还下起了雪，我可能就是因此而感冒的。我的手脚关节开始感到疼痛，好几个晚上都睡不着觉，人也瘦了很多。我打了针吗啡，吃过各种各样的药，但除了阿尔楚勒尔医生开的海洛因，其他药都不怎么管用……

我在周四动身出国。当时我瘦得皮包骨头，两条腿细得可怜。不过，旅途还算顺利、愉快。到柏林后，我们在最好的酒店里订了一间舒适的房间。我很喜欢这里，好久没有吃得这么香了。这里的面包特别好吃，我都有点吃多了。咖啡也很棒，晚餐更是美味到难以言表。没出过国的人根本不知道什么叫好面包。柏林没有像样的茶（我们自己带了些），也没有开胃小菜，但其他一切都很好，而且东西比家里便宜。我感觉好多了，今天甚至在动物园里逛了很久，虽然天有点凉。告诉母亲和其他关心我的人，我正在康复，已经好多了。腿不疼了，也不拉肚子了，开始长肉了，每天都能下床走动，不再卧床了……

柏林，6月8日

……柏林最让人不敢恭维的就是女士们的穿着了，她们的品位糟糕得惊人，我从没见过哪里的女人穿得这么难看而且毫无审美可言。我连一个漂亮女人都没看到，她们无一例外都用些莫名其妙的花边装饰自己，难怪莫斯科的德国人审美进步得这么慢。不过话说回来，柏林的生活还是很舒适的，食物不错，物价也不高，街上的马儿喂得膘肥体壮，就连套在小车上的狗都养得很好。街道整洁有序，给人的印象很好……

巴登维勒，6月12日

已经在巴登维勒安顿了三天，我现在的地址是德国巴登维勒的弗雷德里克别墅。这座别墅和这里的其他房子一样，独立坐落在郁郁葱葱的花园里，阳光普照，直到晚上7点还暖洋洋的（7点之后我就会回屋）。这里包吃住，租金每天14~16马克，有阳光充足的双人间，洗漱和休息设施齐全，还有一张写字台。最棒的是这里的水质极好，就像苏打水一样。总的来说，这里环境很好，有一个大花园，花园外是林木茂密的山，人迹罕至，街上也很安静。花园维护周到，花卉也被打理得很好。不过今天突然下起雨来，我只好待在房间里，已经开始担心再过两三天我可能就会想着怎么离开这里了。

我依然在进食大量的黄油，不过似乎没什么效果。我不能喝牛奶。这里的施沃勒医生娶了一个莫斯科女人。我后来发现他医术不错，人也很和善。

我们可能会从的里雅斯特或其他港口坐船回雅尔塔。我的身体恢复得很快，不是慢慢好转，而是突飞猛进。总而言之，我在德国学会了如何正确饮食。咖啡完全不能喝了，说是会让人过于放松。我开始吃些鸡蛋。唉，德国女人的穿着真是太难看了！

我住一楼，可惜你不能感受到这里的阳光有多好！这里的阳光不会晒伤人，反而让人觉得很舒服。我有一把矮椅子，可以坐或躺，很是舒适。放心，我一定会买那只手表的，没忘记。母亲怎么样？心情好吗？给我写信吧，替我向她问好。奥尔加要去看牙医了……

6月16日

我在德国住了一段时间，已经渐渐习惯这里的房间和生活节奏了，但唯独适应不了德国人过分安静的氛围。屋里屋外静得出奇，只有早上7点和中午，花园里会有一支乐队演奏，花费不菲，但演奏水平却很差。这里的一切似乎都缺乏才情和品位，但不得不说，秩序良好、开诚布公。相比之下，俄国的生活要有意思得多，要说意大利或法国的生活，那就更没得比了。

我身体好多了，走动时已经感觉不到自己患病了，哮喘也有所缓解，不再疼痛，只是仍非常瘦，尤其是两条腿，前所未有地瘦。德国医生给我安排了一套全新的生活方式。早上7点必须在床上喝茶，7点半会有德国按摩师来给我的全身擦水，感觉还不错。然后要静躺一会儿，8点起床，喝橡子可可，吃大量黄油。10点钟吃燕麦粥，味道和香气都很好，和俄国的味道不一样。然后是呼吸新鲜空气，晒太阳，看报纸。下午1点钟吃正餐，不能随心所欲，只能吃奥尔加遵照德国医生的医嘱为我挑选的食物。下午4点再喝一次可可。晚上7点吃晚饭，睡前喝一杯草莓茶安神。这些安排中有很多算是江湖医术，但有很多确实有益，比如燕麦粥。我打算随身带些燕麦……

6月21日

这边一切都还好，只是我在巴登维勒待腻了。这里的德国式平和与秩序感太过了，跟意大利完全不一样。今天用餐时他们给我们上了煮羊肉，好吃极了！虽然整顿饭很丰盛，但侍者们看起来太自以为是，让人不自在。

6月28日

……天气突然变得酷热难耐，热浪打得人措手不及，而我只带了冬装，整天气喘吁吁，只想离开。但去哪儿呢？我想去意大利的科莫，但那里的人也都在避暑，南欧到处都热得要命。我想从的里雅斯特乘船去敖德萨，但不知道六七月份能不能成行……天气有点热也无所谓，我可以穿稍薄的法兰绒套装。说实话，我很怕坐火车，现在火车上闷热难耐，特别是我的哮喘，稍有不适就会加重。从维也纳到敖德萨也没有卧铺车厢，会很不舒服。再说，坐火车回家的速度会比预期的更快，我还没有放够假呢。天气热得衣服都沾在身上，让人不知道该怎么办。奥尔加去弗莱堡给我订购法兰绒套装了，因为巴登维勒既没有裁缝也没有鞋匠。她带走了杜沙尔给我做的那套衣服，用来打样。

我很喜欢这里的食物，但它们似乎不太对我胃口，我的肠胃总是不舒服。我吃不惯这里的黄油。看来我的消化系统已经彻底垮了。除了禁食——也就是什么都不吃——恐怕没有其他办法可以治好了。至于哮喘，唯一的方法就是减少活动。

这里的德国女人没有一个穿得像样的，她们的糟糕品位让人看了就心烦。

好了，你要保重，开心点。代我向母亲、万尼亚、乔治和其他人问好。别忘了写信！

亲亲你的手，祝安好。

你的，

安东